U0129237

# 山 的 沉 默

## Silence of the Mountains

林 明 理 著

文 學 叢 刊

文史哲出版社印行

國家圖書館出版品預行編目資料

山的沉默 / 林明理著. -- 初版 -- 臺北市：文
史哲出版社, 民 113.09
　　頁；　公分 --（文學叢刊；484）
　　ISBN 978-986-314-685-8（平裝）

863.55　　　　　　　　　　　　113013786

文　學　叢　刊　　484

# 山　的　沉　默

著　　者：林　　　明　　　理
出　版　者：文　史　哲　出　版　社
http://www.lapen.com.tw
e-mail：lapen@ms74.hinet.net
登記證字號：行政院新聞局版臺業字五三三七號
發　行　人：彭　　　　正　　　　雄
發　行　所：文　史　哲　出　版　社
印　刷　者：文　史　哲　出　版　社
臺北市羅斯福路一段七十二巷四號
郵政劃撥帳號：一六一八○一七五
電話886-2-23511028・傳真886-2-23965656

定價新臺幣六四○元 彩色版一六八○元

二○二四年（民一一三）九　月　初　版

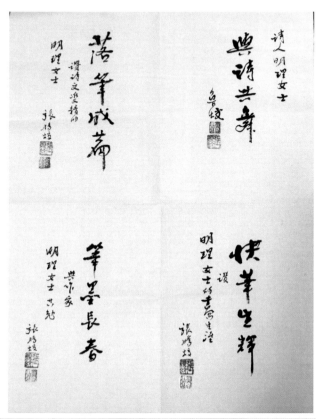

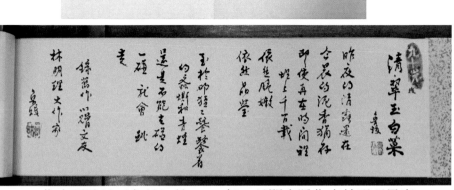

1. 作家張騰蛟（魯蛟）於 2023 年 9 月間寄贈作家林明理墨寶

2. 作者贈書上海大學

致林明理博士

承蒙　饋贈下列書籍，深為感銘。

特專函奉達，藉申謝忱

《愛的讚歌》／ 林明理

順頌

時祺！

香港大學

首席信息主管及大學圖書館館長

伍麗娟敬啟

二零二三年六月二十三日

3. 2023 年 6 月 23 日於上午 9:23 香港大學
圖書館伍館長電郵

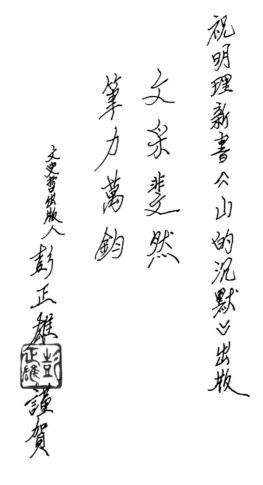

祝明理新書《山的沉默》出版

文采斐然

筆力萬鈞

文史哲出版人 彭正雄 謹賀

4. 臺灣出版家彭正雄先生寄贈賀詞

**Humanistic Buddhism**
*Journal, Arts, and Culture*

明理仁者，平安吉祥：

　　本期學報刊登您緬懷大師的大作〈長長的憶念─星雲大師（外一章）〉。文中說：「大師的愛，相信在彼岸淨土也鑄就了別樣的崇高。他是世界之光，聖潔如蓮，也讓人間變得更美好。」加上美好的新詩與繪圖，清新而美好，您懷念大師的心意，令人感到別具一格！

　　文字穿越時空，佛法淨化人心，感謝您對學術、文化的愛護和重視，更為您發心書寫文字般若的功德，隨喜讚歎！期待您日後能惠賜大作，借由您的彩筆，為我們這片《人間佛教》的善美園地，得到最有力的播種與耕耘。感謝您的大作豐富本學報的內容，為現代人間佛教的發展留下歷史！

　　敬頌：

雲水自在　祥和歡喜

　　　　　　《人間佛教》藝文版主編　蔡孟樺　敬上
　　　　　　　　　　　　　　　　　　2024.01.10

　　　　投稿信箱：hbliterature@gmail.com
　　　　電話：07-6561921 轉 1362

5. 《人間佛教》學報藝文蔡孟樺主編謝函

VI 山的沉默

# 山 的 沉 默

## 目 次

## 一、

# 二、附 錄

攝影：林明理

# 1. 古茶柏安部落遊記

　　據說，在北大武山背脊面有一處開滿野百合的深山裡，住著一群為尊嚴而生存的魯凱族祖先。有一次，他們帶著一隻有靈性的雲豹，從臺東翻山越嶺，來到了清澈潔淨的溪邊。當那雲豹喝了瀑布下的甘泉，便不再啟程遠行時，祖先遂而決定在屏東縣霧台鄉定居。這就是魯凱族在七百五十五年前形成「好茶村」，亦即「古茶柏安」的由來，也有「雲豹的傳

人」之意。

世事好景不常，舊好茶的古道、千年的古木、屋舍與農作物，全被賀伯、莫拉克等風災所重創，直到最終，族人遷徙到長治鄉瑪家農場的「禮納里」永久屋基地，又稱「新新好茶」，定居後才得到原有的寧靜生活。

雖然我無法幫部落譜寫未來，但當我初次步向古茶柏安街，走過教堂，看到部落的屋牆或入口處，都有族人用心鑲嵌的岩雕或彩繪，並記述了部落的歷史和遙遠的傳說。

恍惚中，我立在那兒也感覺得出，那些無以計數流逝的時光……不管是遙遠的，或近在眼前的，都讓我極度想見到在天宇之下，這裡的族人是否已繼續帶著堅忍不拔的神情前進。

於是，我舉目四望，看到部落裡有許多作品來自一位石板屋匠師杜冬振的兒子。在他所有的作品中，絕不因昔日的傷痛而黯淡，反而以藝術意圖表達出自己的意涵，將部落的希望照得更明亮，將魯凱族持續扎根於鄉土的記憶上。

從老街走進巷道，沿街都十分整潔。有頭目的家牆或屋宇都彩繪得美侖美奐。更使我愉悅的，是他們在石板道旁的岩雕，都有文字註解及美麗圖樣。當我雙眼端詳這些彩繪畫的細節，心中有說不出的新奇。

　　部落裡，有的族人以熱情的迎賓儀式，以魯凱族的圖騰佈置餐廳，他們以樹豆、紅藜、小米等燒烤食物，讓旅人的心快樂起來。也有族人以手工藝品或編織，展現出部落的傳統文化。

　　在這條長廊中，有位女店長曾說：「我希望自己以原鄉的咖啡，讓孩子們有一股動力，想回到自己的家鄉打拚。」一番話，說得那麼真實感人，讓我心頭想著：「願主祝福這充滿故事又溫暖我心的部落，永遠生氣勃勃。」

　　如今部落的年輕人已憑著勇氣，展現了魯凱族最親善的一面，較之大城市以昂貴物質換取的旅遊樂趣更具特色。當夜深人靜，而部落的面龐如大熊星清晰浮現時，仰望星空……我會記得，雲豹是魯凱族人心中難忘的圖騰，那水中倒映的滿天星斗與族人合唱。

　　我會記得部落裡散發的祥和溫馨、孩童的歡笑聲讓我停步，而古茶柏安（Kucapungane）走過的滄桑與神奇傳說，就好像它早已刻印在我心底。每一想起，便如風輕拂著……世界也變得清晰明澈。

　　　　　　　　　　　　　　　－2023.3.23 作

—刊臺灣《青年日報》副刊，2023.04.23
及攝影 1 張。

林明理畫作：〈鄉野〉（此畫存藏於臺灣「國圖」
「當代名人手稿典藏系統」，臺北）


# .2. 禮吉納里部落尋幽


　　記憶中的禮納里（Rinari），有著難以形容的美麗，在一
處四周樹林環繞的山巒之中。

　　當年莫拉克風災重創了屏東縣瑪家鄉瑪家村、霧台鄉好
茶村，以及三地門鄉大社村之後，在政府的安置下，才讓這
三個部落的排灣族和魯凱族族人移居到禮納里部落，在園區

內共同展開新的生活。

在一個陽光燦爛的早晨，我看到有孩童在街道戲耍，陽光灑落在一座尊貴潔淨的遊客中心廣場與原住民集會所之間來回穿梭……也照耀在仿瑪家穀倉建立的玻璃屋、國小操場，以及大大小小的屋宇之上。

陽光溫柔而強烈，越過無數綠野平疇，遼闊而古老……還有定居在這裡所有族人新生的希望，都溫暖了旅人。在這裡，在返鄉工作或者彩繪圖騰的族人心中，仍鑲嵌著各種部落的傳說及故事。

而這些故事，像冉冉升起的太陽，照亮了老人家心頭上成串的回憶。它的光芒，也代表著族人期許獲得浴火重生的力量。

因為在這部落裡，我看到了族群團結的可貴，看到了打球中的百合國小學童，歡語充滿了操場。我忽然明白了多想把自己的影子留在這裡，每當清風吹起，就會引起我的思念。而教堂與建物之間，也有藝術性的彩繪牆細緻地妝點著禮納里部落，讓旅人享受著各種溫度的幸福。

據說，每年寒露時分，總有眾多的灰面鵟鷹，會從高空盤旋，或滑翔而下，在禮納里遊客中心的天空兜著圈子，久久盤旋不去。牠們就像是傳說中的愛的禱語，直抵陽光下綿延的森林深處……那深深淺淺的藍。

　　那種純粹的美，是不經意地流露出大自然的細心溫柔，有多令人期待與驚奇。就像初訪這裡帶給我的莫大喜樂，一如當地族人一直持守於「禮納里」，意味著「等待恩典、充滿祝福及希望之地」，讓人欣喜。

　　那天，當我看到活動中心裡正在舉辦一場婚禮，而族人都穿著自己傳統服飾出席的背影，溫暖而令人動容。恍惚中，那天空之鷹亦如影隨形。牠們的歌聲越過廣場、呼應著彩繪牆上栩栩如生的雲豹……越過酷似一片葉脈造型的活動中心，以及穿山甲造型的籃球場等天幕，並擴大回響，周而復始。

　　我雖然無法捕風捉影牠們歌詞的意義，但我願仔細傾聽。於是，我感受到了鷹在訴說著周遭純淨的美，連同教堂都帶給族人勇氣，讓他們想為生命而飛，讓他們把意志投入在皮雕、陶藝、編織等工藝上，或用心栽種、製作美味的料理。我也滿心祝福族人與孩童能逐一實現夢想，永遠享有幸福與愛。

　　－2023.03.30 作

　　。

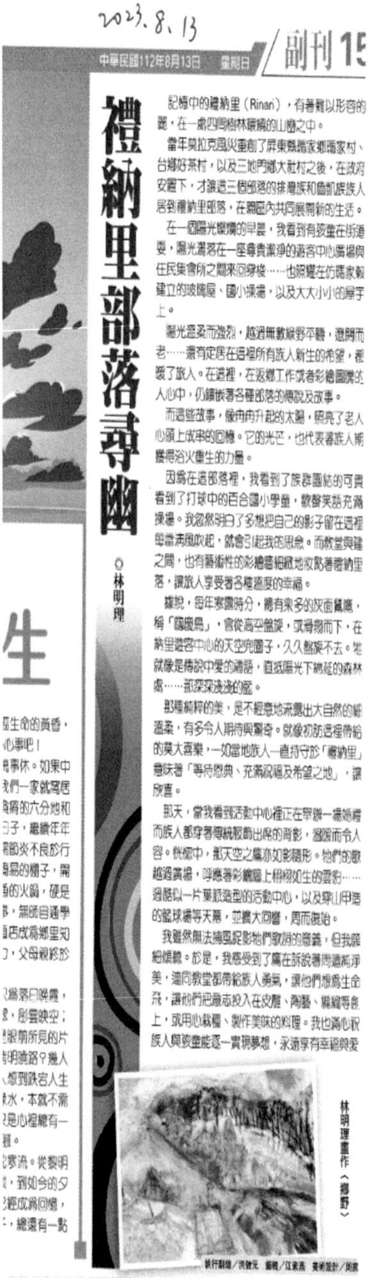

2023.8.13

中華民國112年8月13日　星期日／副刊 15

禮納里部落尋幽

◎林明理

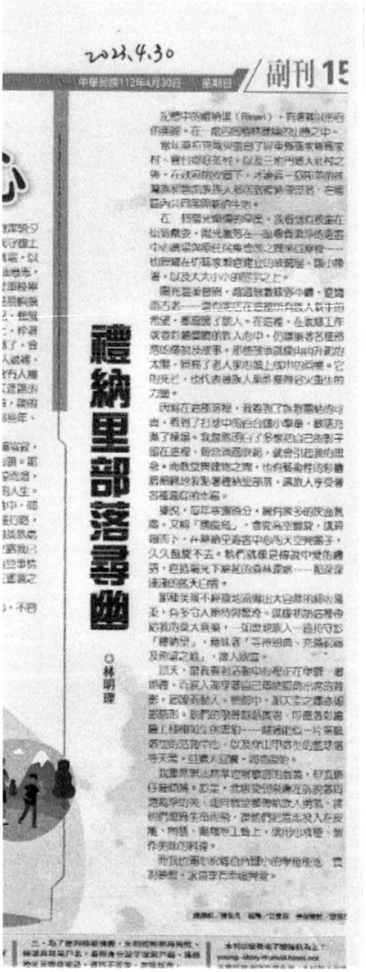

2023.4.30

中華民國112年4月30日　星期日／副刊 15

禮納里部落尋幽

◎林明理

林明理畫作〈鄉野〉

一刊臺灣《青年日報》副刊，
2023.04.30，
一刊《青年日報》副刊， 2023.
08.13，及畫作1幅（鄉野）。

攝影及畫作：林明理（此畫存藏於臺灣的「國圖」「當代名人手稿典藏系統」，臺北）。

# 3. 東港海濱散記

當歲月漸漸飛去，轉眼已近穀雨節氣的到來，忽而，我想起那天車子開到很遠的東港鎮鎮海公園旁。那兒有個遼闊的沙灘，遠遠地，一隻蒼鷺掠過。有兩艘白色遊艇在空間和時間裡，像是擦身而過的小馬，而激起的朵朵浪花，飄去遠

方，徒留相遇的足跡……在我的想像之中，也在時間之外。

　　我漫不經心地往街上走，一陣風，把我引進了一座創校已一百二十五年的潮州國小。校園裡有許多大樹，清澈的陽光裡總能聽見飄揚的鐘聲。鄰近的鎮海宮，廟門口有個許願池，讓我毫不猶豫地按下快門，並靜穆地仰望廟前……那一瞬間，彷彿也能獲得諸神的庇護。

　　不知為什麼？總是喜歡並且渴望看到的，就是大海。如同那一天佇立在海濱國小和東港海事高職門前，默默凝視著一座鹽埔漁港。它是那麼富有詩意的音韻，絕不像一般歌者的高聲吟唱。

　　年輕時，在高雄海洋技術學院航海科系教書時，我也最愛在旗津碼頭觀賞船舶的進出，看那浪潮般的漁筏簇擁著海洋，奮力地駛出海面，而岸上的燈塔像是嚴肅又溫柔的武士，守護著討海人和他的家，讓我一陣陣地感動。

　　總想著漁港前，學生們每天都可以看著周遭的堤防，那些補魚網的人家、船舶出海或靠岸的重播影像，這四周盡是大海閃爍躍動的光，他們該是會深受海洋文化的薰陶吧？

　　在我過往的記憶裡，那些討海人撒網後，再慢慢地拖網、收網的重疊動作，對我而言，就像是一幅充滿力與美的圖畫。或許，對大多數漁民在遠征的途中，他們出海的雄姿，應個個都有自信，那是絲毫不比勇士遜色！然而，那也是為了生

計而勞碌奔波的孤獨形象。

　　而我為何一往情深地愛上大海，並極盡崇拜它的浩瀚偉大？原因很簡單，我只想看到海上夕照的美，想成為一個最幸福、並因而感到自己很渺小而學會謙卑。因為，只要是人，活著就必須有個美好的夢想。

　　而我有幸在校門前見證了鹽埔漁港走過輝煌與滄桑的歷史，也看到如今這座面臨巴士海峽，位於東港溪出海口兩側的漁港，已成功地轉型為全臺灣第一座貨運專區暨遠洋漁業季觀光遊憩的中繼轉運站。從這裡的漁港出發到小琉球大福港，只要短短三十分鐘，它，已能帶動當地的觀光休閒發展。

　　當我轉身離開時，我深信，這地方應不乏對海洋研究有興趣的學子，而我歡樂地寄望於未來，他們都能成為出色的各類專業人才。

　　或許是我從小就熟讀過蘇軾《儋耳》的一句詩：「垂天雌霓雲端下，快意雄風海上來。」有誰想到，我在海濱會看到那廣闊又湛藍的天宇下，也有座我真心地會想念起它的「鹽埔漁港」呢。

　　　　　　　　　　　　　　　　　－2023.03.24 作

－刊臺灣《馬祖日報》副刊，2023.05.03，
及畫作 1 幅、攝影 6 張。

攝影及畫作：林明理（此畫存藏於臺灣的「國圖」「當代名人手稿典藏系統」，臺北）

# 4. 布拉旦抒情

想念布拉旦的那座橋，在霧嵐氤氳與細雨中的相遇。

想念一條清澈的南北棧溪，河谷將溪流分開，在某一交

會處，沿著下游匯流之後，奔向大海的歡愉。想念在這條溪畔孕育了屬於秀林鄉景美村的太魯閣族民，喜雨便緩緩而落。

　　恍惚中，我又回到那個清晨，走在部落的街巷、走過一座小學和溪流，徐徐鋪展的是一頁遷徙的滄桑史……讓悄悄經過的每一朵雲，都在此聚集駐留，讓上游峽谷兩側生出的樹林、野獸和鳥雀都紛紛探頭傾聽。

　　風兒緩緩把這段故事訴說了。原來這裡的先民是住在南投縣仁愛鄉，是靜觀一帶的德魯古人，屬於賽德克亞族（Sedeg）太魯閣群。在十八世紀時，有族人越過奇萊山北峰，進入立霧溪河谷。他們為了能夠繁衍子孫，經歷過與其他族群、漢人及日本人發生衝突事件。

　　如今，族人在這裡開枝散葉，在山樹和光明的空氣之間生存下來。當年的太魯閣先民幾經輾轉，而後定居在三棧溪緩坡地，名為「布拉旦」，意指「山的尖峰」，似有對原鄉的思念。所以「三棧」，早期稱為布拉旦（Pratan）。

　　我聽了它的這席話，便明白了。不覺一齊走向部落每一角落和教堂。彷若記憶或靈魂裡的那座高海拔的帕托魯山，在那山的源頭，出現了一條清溪，順著地勢高低分為三層流下……沿途經過許多巨石和飛瀑，最後接通了太魯閣族先民遷徙到此的夢想。

　　風兒亦步亦趨，分享了它喜悅地接受三棧溪的恩賜。在

那溪流的秘境裡，有苦花魚悠游水面，也有玫瑰色的彩石的光，融浸在黃金峽谷的溪水之間。也因此，「三棧溪」素有「小太魯閣」之美稱。

當我們步回教堂前，凡目力所及的地方，都很神聖、清淨，似乎能讓所有旅人在此地一遍又一遍地將思念在心裡生根發芽。

揮手告別時，我至今還記得，怎樣久久地凝視著它壯闊的背影。當我站在那彩繪太魯閣族圖騰的三棧橋上，在微雨中，反而更可以想像，遠方的大河谷、樹林和它後面的更遠的瀑布與高山，是這裡的原住民在奇萊山北峰的故鄉。

我從未像在那一瞬間那樣不捨得離開這座聚落。於是，撐起一把雨傘，在雨中思忖了片刻。原來，這種思念是從三棧國小開始的。我看到學校規劃了讓孩童從小認識太魯閣百年遷徙史為主題的課程，校方也找來耆老及古道專家親授孩童們射箭、攀越山路，傳授他們認識自己的根源。

學校對孩童未來的期許，及這次無意中相遇的偶然，都在今夜我將冥思訴諸文字時，察覺出來了。原來文化傳承是必須的！而從孩童認真學習的眼神，讓我看見了希望的曙光。

我邊想、邊走，宛如一匹小馬在月光中晃悠……不自覺間又悄悄地回到三棧溪邊奔馳。

.－　2023.02.25 作

布拉旦抒情　◎林朗瑝

更隔洋山一萬重

吟遊人生　◎蔡富澧

－刊臺灣《青年日報》副刊，2023.05.07，
及攝影 1 張、畫作 1 幅。

畫作：林明理（此
畫存藏於臺灣的「國圖」
「當代名人手稿典藏系
統」，臺北）

# 5. 我的摯友

　　秀芝的家鄉在澎湖的小鎮上，山東籍的她，爲人熱心、
爽朗：年少時，不僅是運動健將、歌聲一流，還跟著母親學
燒得一手好菜。初次認識她時，是在七賢國小的家長聯誼會
上，第一眼看去，便覺得相當面熟，就好像親姐姐般，體會
也比較深刻。

　　後來，孩子們都考上高雄女中、大學、研究所。這一路走來，有許多艱辛，也有不少歡樂，但幸運的是，都有她相伴，一點兒也不寂寞。每當我休假，有時，也坐上她的車各處走走，或者同大伙在餐飲中消磨。有時，想為家長聯誼會增加些樂趣，她也會拿起麥克風，高唱兩曲懷舊老歌，惹得大家頻頻鼓掌叫好！

　　雖然她並非來自富裕之家，但天生擁有一副菩薩心腸。二十歲那年，她在家鄉與一位軍醫相戀，不多久，便遠嫁到高雄定居。先生從榮總退休後，有了自己的診所。她殷勤地照料父母及家人，兩個女兒也各有所長，一個唸到博士，遠嫁到英國，一個在北部擔任醫師。

　　自從搬到臺東定居後，我便時常想起這位摯友。想起逢年過節，她總會精心準備了自己包的餃子、粽子、滷味，還有一大包來自她從家鄉帶回的黑糖糕和她哥哥製作的干貝醬。想起每當我皺眉蹙額時，她的善解人意，讓我因而轉化為喜悅，煩惱也變成平和。想起我動完大手術後，她的心田恰是我需要的傾訴勝地。

　　在我心中，她永遠是位為善不與人知的人，常用心款待每位親友；最了不起的是，她的微笑似晨，絕不偽善，還有一顆愛國不落人後的心。她不會因一個讚頌而得意，也不因失意而滿懷愁容。因為，她總會想到好的方式，努力去把問題解決，這就是智慧的表現。

　　如今，我仰面望著越見黃昏的天空，或許是風兒喚醒了我，把我和她的距離縮短了。翻開相簿裡一張張拍得真真切切的照片，她的微笑確實誠心誠意的。恍惚中，我們仍一起並肩站著，望著老師帶領全班小朋友一起參加彩繪公車比賽的時刻，同她在一起就感到開心，沒有一刻停滯。疫情關係，近年也較少來我這兒走動，可我總想起這摯友。她喜歡一拿起電話就驚呼說話，那聲音特別親切、渾厚，教我思念無窮。

21.08.12
完稿

一刊臺灣
《中華日
報》 副
刊，2023.
05.12，及
畫作1幅。

林明理畫作：〈蓮〉（此畫存藏於臺灣的「國圖」「當代名人手稿典藏系統」，臺北）

# 6. 慈母的眼淚

　　母親有雙清明透亮的眼睛，但從不輕易落淚，在我的記憶深處，她的眼睛總能一眼就把孩子們的心事看穿。她用溫柔又堅毅的眼神教導我們，讓我們學會了為人處世，也學會勤能補拙。她像大樹守護著我們，永不畏懼暴雨風霜。

　　而我印象最深刻的事，就是童年和田野。五十多年前的鄉下生活貧窮，物質匱乏，母親卻始終保留著朝氣蓬勃的模樣，也未曾搽脂抹粉。從早到晚，她默默地耕種、餵養雞鴨、下廚房、為我們縫製衣服，也會把小屋布置得相當潔淨，或

在客廳裡練習寫字……就算苦盡甘來的如今，也沒有讓我將往昔記憶抹去。

在母親的庇護下，幸運的是，我們就像挺過風雨、業已長大的果實。就這樣漸漸熟悉了世間的冷暖，也個個學有所成。縱然我大半輩子都在異鄉教學忙碌，過著平凡又淡泊的人生，但母親給予我勇於向上的動力，讓我無時無刻都能挺直腰幹，往前奔馳。

直到前幾年，忽然傳來舍弟離世的消息。那一瞬，使我慌了手腳，心中的恐懼也瞬間化為悲傷。我不會忘記，當母親打電話來時，猶帶著顫抖的聲音，無法抑遏的淚水，使她激動得重覆說道：

「妳快跟我說，這都是假的，對吧？這不可能……」那一刻，我無言以對，但可以想像，這是第一次看到母親瞳孔裡帶著黯然失色的神采。為此，母親足足病了幾個月。後來，情況好轉了。再談及此事時，母親已能釋懷，也接受事實。她在電話裡說：

「但願妳弟弟能看到他在天堂的父親。我也會替他禱告！我沒事了。妳自己也要注意健康。」此時此刻，我逐一回想起小時候每次發燒，母親總是在深夜的床邊，用冰毛巾反覆地幫我放在額頭上，直到退燒，天色已明亮。

她雖然對孩子疼愛有加，但絕非溺愛，而是有自己嚴格

的管教方式。我想起有一次，舍弟很調皮，在小路上亂丟石頭，卻不慎傷及路人。那天，弟弟被母親用藤條打得涕淚橫流，但夜深人靜時，母親便起床為弟弟的小腿擦傷藥。

　　類似這些難忘的記憶不勝枚舉。比如我在初次臨產前，肚子真疼了，忽然接到母親在電話上說：「不要緊的。生產前會有幾天疼痛，那是正常的，不會有事的。」當時的我，覺得自己被母親篤定的眼神給鼓勵了，頓時，痛意逐漸消失。

　　記得父親往生那天，我們回到幼年時住過的老屋，母親守在屋裡，抹著眼淚。等出殯後，她仍忙著炒幾個小菜，等我們開車要返回高雄時，才露出堅強的笑容。

　　直到今天，我都會感謝母親所賜與我們勇於克服艱難的勇氣，並全然回憶起與她相處的快樂時光，是何等的幸福。母親就像一朵清幽的蓮，是我歲月中最深切的思念。

－2023.03.08 作

—刊臺灣《青年日報》副刊，2023.05.14，
及畫作 1 幅。

攝影：林明理

# 7. 日出達吉利部落

黎明時分，在秀林鄉的層疊山巒，鳥羽般雲霧上，萬物仍沉睡於太平洋的水藍裡，而我已感受到生活在依山傍海的達吉利部落（Tkijig）的太魯閣族人，不管時間來回飛旋多少次，只要愈貼近豐年祭，他們等待的心情總是愉悅的，便會釋出一抹微笑。

我也喜愛這種等待佳節與親友團聚的心境。因為住在東部的我，儘管極少到世界各地旅遊，但也能經常看到溪水潺潺、百花怒放，或夏秋茂草、冬梅任飄的景致……就像這秀林鄉，它不是神話，但看起來的確像樸實無華的仙鄉。

當崇德村的陽光溢滿山頭，那些深綠與蔚藍，讓我不禁

想步入介於太魯閣公園與清水斷崖之間的這座小村落——去瀏覽部落裡的彩繪牆，細膩地鐫刻著太魯閣族先人的生活樣貌，看看這擁有一百六十多年歷史的達吉利部落，那些年輕人如何返鄉打拚，讓部落發出熾熱之光。

於是我慢慢地走進崇德教會前、風兒在等待著我的小徑上。那裡有年輕族人正參與母語、藤編的教學及經營美食，或以文字紀錄耆老的故事。那裡有耆老追憶起先人於數百年前由南投遷徙至立霧溪流域，當他們輾轉來到崇德村上方的臺地，放眼眺望遼闊的太平洋、還有許多魚和斷崖邊的大石頭時，不禁久久讚賞，且稱之為「達吉力」（dayal giri），意指「非常美麗的地方」。

如今，部落裡的族人大多老了，但「崇德」為何叫「達吉利」的古地名由來，已在年輕一輩根深蒂固，恰似黎巴嫩詩人卡里・紀伯倫在《沙與沫》詩句中寫的那樣：「每粒種子都是一個希望。」而這裡的年輕族人也會在部落裡舉辦活動時，為長輩們獻唱。

當我的想像開始飛翔，恍惚中，我可以看到他們的先人來到立霧溪流域，有的定居在天祥、砂卡礑、大禮部落，有的就來到崇德村，像所有生物一樣，在這裡成長、茁壯。

他們的祖先原本為崇德派出所西方高山山腹的達其黎社，因天災因素，輾轉回到派出所東面定居。儘管這麼多年過去了，族群還和諧團結。我見此情景，便昂起頭對風兒說：「當他們的祖先來到秀林鄉，也必然期待後代能各自找到自

己的人生舞台吧！」

　　風兒笑了，似乎共鳴地認同：「只有真正走過歷史和滄桑洗禮的族人，才能得到靈魂的救贖與族群和諧的啟示。」達吉利部落頓時成了一片希望。而我同風兒緊挨著坐在文健站，看到達吉利所走過的艱辛，以及族人之間的以禮相待，如今已然變成一顆無與倫比的珍珠……於是快樂來了，祥和來了，我在心底跟著高興喝彩。

　　只有山谷外有座被白霧遮掩的山沉默了，但它仍是極美的。

－2023.4.19 作

－刊臺灣《青年日報》副刊，2023.5.21，及攝影 1 張。

攝影及林明理畫
作：（靜夜思），
此畫存藏於臺灣
的「國圖」「當代
名人手稿典藏系
統」，臺北

# 8. 在我深深的足跡上

　　當搖曳的曙光以溫柔將黑暗撥開，漫步在富源森林遊樂區綠色走廊的溪畔，大地仍一片沉寂，充滿木香。踩著苔痕斑斑的石階和落葉，鳥聲、水聲淙淙如此清晰響亮……蟲鳴的碎音在小徑末端。

　　我站在富源吊橋稍稍回頭，恍惚中，稀微的鳥影，如同白帆閃閃地漂向白岩的一方。我想及那年秋天，橋下澄碧的水、溪石的重音，雀躍向前，如一群綠光的蝴蝶……而遠處峭壁有飛流直下的瀑布，如此壯闊激盪。

　　而今，一隻鷹，投入森林，雲氣也就更明淨了。五色鳥在花樹上啁啾，一群彩蝶旋舞，從林間彎曲的小路，伸延到通往前廳龐大的一棵白水木旁。刹那間，我的心隨著牠們的舞姿跳起舞來，不禁試著親近一下……但那逃逸的形跡，是多麼輕盈，漫過山後。

　　用完早餐，驅車抵達萬榮村原住民文物館。我沿著路開始走過太魯閣馬黑揚抗日的勇士雕像、圖書館及許多行政機關……走過國小操場，還有萬榮部落的大街小巷。何曾擁有這般的感覺——純淨、縈迴而充滿深邃！

　　這時，風兒掠過山巒和溪流……用它古老而莊嚴的語調，頻頻點頭歡迎我，引我從容看待一切。我貼近村裡的屋

宇，整潔而靜謐，家家戶戶的牆壁上，飾著一幅幅陶鑄的太
魯閣圖騰，輝映出昔日的傳統與文化，教人不忘。離開時，
萬榮村的光芒正萌動著無孔不入的美麗的春天……我也向著
它的純淨，深邃張望。在這裡，多一分溫暖，少一分虛偽。

聽路人說，鄰近有一座隱藏在深山的湖潭、空靈絕美。
於是我便沿著山道，看到了傳說中的聖母像，是那樣地聖潔
而慈愛，在碧赫潭的鳥聲和萬葉的呼吸之間。

當我獨坐大樹下，一行白鷺飛起，如幻夢。我看到大加
汗部落的陽光在花間跳舞，整個天空一片澄藍，教會的牆壁
彩繪著太魯閣族的傳統生活；看到一位老婦徐徐走來，她的
眼睛堆滿笑意。我看到郵差先生騎著機車穿梭於巷道，路過
時也不覺地微笑著；看到載著礦泉水的貨車司機，為族人送
貨時，年輕的族人用母語向他親切地道謝。我以感動之心，
接受了這鄉景的樸實光華和恩典。

今夜，我乘著微風，就感覺到那沉默的萬榮鄉（太魯閣
語：Malibasi）——相依的族群與聚落，是多麼溫暖，有如布
洛灣裡的野百合，等待於光與石岸的雲朵的彼此呼喚。我突
然想起那位部落裡的老人家在那裡散步，而教堂的十字架也
亮著……世間塵埃網彷若在天水之外。

在那兒，我感到寒氣不再滯流，瞥見的美好事物為數頗
多……而夜光如是輕盈，村裡的人族群和諧，不曾冷漠。我
感謝過去的幸福與自由，也獨自傾聽到萬榮村聚落的寧靜與
自由，它們已深入我靈魂之中。　　－2023.02.13 作

－刊臺灣《更生日報》副刊，2023.05.22，
及畫作 1 幅，攝影 6 張。

攝影：林明理

# 9. 重遊南世部落

　　一個金色晨曦的早晨，當我來到依山傍海的南世部落（Nansiku），一下車，就感覺到那沉默的海岸是多麼溫暖，而忘卻時間是何物。

　　闊別歸來，我恣意地瀏覽這群山環海之境，一個引我特別想念它的原因，是部落裡的每個角落都讓我感受得到濃濃的人情味。

　　我看到了學校裡的大小朋友，都在週末上午自發性參與

學習母語的認眞，也感受到族人的相處極爲和睦。無論是從校園傳來迴盪的歌聲，或者族人在豐年季返鄉團聚時，都帶著動人的神情。

因爲我確實將這些記憶記得特別清晰，也見識了年輕族人擺脫世間的輕浮，正盡力發出自己的榮光。這是讓我更加關注，也是南世村在我記憶裡透射出美麗的光芒之因。

這一天，雖然街巷幽深寧靜，但那些原來是種在山坡和田野之間的一大片芒果樹，現在滿是成熟的果實掛在枝幹上的大樹，也散發出豐收前淡淡的芬芳。

部落的老人家很熱情，她們都坐在客廳前聊天，又好奇地看著我。我不禁順口說了一句：「您好，這是我第二次來這裡啦……」果然她們和我一樣，嘴角都掛起了微笑，讓我感到寬慰。

愈是走近林中小徑，愈感涼風習習。恍惚中，我聽得見遠方寂靜的海域，不被世俗的煩囂所打亂；周遭更有山麓原野、鳥聲嚶鳴。值此一刻，我好想飛翔，像隻歌唱的鳥兒飛在樹林裡、村裡、大海上。我瞥見了日復一日水漲潮落，太平洋則顯出它莫測高深和充滿柔情的神態，而獅子鄉正閃爍著萌動的部落之光。

當我俯瞰大海，還有南迴鐵路普悠瑪列車緊貼中央山脈通過的景象……眞想跟山海說說話，就好像它們早已習慣於

我的呼喚。

　　我好想飛越草山溪的河階，穿過白雲和山風，看看這座在日據時期被稱為「南勢湖」的排灣族部落。相傳，他們的祖先是大龜文王國後裔，曾散居在草山溪中上游的各社群。在民國二十九年下山遷徙到南勢溪中游「田仔內」之處，二次大戰後，部落又再次遷徙到現今的南世部落，也有從古華村遷入的族人入住。

　　當我翹首向來路張望，周遭的峻峰，遠超過我想像中的美，連同深山裡的瀑布與南世遺址的石板屋、休閒林道，都已融進了我遐想的心……彷彿我可以直視至南世部落山頂上藍色的天空，每一棵老樹頂端都鑲著來自太陽的金光。

　　就這樣，我兀自沉浸在遐想之中，並滿懷感動地憶起了生命中那些美好的時光。我曾躊躇夢想、蹉跎了歲月，而今隨著時光流轉，我彷彿已能憑著一股勇氣，從這裡出發繼續抵達許多地方。

　　我的快樂正在延伸著，並且因此次深入的探尋，使我心中暗自期許，愈感一種光明的企望，不也是另一種幸福。

－2023.04.12 作

青年日報　　　中華民國112年5月28日　星期日　副刊

2023.5.28

# 重遊南世部落　○林明理

係海洋原民土騰像

一個金色曙曦的早晨，當我來到依山傍海的南世部落（Nansiku），一下車，就感覺到那沉默的海岸是多麼寂靜，而忘卻時間是何物。

閒別歸來，我感臺灣遠處山巒海之過，一個引我特別想念它的原因，是部落裡的每個角落都讓我感受到昔日濃濃的人情味。

—刊臺灣《青年日報》副刊，2023.05.28，及攝影1張。

林明理畫作（遠山的蹬音），此畫存藏於臺灣的「國圖」「當代名人手稿典藏系統」，臺北。

# 10. 在山谷的光燦裡

　　車過瑪家鄉涼山村，神性的天空和枝葉茂密的花木，默默地順著山路前行。終於抵達偌大的原住民族文化園區停車場，像是來到了一座熟悉而讓人思懷的——森林的故鄉。

　　頻頻歡唱的鳥雀，追逐上下。一隻鷹，在群山環繞與溪流潺潺的彩虹橋上翱翔，到處是原民藝術彩繪或木刻的雕像。

　　這座佔地面積約莫八十二公頃的園區，承載著臺灣原住民古老的文化與聖潔，傳說和滄桑。沿著山谷，放目望去，一邊是蕭穆而立的高山，另一邊是

晨光普照，蜿蜒不盡的溪水。

　　步上彩虹橋的另一端，風，是我唯一的旅伴。它以極緩慢的步履，亦步亦趨，引我想像。這座橋，走出了多少文人暢懷寄興的詩句？又歌詠了多少悠遠歲月裡原民故鄉的遼闊與思愁？

　　當我坐上遊園車，抵達「富谷灣」，空氣裡散發著原始林的木香，恍若時光倒流，走進一個沉浸在絕塵無聲的世界，而周遭以茅草、竹材或石板為家屋的建物，猶如塵世中安靜的桃花源。

　　徜徉其中，一切靜寂。一條深深淺淺的小徑，樹葉婆娑，只有風蟄居在時間之上，向我訴說著光陰裡的故事。我一邊聽，一邊駐足下來丈量滿山的綠意……故事裡的深情，如一首不朽的詩歌，動人心扉；如一片落雪，令我依戀。

　　直到我看到幾位旅客跟著族人正在做一項「刺福球」活動，他們在文化體驗的笑聲中，跟著聆聽導覽員講述族人與自然和諧的故事，也就構成了一幅原民生活中動人的風情畫。

　　之後，我來到塔瑪麓灣區，目視賽夏族十八兒社住家等，

還看到小朋友拿著打擊棒，好奇地跟著穿著傳統服飾的族人敲擊木琴，特別可愛。我還看到廣場上，有旅人在練習竹鼓鼓擊，旁邊有座「觀流橋」，恍惚間，在陽光中閃爍的溪流，宛如一串小碎鑽，讓我靜下來站在橋上沉思。

作為全臺灣規模最大、最具研究價值的野外博物館，就是這座原住民文化園區成立的主題；所以它敞開大門，冀望旅人在園區的旅遊中，瞭解與尊重原民文化傳統的重要性，也讓原民找到自己。

當我返回入口旁的迎賓區，有八角樓特展館等建築，存放著許多原民的文物及雕刻，令人目不暇給。歸途，在山谷的光燦裡，我想起印度詩人泰戈爾在《生如夏花》的那首詩：

是大地的淚點，使她的微笑保持著青春不謝。

我深信，只要來過，這山林與原民文化的美，在記憶中就無法抹滅。它，似山谷裡最美的一朵野百合，永不凋謝，比一泓清泉還要遼闊……是我歲月裡的記憶與思念。

－2023.02.04 作

華民國一一二年六月四日/星期日　　中華日報 2023.6.4　中華副刊 A8

責任編輯 王鏡琇

## 詩，什麼都不識

■林煥彰

詩，什麼都不是
我，什麼都不識
我跟著她走

上天下海，日夜
我都在走
陰天雨天，都在走
有大颳天，都在走
我，沒有遲疑

孔子老子莊子
不是朋友也不是老師，我都希望
跟著他們走

蘇格拉底柏拉圖黑格爾
非朋友也不是老師，我也希望
有機會
沒機會，都希望找機會
希望能跟在他們的屁股，一起走

詩，什麼都不是
我一生，都希望
跟著她走
她，不是宗教
我喜歡她一種宗教
她，不是哲學
我喜歡她一種哲學
她，不是禪
我喜歡她一種禪

我，希望
我沒有迷路，我還在路上
我，知道
我白己，什麼都不是
當然，也什麼都不識……

(2023.05.01/7:44 九份半半居)

## 在山谷的光燦裡

文/圖 林明理

遠山的聲音

有趣的靈魂
■朱輝

## 我所聽見的宇宙波

■緹菁衣　　■羈宇翔

—刊臺灣《中華日報》副刊，2023.06.04，
及畫作1幅。

攝影：林明理

# 11. 油桐花開時

　　拂曉以前，綴滿油桐花的綿延山麓，晨霧縹緲。一種獨特清逸之美，在茂盛的綠葉中若隱若現，把難以揣測的大地吻醒。恍惚中，風在鼓盪，一隻珠頸斑鳩跟著鳴叫……眼前的花瓣在剎那間飄落如雪。

　　不記得有多少回了，每逢五月，有別於西部客家庄的文化，我喜歡沿著鹿野鄉舊鐵道等處的桐花步道，直抵山區，去欣賞一路上徐徐鋪展的雪白油桐花，遂成了一頁讀不完的浩淼詩卷。

它光芒湧動，停駐在山野林間，或在瑞源國小校園內，讓我不禁想起幼時綠野平疇的嘉南平原，夜裡有螢火蟲閃閃發光，風不停地吹過髮梢……油菜花開遍的田野。

今晨造訪瑞源村。懷抱著一顆樸素之心，瞬間跟著盪漾起來。當我走向太原花布燈籠生活文化館的街巷，再踱步到瑞源瑞隆文化聚會所門前。無論是舞鳳部落裡溝渠中飛舞的蜻蜓，或是清澈的溪流帶著我的心奔跑，在這裡，我都可以聞到絕大部分的阿美族人和客家人、漢人等族群融合中清新、恬靜的氣息。

相傳，這裡的阿美族祖先原居於恆春，於清代晚期遷移至此，二次大戰後，也有漢人及外地遷移而來的阿美族來此居住。當我凝視村裡的彩繪牆，想像風兒輕輕地掠過原始農耕的族民，穿過時代的風雨，如今的部落裡依然折射著古老的歌謠。

我的目光不禁涉過遠山近水，並開始想像著，無數片野桐花漫飄而落。其實言語在這裡是多餘的，因為風兒以深情的目光期待我，而舞鳳部落這座小村，交織著多種族民相處的融洽，在客家人熱愛桐花季的一杯茶裡，在阿美族的風貌街和漢人連著一戶又一戶的市井人家之間。我順著一條舊路，盡頭可瞧見有片林木。

我再度被校園的桐花折服，被周遭的靜謐征服，就像時間也漫步在樹林的街道上靜默。忽見一隻毛茸茸的小松鼠竄

上樹冠，模樣像是個調皮的小孩，與我玩著躲貓貓。天空也似乎要把這片遼闊的美好轉贈給我般，讓我相信，漫步在舞鳳部落裡，濃濃的鄉情絕不是傳說。

　　街上，除了幾位老人家親切地交談著，或向路過的農民行禮招呼外，它幾乎是一個寧靜的世界，外界的一切喧囂不再。我猜測，除了重要的節慶，才能看到村民團結歡聚的時刻，才能透悟無論歲月多麼悠遠，仍會恩賜這座小村幾多清閒。

　　當桐花香味流向花朵，而濃濃鄉愁又透進心中。我慢慢瞭解了舞鳳部落，當年聚落的先民如何以擔挑、推車載運，如何開闢荒地，種植水稻和雜糧，努力過生活。就像鹿野山谷的野桐，在時間的長河中，笑容依然如此嫻靜，而我只是個路過頻頻回首的旅人。只想把這鄉野間的桐花與村民純樸的影像，傳送至飄遊的夢中。

——
2023.05.03 作

攝影：林明理

　　－刊臺灣《青年日報》副刊，2023.06.04，
　　及攝影2張。

畫作及攝影：林明理
（此畫存藏於臺灣
的「國圖」「當代名
人手稿典藏系統」，
臺北）

# 12. 雨夜靜思

　　小時候，記憶深刻的，就屬在田野上追逐、
編織夢想。若是少了炊煙、耕牛的莊
稼人、公雞或麻雀的喧嘩，周遭將是

靜悄悄的。

而空蕩蕩的田野自然少不了溪流，一條蜿蜒曲折的長河——濁水溪，像個堅強而慈愛的母親，呵護西部農業精華之地，也孕育了無數的子民；讓我的童年處處可見肥壯的水牛，拉著犁，走過嘉南平原的四季，在一個個恬靜的小村落。

我總愛在深夜開始想起，那古街上的叫賣聲，大廟旁餅舖的老味道……一壺白茶，沏著舊時光。或者想要走到田野的深處，讓夢想跟著風，和漫天斑斕的陽光，變成一隻鳥，或綠成了一棵大樹。

當時光的韻腳停留在今年初夏，而我眼睛向外延伸，載著我回到山里站那片鄉土散出單純柔和的色調；讓我的思緒馳騁到眺望小黃山的場景，被金色的稻浪隨風搖曳感動的那一刻。就像席慕蓉在那段（鄉愁）詩裡寫的：

故鄉的面貌卻是一種模糊的悵惘／彷彿霧裡的揮手別離

每每讀到這裡，心頭總有些感觸。那是母親溫柔的叮嚀、話語，讓我不覺地微笑了，就好似那片山巒上潔白的雲朵，讓我得到一種平靜，無所欲求。

其實，說到山里站，就好像在紅塵中尋到一處遺世獨立的桃源，沿途的洛神花花開如漫天星子，讓我每一停下腳步，就想做一個山中隱士。

　　山里站總是那麼靜美。當我站上木棧觀景台，便被都蘭山、利吉惡地和卑南溪環繞，也把它最樸實無華的一面展示了出來。在這夜已過半，飄蕩的小雨，輕輕地，如花絮……而我對故鄉的思念油然而生的時候。

　　我想起立在山里福音教會的老松下，看今年的松樹的顏色愈青愈深，濃成肅穆的美。回頭望過去，看流雲在天邊，那白石砌成的牆、花團錦簇的花和紅欄杆矮門，有種令人沉靜安穩的色調。

　　車過鄰近的臺東原生應用植物園時，我的思緒在那一片種滿各種本土香草等作物的綠地空間中駐足許久。我可以直接面對著天空、風，面對著野鳥在樹上鳴叫；可以聽到山的聲音，做著說不盡的夢。我想，生活就應該是這樣了。

　　習慣了執筆在小案上寫作的我，休憩時，只要有杯茶，在聽風處，每回眸一次，便鄉情暖心，任思緒乘著風，翩翩地遨遊到遠方……而遠方，牽動了我的心扉。

　　尤其是在小雨緩緩飄落的夜，時遠時近的畫面與記憶浮現時，便覺得此刻感性也最為澄澈，就閒適地沉浸在自己甜蜜的遐思之中了。

－2023.05.03 作

《馬祖日報》副刊，2023.06.07，
及畫作 1 幅，攝影 4 張。

畫作（星夜）及攝影：
林明理

# 13. 雙流部落璀璨

今夜，月色溶溶。一種甜美的遐想引我想起唐朝詩人韋
莊寫的〈夏夜〉裡的詩句：「星繁愁晝熱，露重覺荷香。」這

短短的詩句卻觸及了我所有的感官，讓我不由得心頭沾染草埔村的雙流部落（Tjisaulem）在明亮夜空中的柔情和山水秀色。

初次踏入林務局屏東林區管理處所經營管理的雙流森林遊樂區時，漫天蝶舞，讓整個森林安靜下來，晨光在枝上舞動。當時，人煙稀少，如今我從時間的隙縫中，最感愜意的是，眼所及，溪流環繞，林中傳來的鳥鳴聲聲入耳。

它位在獅子鄉兩條溪流匯流之處，溪水清澈，過去是排灣族的生活區域，先民大多由 jinagalan 部落遷移至此而建立雙流部落。當我由醒目的排灣族彩繪牆、排樓，步入雙流社區文化聚會所、警察局，凝望雙流部落街道時，每隻飛過的紅嘴黑鵯都會說：「*navenala sun*，妳好！」四面八方彷若有音樂流動。一個騎著機車路過的老族人漾出一抹微笑，十分親切，就好像回到故鄉般，讓我愉悅。

之後，車彎進寧謐的森林遊樂區內的停車場，步道上的楓香、桃花心木、光蠟樹，跟初開的山芙蓉一樣散發芬多精香氣。參觀區內的「自然教育中心」時，絲毫不會讓人感到倦怠，因為它不但提供當地小學生觀察與學習，將環境教育扎根於課程上，也挑起旅人對園區夜裡居然有穿山甲、白鼻心等多種動物出沒而感到好奇，進而衍生奇特而嚮往的樂趣。

當我的鏡頭捕捉到黑腹濱鷸、大白鷺，還有幾隻臺灣獼猴等動物身影，我很快就明白過來，這種對大自然的熱愛所

蘊含的尋幽探訪的動機，是可以讓我長久地鍾情的。同時我也心滿意足地看到了溪流、瀑布和谷地，並瞭解這一刻的快樂在這塵世裡，其實是可以從旅人的眼睛、讚嘆的步態中讀出來的。

遺憾的是，我並未全程攻頂到最高點的帽子山。據說，站在那裡，還可遠眺太平洋與臺灣海峽，但沿途仍看見林木蔥綠，彩蝶在闊葉林、蕨類中飛舞。我依然能沐浴在快樂之光裡，慢條斯理地環繞園區，並在連番而來的驚喜之中，不受制於時間而自得其樂。

直到此刻，每一憶及，那些偶爾瞥見的動物，或在藍藍天空下掠過的野鳥，仍在橋畔閃閃生輝……而雙流部落裡沿途的彩繪牆所呈現排灣族先人真實的生活樣貌，每一幅都栩栩如生，也跟周遭大自然與山林的和諧合而為一。

我記得，有個小女孩牽著其父的手興奮地說：「那裡有隻鳥飛起來了，好漂亮啊！」我也跟著停步，眼觀四方，穿過蒼鬱的樹林，希望驚喜看到更多的野鳥。或許，多年後我會回想草埔村的情景，就像一隻飛鷹訴說著四季的歡暢……而我默默祈盼它留住純淨與美好。

－2023.05.09 作

青年日報　　中華民國112年6月11日　星期日　／副刊1

# ──雙流部落璀璨

○林明理

林明理畫作〈星夜〉

排灣族揭光彩繪

今夜，月色溶溶。一種甜美的遐想引我想起唐朝詩人韋莊寫的〈夏夜〉裡的詩句：「星繁愁晝熱，露重覺荷香。」這短短的詩句卻觸及了我所有的感官，讓我不由得心頭泛染草埔村的雙流部落（Tjisaulem）在明亮夜空中的柔情和山水秀色。

初次踏入林務局屏東林區管理處所經營管理的雙流森林遊樂區時，還天鮮興，讓整個森林安靜下來，晨光在枝上舞動。當時，人煙稀少，如今我從時間的縫隙中，最惦懷念的是，眼光所及，溪流蜿蜒，林中傳來的鳥鳴聲入耳。

它位在獅子鄉陽條溪匯流之處，溪水清澈，過去是排灣族的生活區域，先民大多由jinagalan部落遷徙至此而建立雙流部落。當我由醒目的排灣族彩繪牆、排樓，步入雙流社區文化聚會所、警察局，凝望雙流部落時，每隻飛過的紅嘴黑鵯都會說：「navenala sun，妳好！」四面八方仍若有音樂流動。一位騎著機車路過的老族人漾出一抹微笑，十分親切，就好像回到故鄉般，讓我愉悅。

之後，車彎進擊蟲的森林遊樂區內停車場，步道上的楓香、桃花心木、光臘樹，與初開的山芙蓉一樣散發出多種香氣。參觀區內的「自然教育中心」時，絲毫不會讓人意到意念，因為它不但提供當地小學生觀家與學習，將環境教育扎根於課程上，也挑起族人對園區裡居然有穿山甲、白鼻心等多種動物出沒而感到好奇，進而衍生奇特體驗的樂趣。

當我的視線親切到黑霧瀑布、大白鷺，還有幾隻臺灣獼猴等動物的身影，我很快就明白過來，這種對大自然熱愛介紹的尋趣深刻的動機，是可以讓我長久地銘感的。透過動物的眼睛，凝視的步態中讀出來的牠流、臺北和谷地，並了解一刻的狀貌在遼遠世界，其實是可以從族人的眼睛、凝視的步態中讀出來的其樂。

遺憾的是，我並未全程欣賞到最高點的帽子山。據說，站在那裡，還可遠眺太平洋與臺灣海岸，但沿途仍看見林木蔥綠，影綠在闊葉林、蕨類中再現。我依然能沐浴在快樂的光裡，慢慢前往地遊繞園區，並在連番而來的驚喜之中，不受制於時間而自得其樂。

直到此刻，每一幀及，那些偶爾瞥見的動物，或在幽靜天空下游蕩的野鳥，仍在橋畔飛羽而翔……而雙流部落裡沿岸的彩繪牆所呈現排灣族人真實的生活樣貌，每一幅都柵柵如生，也與周遭大自然與山林的和諧合而為一。

我記得，有個小女孩牽著父親的手興奮地說：「那裡有雙鳥飛起來了，好漂亮啊！」我忙跟著停下腳步，瞧觀四方，穿過蓊鬱的樹林，希望藉著先人真實的生活樣貌，每一幅都彩栩如生，也與周遭大自然的野鳥。或許，多年後我會回憶草埔村的橋景，就像一隻飛翔歌唱著四季的歌聲……而我默默祈盼它留住純淨與美好。

吟遊人生──蔡富澧

# 安得萬里風

徐徐夏日風，帶來遍沐暢體的涼喜，給人無限爽朗，但夏風也往往煉熱難耐，尤其在行軍訓練或拔課時，每當揮汗如雨，更未焚膏當個，那是對意志的考驗。

那年的夏日，上級下令每週單位都要製作「反空降椿」，規定了長寬高，水泥加鋼筋，頂端必須加上三根尖銳的鋼筋，然後限時幾天就必須交出一批，總共要交多少根。當時，我們難上是全師僅一個位於剖師訓練的外連連，能夠獲得那部以下各級的支援相對較少，從模板、水泥、鋼筋，到製作反空降椿的材料、人力到楊地，都得自己想辦法。

連長是五十一期的孫學長，靠著戰地培養出來的人脈，把人力、物力都籌措齊全之後，反空降椿的製作正式上工。每天早上用完養後，連上除了留下喃喃勤務和伙房人員外，全部集合帶隊到附近村莊的空地上，分組開工。藉著太陽剛高升，原先只穿單戰汗衫和短褲的弟兄，不久便全身汗水淋漓，即使那件薄薄的汗衫也穿不住，一個個脫掉汗衫打著赤膊，露出烈日暴露後的古銅色上身，攪著水泥、扛著鋼筋、堆著水桶、架著模板，在部片眩水枯黃的草地上灌漿一根又一根的反空降椿。

中午除了少數同袍留守現場，其他人都回到連上用餐並稍事午休。午後兩點，太陽最烈、氣溫最高的時候，大家又回到工地，為了防止曬傷，有兄把汗衫披在身上，袖子在脖子上打個結，劃力執行上級的命令，在烈日下拚命揮汗，劃力執行兄部顫顫日曬，也不過搭那一件汗衫。後來同袍返暑林般離開，高聳的弟兄上坐妙降椿的灌製工作在全連高昂的士氣下終續進行，一直到所有反空降椿全數製完成，最後一批鋼筋標上載重車道走，通過持續兩週多的打算完成。那時，每個人臉上、身上下腳部都曝皮，全身處處白一塊黑一塊的，形成另類的迷彩。

遠離家鄉的小島，就駐戰爭的前線，一身官兵，我們雖然孤寂，還是夜夜花砣、零不折執行上級的命令，在烈日下拚命揮汗，劃力為遠處崎嶇的安全盡一分自己的力量，那些反空降椿後來豎立在島嶼各處的空曠地方，玉米田的地，日日夜夜曬風淋雨，與曼日的海風、冬日寒流共存，經過歲月的摧折，即使斑駁殘破仍然兀立著，只是不知道那些是我們當初灌漿的，或許也已不重要了。

「念彼荷戈士，窮年守邊疆。何由一洗濯，互相望，竟夕擊刁斗，喧囂達萬方。」劃力為充滿感武豪放的詩意，弟兄們在陽光下勞苦耕身影仍然清晰記得，如今時移景遷，但來不及憶往事，長風安得萬里風，飄飄吹我裳喲！

畫作及攝影：林明理(此畫存藏於臺灣的「國圖」「當代名人手稿典藏系統」，臺北)

# 14. 新城鄉野遐思

　　當春意漸濃，那棵高聳、萌生新綠，佇立在窗前的小葉欖仁樹，讓我隱約感到和風的氣息，「新城」又出現在我眼睛

深處了。

　　那天，漫步在新城公園一隅，馬路上來回穿梭的車輛，還有喧嘩，全都被吸附在附近的一棵百年樟樹身上。就像昔日那樣，新城，宛如一棵巨人樹——讓美崙溪、三棧溪、須美基溪從它身軀緩緩流過，看著它們流向遠方巍然不動的高山，流向周圍的土地。

　　無論晴雨，它都歡快地唱著，從沿途的海岸線，它吸收更多的陽光和雨露，綿延來到七星潭（月牙灣）海邊。它的身軀越發剛勁、充滿活力，日夜不懈地，守護流經新城、北埔兩個主要聚落，還有十個村莊。

　　當它看到當地的族民一片和諧，部落的屋宇都沐浴在陽光及簇簇綠葉下閃閃發亮，在溪谷、在田野裡、在大海旁，它便婆娑起舞，自由自在！

　　它目視流經的溪谷、村落、廣場和許多橋樑。它閃爍著，且不改初衷、守護鄉野四方。剎那間，我感到站在新城部落聚會所大門前，是靜穆的。它開始唱起了太魯閣族的歌謠，歌裡有族人在採收、慶賀或打獵的故事，以及昔日部落裡大大小小慶典的歡笑。

　　聚會所的旁邊，有座美麗的天主堂聖母園、國小操場、櫻花和老松，也有街巷裡的蔥油餅、雞蛋糕、豆花兒、檸檬汁等許多老店鋪，在從前也如現在一般熱鬧。

　　我得讚美上主，讓我逛遍新城部落的大街小巷，再走訪迄今仍有鳥居遺跡的新城天主堂。我看到了在船型的教堂鐘樓旁，記述了新城事件後的一些圖片。是的，歷史不會被忘記，而這座天主堂，遂成為歷史的見證者。

　　於是，我想起新城鄉（太魯閣語：Alang paru），這個民風淳樸的地方，在日據時期，日軍征討太魯閣族的那段歷史；事件平息後，於此地設置花蓮港廳新城支廳。直到戰後，它恢復了舊名的「新城」。如今的新城，仍像一棵巨人樹般，挺拔地佇立著。

　　每位路過的旅人都知道，新城鄉左倚中央山脈，右邊是湛藍的太平洋。它還有一個雅稱，是「曼波魚的故鄉」。據說，選擇這稱呼，是因為這種魚的特性溫馴而祥和，象徵著新城鄉民親切、和善的個性。

　　我想起德國詩人亨利希•海涅曾經以輕鬆與優雅的語調，寫下這首〈從古老的童話裡〉，在第三段這麼寫著：

> 那兒樹木都會說，又像唱詩班會唱，
> 還有淙淙的泉聲，像舞蹈音樂一樣。

　　這些詩句印象特別深刻。而我在新城鄉面前，讀了他們留傳的故事，強力和古老。我可以向它道別，離去……但我無法不用深情的、真誠的目光思念它。

－2023.02.24 作

—刊臺灣《更生日報》副刊，2023.06.11，
及畫作1幅「新城鄉野」，攝影6張。

攝影：（永康部落彩繪
牆）：林明理

# 15. 永康部落隨想

天色大亮時，車經延平鄉鹿野溪和鹿寮溪間一座最小的村落。沿途，水天一色，四面清風從跟前溜過……突然，一隻白鷺掠過，恰似一首精緻的小詩，飄渺而真實。

順著一條小徑直走，鳳梨成熟了，很整齊地散布在田野，玉米也使勁地往上長。有那麼一兩隻花斑鳩，在遠處電線桿與一朵雲一起拴住我的目光。

這時，風來了。遠遠地，那藍色的蒼穹，心靈所受的感動，皆源自永康部落（Sunungsung）。因為，這裡的布農族先民曾經走過風雨，卻依然唱著一支古老的歌。歌聲近了，近了……猶如我重遊莫名雀躍的心跳。

　　這部落，在如此多的山林之間，有一種難以言喻、淡到極致的美。天空像明鏡般，映射布農族人崇尚自然的靈魂。他們在祭典上的「祈福之音」，更像是雄鷹自由安詳，在世界之間，有一種不同凡響的詮釋。

　　水在鹿野鄉間盤旋，也靜靜地從我心中流過……恍惚中，光芒閃動的影子把昔日永康部落因為艾琳颱風把部落的房舍及道路沖毀的痛，全都撫平了。如今一起遷徙至此的族人已然重生希望，並將這段歷史隱藏得更深厚堅強。

　　如今，族人仍會在新建的多功能文化廣場上舉辦射耳祭、豐年祭，或棒球比賽等活動，交織著文化的傳承和族群的融洽。雖然登山之路有些顛簸，但沿途俯拾皆是布農族在森林求生的智慧，也有介紹早期族人用來做染料的薯榔、或編織揹籃用途的黃藤，處處見證布農族人的熱情。

　　我還看到街上的外牆都由族人自己粉刷，平添許多童趣及布農族文化的特色。有耆老曾說：「以前的人餵雞，都不用加工的飼料，而是用玉米、野菜或水果，調配成健康的飼料。」他的話語，覆蓋著布農族與自然共存的理念，也教化流轉，確是影響悠遠。

　　聽說在永康村的半山腰，有棵百年的茄苳樹生病了，它是當地老人刻骨銘心的記憶，慶幸的是，去年在修樹師的治療下，這棵神木又與永康部落族人緊連，是他們歲月裡最深切的記憶與思念。

　　這一天，適巧有位嚮導帶著遠道而來的旅人在一棵果實纍纍的桑葚樹下解說它的用處。我看見了那小男孩對部落裡充滿好奇的眼睛，認真學習。在告別部落前，我也想把大把溫暖的陽光，還有散射在桑葚樹的馨香，輕輕安放在部落的安謐裡。

　　我想起義大利有句諺語：「想騎單車，現在就去騎吧！」就像此刻，靜靜回想起那段旅遊的時光。原來，在如此多變的塵世，只要在大自然的懷抱裡，就像猶太裔美籍科學家艾爾伯特‧愛因斯坦說的：「深入大自然，你就會更了解一切。」而我真覺得徜徉在永康村，瞬間也可抵達永恆的美好。

－2023.05.17 作

—刊臺灣《青年日報》副刊，2023.6.18。

攝影：林明理

# 16. 佳義村歸途感懷

今夜，月光傾瀉。我恣意在門前紅磚路邊來回，忽然想起瞥見佳義村山林，那千蝶的溪，月桃花的美。在風的親近中，點點星辰正諦聽曠野的孤獨，步履旁的各種草蟲、細碎的雛鳥聲……引我輕輕地將時間挪後。

我在漫步中稍稍回頭，就想起那日同一位老人家攀談起來的時刻，如今回憶時，覺得這一段似乎特別值得記述。

記憶中的佳義部落，原有個美麗的名字「卡扎給蘭」（Kazangiljan），其排灣族祖先原遷於大武山西北岐峰稜線地帶，民國十年，遷徙到距離平地三公里的山坡上居住，至民

國十五年，再次遷移至現居的瑪家鄉山坡上。日據時期，設置警察駐在所統治，光復後，才改以「佳義」為現名。

當地老人喜愛說母語，比如我在街頭遇到一個阿嬤好奇地望著我說：「Kemasinu sun？」（妳從哪地方來呢？）。她的親切問候，正是我寫有關這部落故事最真實的原因。

據悉，年逾七十的少棒名教練王子燦，更到這座迷你小學來培育棒球隊。前幾年，校內的排球隊比賽成績卓越，讓鄉親們熱烈地沿街放鞭炮，並親自迎接小選手們，洋溢滿滿的人情味。部落裡也有族人成立工作室，將排灣族圖騰表現於陶藝、石雕等作品及教學上。

佳義村還有座笠頂山，它位於海拔六百多公尺，廣為族人所喜愛。當我順著老人家的指路，沿著登山步道蜿蜒而上，遠方有隱身山中的瀑布，還有幾戶人家。驅車來到佳義國小時，門口有詳細的登山導覽圖，街道整潔、教會如同部落的大家庭般溫暖。

「多美呀！」我一面拍攝校門的排灣族大型圖像、石雕藝術，一面抬頭，看著一對玩耍中的小朋友，她們天真的對答，姐妹倆喜樂的童真，讓我的驚異溢滿校園。

沿著步道，驕陽橫在山頂。馳目張望，就看到幾個農夫在酷熱的陽光下，鳳梨田一片生機盎然，但他們十分友善土地，正辛勤於工作中。

那一瞬，有個念頭浮過我的腦海。我想像，若能趕上豐收季節再次前來，定會看到族人同歡共樂的慶典。我們沿著農路，佇立在黃昏裡，由山上眺望佳義部落以及高屏平原，一片靜謐。路旁有族人在剝竹筍，有旅人在溪旁戲水，水質清澈，蝴蝶翩舞，山雀依然入林，無視時間的存在。

當時間悄悄過去，在我挪步離開之前，我瞅見佳義部落依依的流連，而我已明白佳義村族民如何努力生活，並在心中畫出村裡一片富足的景象。遠遠地，我聽見了風的叮囑。那發自山林的合鳴，漸漸靠近……它的柔音像首詩，輕微地撫慰著人心。

「卡扎給蘭」溫柔的名字與優美景致，也深深烙印在我的心扉。

－2023.4.27 作

－刊臺灣《青年日報》副刊，2023.06.25，
及攝影1張。

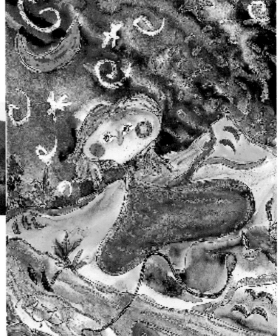

攝影及畫作（夜
思）：林明理（此
畫存藏於臺灣的
「國圖」「當代名
人手稿典藏系
統」，臺北市

# 17. 再別撒固兒

　　再次回到撒固兒部落（Sakur）的文化廣場，一片金黃、帶點赭紅的落羽松，在雨後微亮的光裡，讓我感受到周遭氣氛的安祥與和諧，有如上天的惠賜……而迎接我的，是久違的風，和撒固兒深情的眸光。

　　當我逐一拍攝藝術雕塑牆上的文字，以及每一個有精神表徵的圖騰時，那一瞬，就像穿越時空進入到另一個具有歷史刻痕的年代裡。撒固兒，便開始輕聲虔誠地歌唱了。

　　是的，它原是古代撒奇萊雅六社當中最龐大的部落，卻因加禮宛事件，族人經歷顛沛流離的命運，最後以美崙山腳下為絕大多數撒奇萊雅族人的定居據點。

　　細讀藝術牆上的圖像字樣，恍若看到了一段歷史的縮影，看到了一位巨人的淚光淌在那些走過荊棘的時間之上。

　　之後，我又走上佐倉步道高處，聽到了瀑布也在唱著一首思鄉的歌曲，看見了太平洋和花蓮的部分市區，更隨著海濱和視野的延伸，彷彿看到了畫面由美崙山稍北近海區域綿延開去，順著奇萊平原直上撒奇萊雅舊址的「竹窩灣」。

　　當我的目光沿著其祖先抵達福爾摩沙東岸定居的這條路上往返時，我聽到了撒奇萊雅族人漂泊一百多年來那些片段的記憶，一直傳響到他們走過之路的兩旁。

　　如今，部落裡充滿活力和暖意，仍有耆老在祭祀廣場前

緬懷先人，讓撒奇萊雅族人勿忘自己的根源，而學童及年輕族人也重展自信於生活中。

我在步道上回首看到當年遺留六個台泥礦場裝卸場那些古樸的大拱門時，無意中聽到有個孩子用驚奇的眼睛說：「真的嗎？真有葉鼻蝠住在洞裡棲息嗎？」而我寧可相信真有其事的樂趣，而且對此也深信不疑。

恍惚中，從林間小徑聽到的，不只是風兒歌詠出昔日的族民攜手開墾或漁獵的故事，我還能乘著時光之機，跟著他們回到那片有野鹿、山雀等動物穿梭其間的山林。

揮手告別時，撒固兒像個勇士，繼續守護撒奇萊雅族的子民。而這次歸來，讓我重新體悟到波蘭詩人辛波絲卡（Wislawa Szymboyska）有首詩（我們幸運極了）的意境，其中有一小段這麼寫著：

> 為了研究，　為了大畫面　和明確的結論，　一個人將得超越　那萬物奔竄、迴旋其中的時間。

我於是想到：如果我們能對周遭的人善意以待，就像在撒固兒野菜市集裡遇見的老人家，她們樂於將自行採集的新鮮蔬菜備好，用恰如其分的慈祥語氣，跟顧客問好，再打包葉菜、入袋，讓我銘記於心。

而行走於國福社區寂靜的街道，從樹上發出一群輕脆悅耳的鳥聲，或歌唱的，或說話的，是這座族民和諧社區中赫然而現的亮點。我還忘了提到，當時正在我面前出現的那座

豎立的雕塑「平原的火光」，它芒射的光輝，是動人的。

－2023.03.06 作

－刊臺灣《更生日報》副刊，2023.06.25，
及畫作 1 幅（夜思），攝影 8 張。

林明畫作（漫步在加灣）及攝影（景美國小彩繪牆）

# 18. 加灣部落旅思

　　揮別加灣部落（Qowgan）回首之際，街道靜寂，小雨迷濛，車窗外疾馳而過的景物已逐漸模糊。恍惚中，回響在峽

谷間的景美國小學童吟唱的古謠，又緩緩傳來……那是一種
莫名的思念。

　　週休假日的午後，校園幾無一人，只有鳥聲、運轉中的
大水車和一排排鎖上了門窗的教室。遠遠的，加灣教會的十
字架牽動我的虔誠和靜穆。一棟棟彩繪牆的房屋把陰雨巷道
上的陰影，瞬間都點綴得亮眼起來，宛如一幅恬靜的繪畫。

　　當我沿著校園後方的小徑漫步，看到有座日據時期留下
的神社殘蹟，不禁讓我回想起日人歷經十九年、數場戰役後，
才將太魯閣族族人由太魯閣遷移至部落附近的一段歷史。

　　隨著風悄悄貼近的抒情律動，讓我的想像也跟著起伏，
甚至連空氣和雨後樹林的光影，都染上了一種新鮮的青綠和
寂靜。

　　我至今還記得，在學校牆上彩繪的太魯閣族圖騰之中，
有一幅彩繪紋面的耆老，正深情地遙思昔日山裡部落的野百
合、動物和野鳥。那裡有用砌石及竹子搭建的屋牆，男人正
要帶狗去打獵，女人編織或生火、舂米……還有畫裡有座神
聖的彩虹橋。

　　原來約在四百年前，這裡的太魯閣祖先是從南投仁愛鄉
翻越中央山脈，幾經波折，才移居於花蓮縣秀林鄉。我也曾
聽過這裡的學童以母語吟唱的傳統古謠……當他們站在太魯
閣布洛灣白色吊橋上唱出自己熟悉的歌謠，更有表演藝術家

張逸軍舞蹈於峽谷間，而這些影像已烙印在我心底。

如果還可以作這樣想像的話：我最想看到部落裡的耆老唱著「紋面歌」、看她在教導族人認識「織布歌」歌詞的意涵；或是校內老師認真地指導學童親手製作家族族譜，看到孩子們快樂學習的模樣。

雖然在那條加灣部落通往景美國小門口的老街，我可以望到學校校門的彩虹橋、教會、集會所和旁邊的巷道裡的屋宇裡的老人家。但更遠的，我只能藉由想像，望到立霧溪、西卡拉汗、三棧溪流域，在很遠很遠的寧靜的山林裡，那兒也是加灣部落先民居住過的家。

看來，我是在第一時間便喜歡加灣部落。我在孩童身上激起了某種期許和甜蜜的渴望。因為，這部落十分幽靜，族人很友善。有耆老說，當年這裡長出許多竹子，所以加灣的舊稱為「卡澳灣」，族語是「長竹子」之意，便以此當作地名。

當我轉身離開前，風兒在我身旁輕輕吹拂，風光明媚、蟲鳴鳥叫不足以形容加灣部落的安詳與寧靜。我非常喜歡它好似巨人的身姿，已和我的想像融合成為一個勇士。它正以雙眸凝視著，讓我的思念瞬間停留在當下。

－2023.03.03 作

　　—刊臺灣《青年日報》副刊，2023.07.02，
　　及畫作（漫步在加灣）1幅，攝影1張。

攝影及畫作
(月夜思)：
林明理

# 19. 星空下的瑪谷達璦

　　天光未亮，我在稀微黯淡的燈光下，步入宮前部落集會
所的廣場，旁邊有座隱身巷弄的老教會聖家堂，開始在我眼

前清晰起來……像是迎接一個久違的信徒。儘管它去年經歷了九一八地震的襲擊，但它莊嚴而神聖的面貌還是讓我動容。

日據時期，這裡曾有神社，也是相撲比賽的場地，故名為「宮前社區」，阿美族人習慣稱為「瑪谷達璦」（Makutaay），而早期的漢名是「馬久答」；居民多以生產稻米等為生。

當我走過這裡的每一條棋盤式的街道、阿美中會瑪谷達璦教會，走過建校一百二十三年的松浦國小，還有玉東國中、松浦活動中心的彩繪牆等，恍惚中，我望著那歷史悠久的牆，被一種微妙的感情所牽絆……我可以從國小教室前貼著「認識阿美族傳統民俗文物」，崁在那上面的母語，聽到過去的一百多個年頭，那些聚落裡曾經存在的遙遠的故事。

風來了。空氣出奇的好，這股寧謐令人神往。我向著來時的路，在靜寂的街道中……彷彿也看見了遠遠的教堂上十字架的光，它仍用這溫暖的光來給居民照路。

這座小小的部落，也深藏著許多感人的故事。比如阿美族頭目張錦雄，榮獲模範父親。有阿美族飛毛腿之稱的楊俊瀚，也曾就讀松浦國小；而這小學更是獲水土保持局推廣酷學校的示範基地。

鄰近的玉東國中，雖然學生多為原住民，但有位執教二十多年剛退休的王嘉納老師，勤於教學，更期許校內的清寒學生畢業後，能找到一條出路。

　　這些故事隨著我，在清晨時分，以溫柔輕微的聲音，傾訴著。當我轉身離去時，忽然有一個歌聲在我耳邊唱起了阿美族的古傳說，歌裡也講些過往記憶。原來這裡的族人主要是來自拔仔社阿美族人，也有後來的馬太鞍、太巴塱族人陸續遷入，以及閩南人、客家人等，是個族群和諧的聚落。每逢部落裡舉辦活動時，教會及集會所，就是居民同享喜樂之地。

　　我回首望著那光芒的來處，心中也湧起一個渴望：期待族民都能挺過地震與風災的艱辛，年年豐年季時，那些離鄉的族人回到了自己家鄉，這一個刻印了自己兒時回憶的聚落後，有力量再繼續往前走許多的路。

　　在這清晨的涼風中，路上的車聲已逐漸加大。我禁不住把頭伸到車窗外，呼吸一下新鮮的空氣，空氣平靜而清甜，而沿途廣大的田野裡盛開的油菜花，在空中不時搖擺著……這一切環繞四周的樸實無華，已驅散了我淡淡的離愁。

　　彷彿我又看見教堂上那一束光，使我聯想起義大利詩人但丁（*Dante Alighieri*）的傑作：「愛，在我的心靈中發聲牽引。」是的，所有鄉愁的思念都源自於此。此刻，我祈禱著，星空下的瑪谷達璦，有神的恩典，已不孤單。

　　　　　　　　　　　　　　－2023.03.16 作

—刊臺灣《更生日報》副刊，2023.07.02，
及畫作〈月夜思〉1幅，攝影5張。

攝影及畫作：林明理　（此畫存藏於臺灣的「國圖」
「當代名人手稿典藏系統」，臺北市）

# 20. 大鵬灣旅思

歲月讓我再次聽到了大鵬灣候鳥的呼喚。

那是一個涼風的黃昏，活動中心的旅遊播放廳內正在放

映各種候鳥、過境鳥等影片，而我不經意地穿越走廊，信步走向潟湖遊憩區的一瞬，果然看到一大群野鴨，愛潛水的黑水雞，和共舞的大藍鷺，正極度演繹著動人心弦的歌聲。

牠們在水波上停頓或歌唱，肆意地跳躍、飛翔，彷若訴說一個春天的戀曲，地久天長般，如此真切、幸福。

只有一隻大藍鷺，靜靜地佇立著，水光無限遼闊，倒映出牠的孤獨。

我一步步向牠靠近，每一步都帶有我的依戀與驚喜。牠時而看向遠處，時而看著自己影子……最後飛向遠方，高高在上，留下我的心和水波一起震盪。

這座全臺灣最大的內灣，有著島嶼西南海岸線上最大的潟湖；除了百鳥振翅而歌，還有與濕地相伴而生的紅樹林、白水木、海茄冬和馬鞍藤。偶爾有招潮蟹悠悠漫步，揮舞的模樣，很逗趣。

整個環區，勾畫出具有現代感建築，鮪魚、野鳥等雕塑藝術穿插其中，和周遭的自然生態十分融合；讓我一再地，在相遇的感動裡，一直捨不得離開。

而鄰近的大潭濕地公園，彷彿是一個野鳥樂園，每年都吸引著高蹺鴴、栗小鷺等鳥類來這兒作客。因為，全區有紅樹林草澤區，和生態浮島，可以遠離喧囂，遠離塵世的紛爭

和慾望，讓旅人的心安靜下來。

　　恍惚中，我已是濕地裡的一隻鳥，可以和同伴一起俯瞰周邊的風光，或者徜徉在樹畔。我輕盈得如同小白鷺，可以遨遊在故鄉的水田，也可以追逐自己的夢，在無邊遼闊的蒼穹和水跳動著音符的地方翱翔。

　　驅車離開時，所有水鳥都在歌唱，跟隨我的藍鷺，已成了我心中的知己。忽然，一陣風吹拂而來，我微笑著，揮手告別。那些疊影，也隨著時光馳騁的牽掛，繼續伸展開來。

　　當我站上楓港一隅，在暮色即將來臨的寂靜中，望向海波。那一層層金色的波浪，慢慢隱退了。在深藍的海水的堤岸上，遠方的燈塔與街燈即將亮起……我腳下的防波堤，濺起的水花，似玉碎地，晶瑩光芒，讓天空變得昏暗。

　　夜臨近了。我在歸途拾光，想起大鵬灣的面容，它的美麗與羞澀，想起一路上奇異的景色；它們的映影在水波上，在濕地更神奇的地方、楓港的堤防。

　　當一個人靜下來，而窗外的一切都不再喧嘩，那些在生命裡美好的時光，不管是在哪一個時空的一角，只有對單純的感動，才會在心的深處越來越鮮明，萌動的綠意也就越來越擴大。就好像那些掠過的野鳥，牠們譜寫出四季的安恬與浪漫……讓我的思慕，一再撩開，久久難忘。

　　　　　　　　　　　　　　　－2023.06.09 作

—刊臺灣《馬祖日報》副刊，2023.07.06，
及畫作 1 幅，攝影 5 張。

林明理攝影 （新城天主堂）

# 21. 新城漫影

　　初抵太魯閣山腳下一座小鎮，一下車，微雨的天空在神社舊址前泛起一些微光，空氣的寂靜等著我的腳步到來，搖曳生姿的花兒加深了我的顧盼。

　　當我步向一座「諾亞方舟」船型建築的天主堂，眼底便浮現了晶瑩的騰躍……「聖母園」是如此純淨，如此寬廣。它承載了多少前塵舊事，卻讓我感受到遠離塵囂、油然而生

的喜樂。

　　我以鏡頭留住了久經風霜的石碑、八角涼亭、石燈籠和大大的鳥居。回望，便看見了聖母瑪莉亞雕像、古老的琉球松和飛鳥。那些鑴刻在牆壁一隅的史蹟，在光陰的流逝中，呈現一種宗教般平和的、寧靜的空間。

　　偶然佇足於新城部落（Sudadatan）聚會所、百年國小和公園前，我的眼神便開始重疊。因為，它們都在新城多情的懷抱裡，每條街巷都存著一種記憶，每個村落都樸實無華……只有風，輕輕訴說著古往今來的故事。

　　只要用心體味這片鄉野山水的禪意，就會帶著夏日羚羊般的歡愉。只要關注於學童，就會發現他們在最近體壇上逐漸大顯身手，不由得豎起了驕傲。只要捕捉到每逢舉辦豐年祭，部落裡的傳唱以及舞動的畫面，嘴角就會跟著揚起了微笑。一如今年，在新城鄉多功能活動中心，也有舉辦布農族射耳祭文化傳承等活動，族群和睦融洽。

　　當我看著美崙溪、三棧溪、須美基溪緩緩流經新城的田野，看著海岸線南起的七星潭，北至月牙灣，日夜循環的水影，恍惚中……在新城鄉清澈的水波裡，一切的美都變成了詩句。

　　在時間的奔流中，地型狹長的新城，又有「曼波魚故鄉」的美譽。它就像一條巨龍，閃現著粼粼的水波，流經大大小

小的村莊，流向遠方的高山，流向蔚藍的太平洋。

　　我在晨曦中稍稍回頭，從七星潭海灣，眺望到清水斷崖。我忽然想起美國詩人、加州大學教授蓋瑞•施耐德寫下的一首（給孩子們）的詩作，他在末段這麼寫著：

> 團結一起
> 學習花朵
> 輕快前進

　　這一段詩句也讓我想起在新城，那些與我並不相識卻讓我看到他們在操場上揮汗練習打球的學童。他們多來自太魯閣族、阿美族等原民家庭，有的家境清苦，卻勇於築夢。比如有位苦學有成的國中生，考取了「中正預校」，師生都給予鼓掌祝福。小鎮裡，也有多位愛心的師長、教練，他們多鼓勵學童們認真學習，讓夢想無限馳騁。

　　在新城，群山和溪流之間，那些生命的溫情與孩童獲獎的故事，彷彿曙光下綻放的百合。還有那領唱老調的耆老、齊唱的歌謠，每每質樸純真。而我已把這些記憶與愛留存於心底，也期待再一次來看看新城的美，再來喝一碗豆花檸檬汁，細細品味這裡的溫馨故事。

－2023.06.08 作

－刊臺灣《青年日報》副刊，2023.07.09，
及攝影 1 張。

攝影：林明理

# 22. 岂里拉漾遐思

　　初次探訪岂里拉漾（Paridrayan），空氣是透明、金色的，它是位於三地門鄉一個排灣族拉瓦爾亞族最古老的部落。我的眼睛可以感受到它的縹緲純真，正愉悅地吟唱著昔日在屏東縣大社村部落裡帶著芬芳的聲音。

　　當它遺世獨立的形象回到我的腦海，那清澈的眼睛所及之處，就像溪流輕拂深谷的野百合，在山裡發光。夜間，它

就用無比細緻的詩陪伴我入夢，讓族人和交織在山水之間的蟲鳴鳥獸都欣然共鳴。

恍惚中，它帶著我一邊飛越高山，一邊低吟。歌聲裡唱出了所有的村莊、果實、溪流和森林裡的動物，唱出了經過的每棟屋宇裡老人家的招呼聲、孩童的歡樂，唱出了故鄉的大樹、木橋以及所有勤奮的族人……彷彿我自己也在那兒。

當我抬起頭，仔細聆聽那些飄落在風中的故事。它們是多麼奇特！讓我認識這座歷史悠久的古部落，讓我知道它源自大社部落的族名，在暮色將至的午後。

就這樣，我漸漸熟悉了原本是個祥和寧靜的大社村，它歷經的風霜與困苦，全村遷居到禮納里社區裡的過程。幸好，部落的故事沒有被遺忘。如今，有年輕的族人、學童，用流利的排灣族母語，在舞臺上唱出了自己的歌，字字真誠，感動了許多觀眾。恍惚間，歌聲漸漸回響在山谷及蜿蜒的山路……如此響聲既廣且闊，也漸漸走近我身旁。

我不會忘記，那群百合國小學童，他們遵循師長的教導，認真地學習母語課程，瞳孔裡閃爍著純真的目光。當我在周遭瀏覽，清風將我吹向操場、部落的小路，還有雨後的花木，一下子便融入純淨而美麗的風景中。

他們個個不驕傲、不做作，彩筆下的童趣與夢想，很是精采。而我認為，能保有純真，是人生的一大幸福。這種快

樂遠遠勝過其他的，如同法國文學家盧梭曾經說的：「我一向認爲，只有把善付諸行動，才稱得上是美的。」

　　吸引我注目的，還有族人信仰所在的達瓦蘭教會。在那裡，巧遇一位老族人向我親切微笑，就好像他已認識我了，而旁邊有一座族人用鑄鐵製作的野百合，以及門柱的裝置藝術。

　　當野百合的光影投射在草地上時，部落裡變得明亮起來。我忽然想起，年少在求學時，我跟隨導師去臺南關子嶺爬山，不愼從小徑跌落山谷，當時，我沒有放聲大哭，但導師卻急壞了，所幸沒有大礙。每每回想起來，都爲自己童年有位良師而感恩不已。

　　就像此刻，時光裡的岜里拉漾，樹上有鳥影橫過……雨後初晴，天空依然光潔。那些孩童們求知的模樣烙印在我腦海裡，既有創意，又有自己文化的童話色彩。當我揮手向岜里拉漾道別時，它們都讓我沉醉在快樂之中。

　　　　　　　　　　　　　　－2023.06.13 作

—刊臺灣《青年日報》副刊，2023.07.16。

攝影及畫作（秀麗的田野）：
林明理　（此畫存藏於臺灣的
「國圖」「當代名人手稿典藏
系統」，臺北市）

# 23. 馬遠村尋幽

　　昨夜，陣雨悄然而至。當晨光又隨著群鳥的呼聲來到了
院子，小葉欖仁樹也萌發新綠時，我想起了重遊萬榮鄉馬遠

村……彷若在一個溫馨的夢境。

那是一個周遭有家燕結伴、穀粒慢慢茁長，還有小溪奔流不息的村落。我曾經看到座落於半山腰的馬遠國小，操場上有幾位打球的學童，一個個笑容都比和煦熱力的陽光更耀眼、更溫暖；而從教堂傳出來的唱頌，較之許多名曲更加讓我感到心靈愉悅。

順著一條小橋石級而上，沒有停步地穿過一條又一條街巷。就在那時候，恰巧遇上了三個年輕人，都好奇望著。我隨即上前詢問：「你們都是布農族吧？」他們都很客氣，「噢，我們都是啊。」寒暄幾句閒話家常，就揮手告別。

就這樣，到處瞧瞧，然後跟居民一一打招呼，就好像我曾經是相識的人。難得這樣自在地走著，一邊走到了固努安部落，瀏覽許多幅鐫刻著布農族傳統祭儀的美麗彩繪牆、整潔的街巷，一邊又返回那座校園。高興的是，還是看到一群孩子正開心地打球，只有一個約莫五歲的男孩，因無法加入球隊而站在球場旁，只能幫忙哥兒們加油助陣。

我目不轉睛地望著他們小小的臉龐，烏黑的眼瞳閃爍，認真而快樂的表情，更顯得天真童稚。據說，他們的祖先來自南投縣信義鄉，兩百多年前輾轉來到這山林中的村落定居。

重返橋下時，仍聞水聲潺潺，誘我止不住再看看溪底的紅蜻蜓，旁邊種植著充滿柚香的樹，還有農家的許多農作物。

休息一會兒，就轉往鄰近的東光部落。

　　從山風吹來的雲的消息中，隱約顯示出這裡的布農族遷徙的諸多往事。恍惚中，每一段往事，如同一首歌，一曲縈繞在山谷或由村裡傳來的八部合音，曲聲盡是悅意。有的訴說著各種傳說，有的是老人家傳唱的古調，有的是由族人在慶典時，圍起大圈圈，唱出抒情而動人的歌謠。

　　那些下田裡幹活的農夫，或擦肩而過的人，笑起來率性而自然，連同村裡的雞鳴聲、犬吠聲，或溝渠裡的蝌蚪，以及豐收的稻穀……那些多像是我在孩童時代熟悉的畫面，較之喧嘩的都城或熱鬧非凡的市集，馬遠村，更顯得一種未曾泯滅的單純。而那種寧靜，彷彿可以聽到初雪落下的聲音，又像是一個夢境。

　　這次歸來，在匆匆一瞥間，我看見一輛火車快速地穿越村野，突然，一個願望從我腦海閃過。就像此刻，望見窗外透明的月光，思緒又回到那淳樸小村的田野間，而回憶感動了我。

　　晚風又敲門了，馬遠村那兒也必是夜深了吧。我願星空下的孩童都睡得香甜、平安地長大，我願村民在年年慶典時，都能凝聚彼此的喜悅。那正是我所關心與祝福的。

　　　　　　　　　　　　　　　　－2023.3.31 作

－刊臺灣《更生日報》副刊，2023.07.19，
及畫作（秀麗的田野）1幅，攝影7張。

林明理畫作：（看海）（此畫存藏於臺灣的「國圖」
「當代名人手稿典藏系統」，臺北市）

# 24. 日出麒麟部落

　　端午節過後，連續數日酷熱。攜一縷晨光，驅車往成功
鎮奔馳，終於來到靠近海岸山脈的一個最神秘的小村莊，約
有兩三百人居住。一下車，蟬聲此起彼落。眼前有一大片樹
林，釋出清爽的氧離子。更遠處，還有隻老鷹驟然飛起、翱
翔，舞成一篇篇詩篇……而村裡的小路盡頭，幾艘逆風的漁
船，點綴出大海的浩瀚。

　　晨光下，浪花追逐著，集聚成太平洋景觀平台最美麗的麒麟部落（Ciliksay）。它面臨美麗的太平洋，背有壯闊的山脈，是東海岸熱門的露營地點之一。

　　成功鎮的住戶多半是阿美族、西拉雅族、客家人等組成的聚落；而麒麟部落以阿美族人居多，其祖先多種小米，有老人家擅長口述傳統，唱著豐年祭儀歌謠。

　　一個阿嬤在口述時，雙眼映射出歡樂的光芒。她深信，每當收割稻穀後，族人會團結在一起唱歌，這是要讓下次的稻作長得好又快！我一面聆聽，一面開始想像她的話語。她接著說：「我們的豐年祭雖然只有三天，但有的部落會進行一個禮拜，或更久。族人要很努力去辦得很美，然後再一起去努力生活。」原來這些老人家真的可以用純真的眸光來回顧百餘年來走過的歲月。

　　恍惚中，有阿美族漁歌從太平洋沙灘閃過，穿透古老的山巒和溪流。在歡歌笑語裡，我在一座廢棄的白色舊教堂旁邊小坐。彷彿可以看到他們穿著傳統服飾載歌載舞，看到他們的先人有的到處幫農作，或種甘蔗、甘薯，有的會修補鐵鍋，有的當水泥工，或到田裡撿拾田螺、貝類、抓鱔魚到市場零賣的種種景象。

　　風吹過來，吹過麒麟部落因巨石文化遺址而聞名的前塵舊事，在時光裡留下古老的印記。雖然這是一個在日據時期的阿美族人南遷北移至此形成的聚落，可是部落內卻有一史

前考古遺址。早期的族民上學時，都要繞行山路去國小上課；而出土的岩棺，鎮公所已把它列入歷史。

如今有族人到外地打拚，有的留在部落裡過節儉日子，耕作、做工程、打零工、開民宿，或拍攝紀錄片，反思自己部落的景況；還有文健站錄製歌謠，紀錄在地的文化。其中，有幾位年輕的族人成立〔麒麟原住民文化藝術團〕，不斷練習傳統古調，也印證了麒麟部落從古到今，文化傳承始終存在族人敬仰的心中。

就像電影裡義大利著名的盲人歌星安德烈•波伽利，溫柔地告訴他的孩子說：「因為愛是一切的鑰匙，世界的引擎。」在這裡，我能看見廣闊的海景，還有族民同心對傳統文化的愛；更透過當地族人的導覽，可以親自體驗傳統弓射箭以及介紹阿美族的人文歷史。

在我眼中，這裡的大海一片蔚藍，星光依舊璀璨……彷若永遠在那裡，等我來。

－2023.06.27 作

2023.7.23

# 日出麒麟部落

◎林明理

端午節過後，連續數日酷熱。搭一輛晨光，驅車往成功鎮奔馳，終於來到靠近海岸山脈的一個最神祕的小村莊，約有兩三百人居住。一下車，蟬聲此起彼落。眼前有一大片樹林，釋出清爽的氣息子。更遠處，還有隻老鷹驟然飛起、翱翔，舞成一篇篇詩篇……而村裡的小路盡頭，幾艘逆風的漁船，點綴出大海的活瀾。

晨光下，浪花追逐著，集聚成太平洋景觀平台最美麗的麒麟部落（Ciliksay）。它面臨美麗的太平洋，背有壯闊的山脈，是東海岸熱門的露營地點之一。

成功鎮的住戶多半是阿美族、西拉雅族、客家人等組成的聚落；而麒麟部落以阿美族人居多，其祖先多種小米，有老人家擅長口述傳統，唱著豐年祭儀歌謠。

一個阿嬤在口述時，雙眼映射出歡樂的光芒。她深信，每當收割稻穀後，族人會團結在一起唱歌，這是要讓卜次的稻作長得好又快！我一面聆聽，一面開始想像她的話語。她接著說：「我們的豐年祭雖然只有三天，但有的部落會進行一個禮拜或更久。族人要很努力去辦得很美，然後再一起去努力生活。」原來這些老人家真的可以純真的眸光來回顧百餘年來走過的歲月。

恍惚中，有阿美族漁歌從太平洋沙灘閃過，穿透古老的山巒和溪流。在歡歌笑語裡，我在一座廢棄的白色舊教堂旁邊小坐。彷彿可以看到他們穿著傳統服飾載歌載舞，看到他們的先人有的到處從事農作，或種甘蔗、甘薯，有的曾修補纖鐵，有的當水泥工，或到田裡撿拾田螺、貝類、抓鰻魚到市場零賣的種種景象。

風吹過來，吹過麒麟部落因巨石文化遺址而聞名的前塵舊事，在時光裡留下古老的印記。雖然這是個在日據時期的阿美族人南遷北移至此形成的聚落，可是部落內卻有一史前考古遺址。早期的族民上學時，都要繞行山路去隘口上課；而出土的岩棺，鎮公所已把它列入歷史。

如今有族人到外地打拼，有的留在部落裡過著節儉日子、耕作、做工程、打電工、開民宿或拍攝紀錄片，反思自己部落的景況；還有文健站錄製歌謠，記錄在地的文化。其中，有幾位年輕的族人成立「麒麟原住民文化藝術團」，不斷練習傳統古調，也印證了麒麟部落從古至今，文化傳承始終存在族人敬仰的心中。

就像電影裡義大利著名的盲人歌星安德烈．波伽利，溫柔地告訴他的孩子說：「因為愛是一切的動魅，世界的引擎。」在這裡，我能看見廣闊的海景，還有族民同心對傳統文化的愛；更透過當地族人的尋覽，可以親自體驗傳統弓剝箭以及介紹阿美族的人文歷史。

在我眼中，遠裡的大海一片荷藍，星光依舊璀璨……彷若永遠在那裡，等我來。

林明理畫作（看海）

藍媽輯／陳依凡　編輯／江素燕　美術設計／郭佳○

—刊臺灣《青年日報》副刊，2023.07.23，及畫作1幅（看海）。

攝影：林明理

# 25. 吟遊八翁翁部落

　　清晨的成功鎮海岸山脈東麓下，被蟬聲、鳥鳴圍繞的信義里最北處，有座淳樸的八嗡嗡部落。與海風一起掠過的浪花泛著稀薄的紅光，宛若從海中誕生的維納斯嬌羞的臉龐……而我不只是爲期待而來，也不只是爲閃耀的陽光在周遭的山巒、樹群、溪流展延而來，因爲入口的阿美族彩繪雕像，已深深吸引我的目光。

　　在部落附近的卡納多龍溪和智那汪溪所包圍的地方，就

是部落之名的來源，也因有美麗的梯田及清澈的水源，而讓原稱為「趴翁翁社」在戰後改名為同音的「八翁翁」；之後，又更名為「豐田」，阿美族語為「Paongaongan」，這個地名便沿用至今。

一下車，我開始移步在整潔的大小街道。途中，在收成的結穗季節前，我所見到的是微風吹過青綠帶黃的田野，它的餘韻吹過更遠處的樹林，每棵新鮮的果樹都蓬勃地滋長，有咸豐草的花兒，還有潔白的雲朵飄浮著。

當我穿梭在成列的鳳梨田，耀眼的田野遼闊無比。我想起泰戈爾的那首〈採果集〉，詩裡有段所描述的：「萬物的氣息吹拂著我的思緒，像吹奏著短笛。」彷若就是自然生態豐富的八嗡嗡部落的寫照。

在這裡，有適合健行的山脈，附近也有一大片礫石海灘。當古樸悠遠的晨光，照耀在腳踏實地的族民身上，有農夫開著貨車輕輕駛過，在種植的稻田與蔬果區之間忙碌著。聽說，部落的水源地是通往泰源古道的入口處，有族人種植的「八翁翁鳳梨」於臺北花博農民市集行銷推廣中；而我在這一帶空氣清新的田野，自然而然就有一種愉悅的好心情。

整個豐田社區的廣袤的土地都被炎熱的夏季整理得恬靜安逸，在一棵大樹邊，我所有的顧盼都得到了回應。因為，我看到了教會的穹頂，有十字架的光照射著，那沿途經過的雜貨店以及民宿、屋宇等農家，與越過八嗡嗡溪，沿著太平

洋的許多青色山巒，都是讓我記在心裡，充滿感激的地方。

今夜，月色皎潔如水。朦朧中，我看到了今年八翁翁部落裡的稻子長得更茁壯、飽滿，也預示了豐收的時刻。我可以把被海風吹拂的八翁翁部落想像成一泓清澈的泉水，也可以把它想像成滿腔豪情滿腔的勇士，在佳節來臨時，同全村族民手舞足蹈，歡快地唱著傳統又熟悉的歌謠。

而我來了，也傾聽到八嗡嗡部落溫柔的聲音。那兒的水田，有清風和白鷺鷥齊飛，是一幅安居樂業的風情畫。它擁有一個鄉村情懷的名字，溫馨又親切。那兒有經典的人與自然和諧的聚落故事，有月亮的深情目光折射著阿美族古老的歌吟，還有迤邐的沙灘，景致真的好美，也把我的思緒化為一首精緻的小詩，教我難忘。

－2023.07.03 作

－刊臺灣《青年日報》副刊，2023.07.30，
及攝影 1 張。

林明理攝影：蓮

# 26. 長長的憶念──星雲大師

　　星雲大師對世間的愛，恐怕是所有信徒與朋友之中最感懷與敬重的一項；它是源自大師的心性思想，並鎔鑄其諸多著作中。

　　他諄諄教誨大眾在生活中實踐佛法，爲建設人間淨土的理想，一生不曾虛擲過尺寸光陰。他曾說過：「求觀音、拜觀音，更要自己做觀音。」這短短的一席話，卻融鑄各家佛性

思想於一爐。他在人們孤寂或不安的心中，早已注入了其慈悲為懷的精神力量。他教會許多人學著去愛。

當代佛學界的星雲大師，其一生自然是傳奇的，且擁有許多人生況味的故事。他曾歷經戰亂、顛沛流離。他曾飽嘗饑餓與困頓，也曾幾度處於生死邊緣或無妄的牢獄之災。但他總能在關鍵時刻值遇善緣，化險為夷，並從中汲取智慧。

在那樣的艱辛歲月裡，他仍決志弘法，為了創造一個「人間有愛」的崇高契機，他將畢生的愛當是磨練自己心志的課題。當他奉獻給別人自己在禪悅中獲得的智慧與哲思，或因佛學思想所賦予受苦的人的愛時，他是謙虛的，也是虔誠的。

他總能讓許多人學習思考，並懂得愛、感恩與惜福。因為，這是一件值得去做的事，而大師總把它當做是自己的一項重要任務，也因而彰顯出他的勇毅與睿智的圖像；在我及許多信徒心中，更是一位為人親切、幽默的大師。

當我看到大師圓寂的消息傳遍了各大媒體，其身影與思念一起湧上心頭。在今晨的寒冷中，我佇立在門前一棵高大的小葉欖仁樹的枝條下，凝視著。我深信，大師也在迢迢喜樂國安靜地看書、寫字或漫步。

現在，我會驕傲地向大師致敬。因為，他的慈顏，以及他的勵志話語，是許多人和我一樣，綿綿不斷感懷其教導如日光般溫暖的原因吧。而大師的愛，相信在彼岸淨土也鑄就

了別樣的崇高。

　他是世界之光，聖潔如蓮，也讓人間變得更美好。

　──2023.02.07 作

－刊臺灣《金門日報》
　副刊，2023.08.02，
　及攝影1張。
－刊臺灣《人間佛教》
　學報藝文雙月刊，
　第49期，2024.01，
　頁320。

攝影及畫作：林明
理（此二畫存藏於
臺灣的「國圖」「當
代名人手稿典藏
系統」，臺北市）

# 27. 緬懷星雲大師

星雲大師對世間的愛，恐怕是所有信徒與朋友之中最感懷與敬重的一項；它是源自大師的心性思想，並鎔鑄其諸多著作中。

他諄諄教誨大眾在生活中實踐佛法，為建設人間淨土的理想，一生不曾虛擲過尺寸光陰。他曾說過：「求觀音、拜觀音，更要自己做觀音。」這短短的一席話，卻融鑄各家佛性思想於一爐。他在人們孤寂或不安的心中，早已注入了其慈悲為懷的精神力量。他教會許多人學著去愛。

當代佛學界的星雲大師，其一生自然是傳奇的，且擁有許多人生況味的故事。他曾歷經戰亂、顛沛流離。他曾飽嘗饑餓與困頓，也曾幾度處於生死邊緣或無妄的牢獄之災。但他總能在關鍵時刻值遇善緣，化險為夷，並從中汲取智慧。

在那樣的艱辛歲月裡，他仍決志弘法，為了創造一個「人間有愛」的崇高契機，他將畢生的愛當是磨練自己心志的課題。當他奉獻給別人自己在禪悅中獲得的智慧與哲思，或因佛學思想所賦予受苦的人的愛時，他是謙虛的，也是虔誠的。

他總能讓許多人學習思考，並懂得愛、感恩與惜福。因為，這是一件值得去做的事，而大師總把它當做是自己的一

項重要任務，也因而彰顯出他的勇毅與睿智的圖像；在我及許多信徒心中，更是一位為人親切、幽默的大師。

　　當我看到大師圓寂的消息傳遍了各大媒體，其身影與思念一起湧上心頭。在今晨的寒冷中，我佇立在門前一棵高大的小葉欖仁樹的枝條下，凝視著。我深信，大師也在迢迢喜樂國安靜地看書、寫字或漫步。

　　現在，我會驕傲地向大師致敬。因為，他的慈顏，以及他的勵志話語，是許多人和我一樣，綿綿不斷感懷其教導如日光般溫暖的原因吧。而大師的愛，相信在彼岸淨土也鑄就了別樣的崇高。

　　他是世界之光，聖潔如蓮，也讓人間變得更美好。

－2023.02.07 作

—刊臺灣《馬祖日報》副刊，2023.08.03，
及畫作 2 幅，攝影 1 張。

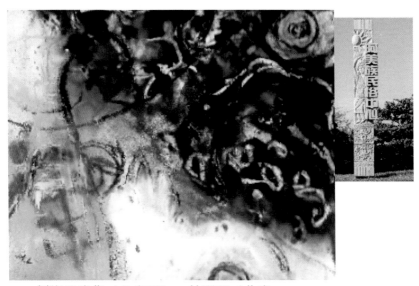

攝影及畫作（月光下）：林明理（此畫
存藏於臺灣的「國圖」「當代名人手稿
典藏系統」，臺北市）

# 28. 晚夏遐思

　　那一天，重回成功鎮都歷遊客中心前廣場，眼前的大海
如是浩瀚，有幾艘膠筏、小漁船在緩緩移動……浪花輕吻沙
灘。坐在蓮池旁一棵大樹下歇息，在孩童的歡笑中，享受著
好時光。

　　綿延的青山融入天空、鳥聲和水聲，而我是夏日的最後

花朵，以溫柔的目光凝注著大地記憶的空隙。沿著我的傘尖望去，幾度寒暑，阿美族民俗中心的戶外表演廣場、部落文物展，鼻笛以及嘹亮的歌聲……都一一記錄我的憶念。

讓我做個甜夢吧，讓我看得到山海，聽得見小溪淙淙的樂音，記得住這裡的景色，這裡的山川河流和它古文化的痕跡。如同我無法忘懷曾經讀過唐代詩人駱賓王寫的〈晚泊江鎮〉，詩裡有兩句：「荷香銷晚夏，菊氣入新秋。」當我的遙思視野被遠方的白雲遮住時，我就會想起這首詩以及我的所有願望，彷若古道上無垠的風，伸展翅膀，日夜飛翔。

在古鎮和沉思的海岸間，恍然中，我小小的夢漫遊著……我又回到位於鄰近的三仙里，有座芝田〈麻荖漏〉部落曾經帶給我的驚奇。其祖先原居住於萬年溪北邊，光復後，族人大量遷居到萬年溪南邊，遂而形成芝田部落。他們多以農業為主，且擅於採集野菜、海草貝類，在溪流、潮間帶，設置竹籠或拋擲八卦網，以利捕撈、漁獵。

如今在部落靜寂的天空下，仍有族人利用香蕉葉、檳榔梢，來製作食物器具，或自製一個簡易煙燻架，以便燒烤；而這些傳統技能則由村裡的長輩或子女的父親親自教導。他們的叮嚀似繩索，繫在每位阿美族孩童的心頭，也就成為這裡的青年必須學習的一項技能。

沿著入口一條長街往裡走，我看到了只有三百餘人的芝田部落，居民都很善良。他們天性樂觀，鄰居也會互相關懷。

每年七月至八月初，族人舉辦豐年祭，仍會熱鬧地歡歌舞蹈。

　　部落裡，有青年帶領旅人到射箭場體驗製作弓箭，也有圖書資訊室的設置，提供給學童們課後照顧，以及青年學習網路的場所。有位從小生長在芝田部落，現年五十歲的阿美族人，在臺北樹林區公所擔任語推人員，也十分熱心復振族語。

　　當晚夏的暑熱逐漸散去，街燈紛紛亮起時……成功鎮山海之美的影像輕輕撩撥記憶的夢。那熟悉的大海漸漸靠近，而我又乘著晚風沿著溪畔，不禁自己一邊踏出自己的步伐、一邊喃喃吟唱：「晴巒樹石雲浮空，悠緩炊煙連山濛。四面晚風掩村舍，回眸亭溪已成翁。」

　　在那被吹得彎彎的平灘上，我的心也跟著漾著盼望，徜徉在金色的東海岸上。是啊，哪裡來的這般風景，白濤閃耀，碎在浪峰的盡頭，讓我心靈跟著歡快光明；哪裡來的阿美族歌謠，讓我久久沉浸在幸福的轉瞬間。

－2023.07.08 作

青年日報　中華民國112年8月6日　星期日　／副刊 15

2023. 8. 6日

## 吟遊人生─蔡富澧

# 祝山觀日出

## 晚夏遐思　○林明理

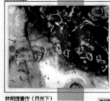

林明理畫作〈月光下〉

阿美族文物中心

－刊臺灣《青年日報》副刊，2023.08.06，
　及畫作1幅（月光下），攝影1張。

攝影及畫作、照
片：林明理

# 29. 偶得的旅思

　　那是一個涼風怡人的日子，一大片油菜花開滿清幽愜意的田野，比許多的美景，還要純淨百倍。遠處的青山看得更清楚，那深深淺淺的藍，綿延不絕……如史詩般吟唱。

　　車子經過許多彎路，一邊從一路相伴的秀姑巒溪而找到寧謐，一邊又想回到瑞穗鄉吉蒸牧場，那一個可愛的地方來。於是，每條熟悉的小路、每隻鳥雀，都似乎在等待，讓我益發顯得舒坦。

　　園區中的乳牛、山羊以及幾隻徘徊於柵欄邊的棕色迷你馬，或單點一杯新鮮的牛奶，對我而言都是值得懷念的。我想起五年前也是這個時節來訪，白雲蒼狗，而陽光正好暖和，所到之處都是旅客的歡聲笑語。

　　張目四望，牧場周遭一片空曠，遠遠地，有隻白鷺鷥翱翔在遠方。我常夢想有一天，再回到這裡，因為，懷著這種信念，所以當我步入園區時，彷彿聽到風中之歌從佔地近十公頃的牧場響起來，一群家燕從我眼前飛過……像是久違的朋友為我而歡聚，也從心底產生一種感動。

　　之後，車經吉安鄉慶豐部落（Cipuwa），立即走向新聚所入口，仔細瞧瞧一座被譽為原住民版的「迷你雪梨歌劇

院」。我曾猜想，時光的流逝會如何改變這座曾是日據時期被稱爲「宮前」的聚落，這裡的居民多來自七腳川社的阿美族人，現在的生活面貌又會是什麼樣。

於是我看到了聚會所廣場的阿美族圖騰，結合太魯閣族彩虹橋的圖騰，十分獨特；看到了背景有著斜暉掩映中的群山，與這座約莫百餘人阿美族部落的街道間十分整潔、族群和諧。我車子開得極慢，唯恐驚擾了原本的寧靜。

暮色來臨前，抵達吉安鄉北邊的好客藝術村。我特別拍攝園區一隅的吉野拓地開村紀念碑，並瞭解了此地原是興建於一九一二年花蓮的第一座日本神社；它曾是日據時期最大的官營「營民村」，如今已變成了「客家主題藝術園區」。

當我漫步在戶外的桐花廣場，以及參觀園區文創館的客家文物時，就好似並存在兩個世界裡。我逐漸地明白，在流逝的年月中，有些記憶並無歲月的間隔，仍歷久彌新。有些歷史的印痕雖然難以磨滅，但它不能永遠讓這裡美麗的溪流失去光澤，或青翠的山巒失去植物的芬芳。

忽然想起比利時文學大師莫里斯•卡雷姆有首詩裡，我曾讀過這樣一句：「生活的藝術，就是赤誠。」而我希望從簡單而充實的生活裡，能學得了大自然所教給我的東西，它最珍貴的，應是對當下生命的美好而心存感激。

就像此刻，在仰望天際間，彷彿那些美好的記憶就藏在那片田野和山谷。當一輪明月升起，又喚我從記憶深處向它

走去……而我十分樂意與風兒一起坐那兒，找回那永不遺忘
的甜蜜回憶。　　　　　　　　　　　　－2023.03.19 作

　　　－刊臺灣《更生日報》副刊，2023.08.18，
　　　　及畫作 1 幅，攝影 6 張，作者照片 1 張。

攝影：林明理

# 30. 難忘比西里岸

　　比西里岸〈Pisirian〉的滿天星斗，在地球、月亮和大海的無垠中，我用愛與愉悅的目光深情地凝視著。

　　我喜歡沿著長長的堤防跟著奧妙的燦亮走，使我感到這座靠海小漁村留下的溫暖與新生的蛻變，是多麼美好！我將牽繫於它既有熱帶島嶼的詩意，又能感覺其俯拾皆是阿美族居民與藝術家、志工團隊利用漂流木製作的羊群彩繪及裝置

藝術的趣味，至於那古老的傳說，早已通過歲月更迭，當然，迄今仍是美麗而恆久的。

據說，很久很久以前，位於三仙台北側的山坡上，有個很淳樸的比西里岸部落（又稱「白守蓮部落」），族人把羊放養到附近離島的小島上。他們利用潮汐，讓羊群不敢離開小島，遂成天然的放牧場，也是這裡的耆老曾經的記憶與思念。後來因一九四七年颱風襲擊，重創部落，族人才遷移到現今的海邊山腳下定居。而水深且潮流不大的三仙灣，讓以漁獵為主的族民也逐漸有了定置漁網的產業。他們將定期更換廢棄的浮筒剖半，再以羊皮貼上，就製成了寶抱鼓（paw paw）。

每當部落舉辦歡慶時，族人便會跟著充滿節奏的鼓聲高唱，喚回其祖先牧羊的印象；而年輕族人的鼓樂團也享譽海外，血液裡流淌見證當地阿美族人曾經擁有的激情。

當我穿梭在街巷、古老的天主堂，還有瀏覽了由部落的阿美族青年和孩童利用廢棄屋舍的外牆，所彩繪的圖畫，皆充滿童趣。不遠處，還可眺望到三仙台，以及品嘗在地的冰品或美食。還有輕音樂在清風的指間迴繞，在綴滿風景的堤岸上。

恍惚中，我聽見了來自部落最原始的歌聲，它輕輕掠過前方的三仙台八拱橋……而大海裡長出朵朵浪花，長出一個呂洞賓、何仙姑等大仙過海的傳說，也長出比西里岸部落族人的純真與幸福。

　　當樂聲在我面前清晰起來，追憶翩翩而落，季節的腳步也逐漸變得意味深長了。我悄悄靠近天主堂，從裡面傳頌出來用母語演說的虔誠布道聲，讓我不禁轉身過來。一個老族人坐在門邊椅子上，側著頭，當友善的目光與我接觸時，我不禁笑了起來。

　　要是我能夠瞭然我所感受的一切，聽到他們唱頌的一切，無論是遠處的成功鎮或白守蓮，我都有著極大的興致，且不斷地瀏覽這部落裡的故事，宛如我在音樂中優遊。那湛藍蒼穹下，大海也蘊含我整個夢想，陪我度過了一段難忘的好時光。

　　法國大詩人波特萊爾在《惡之華》詩集裡有首〈應和〉詩就說：「自然是一廟堂，那裡活的柱石／不時地傳出模糊隱約的語音……」而我也樂於在時光裡靜坐，坐在星光下的三仙灣吟遊，看遠方浪似白梅，有從容的風輕吻我的長髮……我的心就像幸福的歸帆，鐘聲一樣激盪。

－2023.07.13 作

青年日報　2023. 8. 20

中華民國112年8月20日　星期日　副刊15

# 難忘比西里岸

◎林明理

三仙台八拱橋

## 吟遊人生　◎蔡富澧

# 遙望塔山似傳奇

—刊臺灣《青年日報》副刊，2023.08.20，
及攝影 1 張。

林明理
：攝 影
及 畫 作
（村景）

# 31. 雨後的思念

　　是清風引領我一路經過松楓橋、
瓦岡橋，回到一個樸實無華的桃源
村。這裡沒有因暴雨過後把周遭山野
點綴得格外肅穆之氣，耳邊只有紅嘴黑鵯、樹鵲、蟬聲和溪
水潺潺之聲。

　　像往常一樣，我順勢停駐在桃源國小片刻。這時，適巧
遇到任職於馬偕醫院的何先生，一個很親切的布農族人，正

帶著孩子到學校來參加棒球比賽訓練。我在心裡推測，並問道：「你的小孩是五、六年級了吧？」他一臉微笑回應：「嗯，剛才走過去的是他們的教練哦。」我繼續說：「最近友人吳昌祐博士送我一本書《美奈田之森》，書裡詳細介紹了這裡的森林。那延平林道是往這條路嗎？」他立即比個引導的手勢，我隨即致意：「真謝謝你！」並感受到在這小村裡，彷彿籠罩著溫馨的氛圍而不感到陌生。

　　車經紅葉少棒紀念館，一個我十分緬懷的地方。恍惚中，多少對紅葉少棒揚名於世的記憶，多少眷戀，都被曼妙的八部合音一點點盪漾散逸，又緩緩回轉。而我在山水之間，逐漸理解這裡的布農族人曾經遭逢風災的痛和與生俱來的豁達與率真，頓時停下腳步，四周卻靜謐得可以聽到風吹落葉的聲音。

　　當溪谷與依偎在山中的紅橋、水光，靜靜地讓林道上的故事一層一層開展時，我喜歡倚著風兒走過昔日林班人勤奮工作的足跡，喜歡把自己交給蟬鳴，也喜歡在美奈田森林中嗅到苔蘚蔓延的巨木群清新的氣息。

　　時光雖然讓林道的記憶覆蓋著美麗與哀愁，但溪水的光永遠遼闊，仍一片明淨清澈。那些林木的疊影永遠閃耀，雲霧縹緲。在這裡，我可以恣意想像，自己像片浮雲輕旋在山坳，諦聽昔日族民走過歲月時留下的歌謠……也可以隨興地吟詠。

　　歸途，初次來到下里部落，它就像一方世外桃源，又像
一本古書，鑲著綠色的框。有透明的風在飛舞，有蟬聲隱匿
在看不見的密林深處，有陽光飄落，幾隻小花貓趴在灰瓦的
屋角下，甜甜地睡了。

　　我聽見風兒告訴我，原居在濁水溪支流大溪一帶的布農
族先民，因耕地不足等因素，遂而遷移到桃源村北絲鬮溪上
游的內本鹿山一帶。幾經波折，有部分布農族人越過北絲鬮
溪，在鹿野溪南岸定居，成立「卡努舒岸」部落
（Kainisungan），意指有青剛櫟樹之地，別稱下里部落。

　　我終於可以在此轉過身去回望分別太久的延平鄉莊家，
接觸到美奈田森林記錄的內容。我愛桃源村安靜的晨昏，也
喜歡觀看耕種於田野的農民……更喜愛在延平鄉入口那座高
高在上的打擊手雕像前，心存敬佩。

　　因為，我不曾忘記延平鄉是紅葉少棒的故鄉，而桃源村
那些向善而居的村民與純眞的學童，是我尋幽回味中的的精
神至寶。

　　　　　　　　　　　　　　　　　　　　－2023.7.26

青年日報　　2023.8.27　　中華民國112年8月27日　星期日　　副刊 1

布農族塑像

# 雨後的思念

◎林明理

林明理畫作（村景）

―――――――

吟遊人生　―　蔡富澧

# 天長地久有時盡

―刊臺灣《青年日報》副刊，2023.08.27，
及畫作（村景），攝影 1 張。

林明理攝影 2 張。

林明理畫作

# 32. 祝福二哥

　　五〇年代初，我剛出生的時候，與我相差二十歲的二哥便以優異成績就讀於師範學院，之後畢業於大學，任職調查局新竹站主任、政風室專門委員等職，直到退休。他正直不阿、為官清廉，給林家帶來了榮譽，也激勵了我在研究所攻讀法學碩士期間，想要考取調查局的夢想。

　　但很快這個夢想就被二哥阻止了。他趕緊打電話給當時住在茄苳村老家的父親，他說：「爸，我是弘正啦。明理想要考入調查局，我覺得她的個性太過剛直，不太適合，應該等她畢業後，去教教書，會好些吧。」父親說：「好，我來苦勸她。」

　　後來，我順從了家父及二哥的期許，拿到法學碩士後，便選擇入屏東師範大學，教授「憲法」等課程，庸庸碌碌過日子。直到家父往生時，幾位兄弟都紛紛趕回老家，兄妹齊聚於茄苳教會的追思會上，以唱頌聖歌來歡送他老人家最後一程。當時，正在痛苦煎熬時，突然，我二嫂別過頭來安慰了我：「明理，爸爸是到天堂去了，別難過。」頓時，我如釋重負，但心中仍感到悲喜交集。

　　記得我出嫁那一年，父親在二哥住的信義大樓屋裡，為

我輕輕套上了頭紗，他的雙眼濕了⋯⋯二哥則在迎親的紅色積架新娘車來到大廈門前等候著。當車門一開，他便迎向我來，忽然說了一聲：「明理，今天很漂亮！」我既激動又開心。而父親目視我從二哥客廳離開的眼神是那般的不捨、深情，令我至今難忘。

經過多年的努力，我終於當了作家，出版二十多部文學專著。初老的我也獲得榮譽文學博士。但我心裡很清楚，二哥跟我都師承了先父曾就讀於日本早稻田大學法律系三年肄業的遺傳因子。二哥跟先父一樣，是天下最英武的男人，也是擁有愛國情操之士。他盡心盡力在崗位上鞠躬盡瘁，也有其生命中對家鄉深愛的思念。

前不久，無意中在網路上看到一則新聞，報導中只見現年八十二歲的二哥與小他六歲的二嫂，他那蒼老的臉龐已不再神韻飛揚，且因近年來疾病纏身，儀態憔悴，給我以萬般不捨的印象，心中也不覺惶惶難安。

是啊，每個人一生總有自己的苦樂，但我不會忘記二哥與我相處不多卻關心我的任何事。今夜，風雨飄搖，我又想起了故鄉的田野，在秋收之後，大片油菜花在田裡呈現的姹紫粉紅，如一幅不凋的夢境⋯⋯而如今，門前的紅磚路和小葉欖仁樹唱起了哀調。是的，一股思鄉的念頭湧上心頭。

二哥林弘正是我同父異母久未謀面的兄長，但不知為什麼，我卻為他傷懷。我只有向天穹默默祈禱：「但願二哥健康、精神清爽、富裕。阿門。」 －2023.08.31 作

中華民國一一二年九月八日／星期五　　2023.9.8中華日報　　中華副刊 A8
責任編輯　王鎮國

## 文學院手記

# 不要為滅亡悲傷，要為世界祝福

■林宇軒

文／圖　林明理

## 科幻江湖

■奇三平

## 祝福二哥

五〇年代，我開出生的時候，與我相差二十歲的二哥便以優異成績讀進師範學院，之後畢業於大學，任職調查局師竹縣主任、政風室專門委員等職，直到退休。他正直不阿，為家庭奉獻、給林家帶來了榮譽，也彰顯了他在研究所攻讀法學時期間，這要為家族會揚的步聲。

## 關於夜

■郭瀅瀅

—刊臺灣《中華日報》副刊，2023.09.08，
及畫作 1 幅。

攝影及畫作（村景）：林明理（此畫存藏於臺灣的「國圖」
「當代名人手稿典藏系統」，臺北市

# 33. 夏日好時光

　　如果想多瞭解嘉豐村爲何閃爍著獨特的光華，那就嘗試順著鹿野溪畔的稻香產業道路蜿蜒而上，盡興地走一趟吧。

　　在一個涼爽的清晨，我又踏上熟悉的路，它就在卑南山東方的台地上，屬於嘉豐村的轄區。嘉豐站，舊稱爲「稻葉驛」，光復後，改爲「嘉豐站」，隨著臺東線東拓工程改線，已廢止近四十一年。

　　當車子抵達山里站前的教會門口，陽光正好輕輕灑落，把一座百年教堂雪白的身影投射到翠綠的老松和半掩的紅欄杆旁……恍惚中，那十字架聖光就在群山和雲朵上閃爍。

　　而站旁是一處多爲阿美族馬蘭人與少數卑南族、漢人的小聚落，他們入住墾荒，以種植水稻等爲生。風兒亦步亦趨，是我親密的旅伴。休憩後，車經小黃山觀景台，溪流在晨光下，淙淙聲響。稻禾很是愜意，萬物都在生長的夏天裡，水影的動盪，像遠處飄逸的白雲一樣美……一切都顯得那麼調和。

　　車繼續上山，行於狹窄的嘉豐產業道路、稻田裡忙碌的人，經過了嘉豐村活動中心，以及零星分佈、大大小小的屋宇。忽地，來到一個寧靜的地方。它被層層的山巒環繞，在夢幻似的一排排果樹與茶園石階前，我初次見識了村裡的神

秘面紗，以及它祥和的模樣。

一隻烏頭翁鳴唱，竟響遍整個山丘，讓我的愉悅翩然而生。又或許是我聽到輕微的蟲鳴聲，以及從樹林裡流瀉而出的和煦陽光，讓我佇立在樹下，自然而然就有一種重溫童年記憶的好心情。

我看到瓢蟲在飛舞，遠處有幾個採茶人低頭的身影，猶如溫柔的波浪，不禁讓我的眼眸跟著往那方向望去，並迅速地溶入這一帶嘉豐村與明峰村交界，一座開滿黃色風鈴木與淡淡茶香氤氳的溫情之中。

沿著這條山路一直開下去，滿眼山野秀色。直到進入初鹿牧場，一群家燕展翼飛來，在目光所及林蔭路的盡頭，只見一群乳牛，慢慢走在青草坡以及異常明亮的天空之下。

這鄉景，寂靜如秋。讓我能放縱想像，像隻黃昏歌雀，飛向那雲彩的天空與山林之中……甚至因懷念的湧現，讓我腳步也隨之趨緩。

歸途時，我有個感覺：那旭日初升的稻海、再度會面的山里站、富有詩意的小黃山，以及村裡純樸的一面，正如我童年故鄉的恬靜。那些勤奮的農人在田野忙碌著，連同那高高的紅十字架上飛過的鳥聲、一片落葉，或者從村落溢出的濃濃人情味，都慢慢地感動我的心。

我想起美國著名詩人蓋瑞・史耐德（Gary Snyder）在一首《與群山相會》末段裡頭寫的：「面對急流和山巒／舉起雙

手，高呼三次！」。而這趟旅遊，也讓我深刻體會，珍惜大自然與所有得來不易的相處時光，是重要的。　－2023.05.01 作

－刊臺灣《更生日報》副刊，2023.09.08，
　及畫作（村景）1幅，攝影 6 張。

林明理畫作（村野），此畫存藏於臺灣的「國
圖」〈當代名人手稿典藏系統〉，臺北市）

# 34. 安朔村行旅感思

「有摯愛的人住的地方，就是家。」這是一句外國電影
裡頭的旁白，也常浮過我的腦海。我回想起那個驟雨方歇陽

光微露的清晨，被海風拂起的浪花和太平洋上捕撈的小船，是那麼平凡而恬美！

碰巧的是，外界世界的喧鬧與南迴公路旁一個排灣族的安朔部落（aljungic）比起來，讓我對這次重遊反而有某種說不出的期待，更覺得親切。

我想起初次到達仁鄉南方的安朔村（舊名：阿塱衛）一座偏僻的國小，校園很迷你，教室卻佈置得很清淨。校門的排灣族圖騰，也給人一種特別的雅緻。下車漫步時，不禁讓我回想起童年。記憶中的母親常用溝渠的水灌養些菜苗，在四季花開的門前長出一片生機勃勃的翠綠。

母親最喜歡簡單的髮髻，樸實無華的衣衫。輕踩裁縫機的專注背影，總能引我遐思，並潛意識地激發我奮發向上的勇氣，也帶給我真正會心的笑。而今，在安朔村我看到族人能從純樸的生活中見到美，也懂得以積極的態度，去維護自己的文化，以及頭目家族在收穫季祭儀活動中齊聚一堂的畫面，令我十分感動。

就像眼前一處廚房，四處瀰漫陣陣香味，他們正埋首煮出各種質樸的原民好味道。我把風中傳來的故事，慢慢拼起來，再小心步入村內大片臺灣藜花海，那是村內最美的景致。

「多美啊！」我一面直呼，一面抬頭看那彩繪的擋土牆面上各式各樣的圖騰，還有部落的遷徙史，也不由得動容。

　　幸福是什麼？當我聽到國小教室裡，不時傳來響亮的音樂聲，有學童在練習排灣笛、古謠，有耆老在聚會所吟唱曲調，有農夫正在耕作……在我眼裡，他們的幸福皆來自於保有心靈的純真與寧靜。

　　這裡的村民用體力和時間換取平靜的淳樸生活，事實上，他們也期待未來能興建一座箕模族文化園區，因為，這裡原本是排灣族大龜文王國阿朗壹部落傳統領域。當族人著手維護文化而穿著傳統服飾，大聲唱出動人的歌謠時，就如同春雨滋潤大地般，會讓人不覺地受到感動。

　　原來，幸福也離我如此之近，就好像我又握著母親溫暖的手。那天，當我見到母親從手術房平安甦醒後，剎那間，我感到心疼、想喊，有種想哭又想笑的激動。

　　午後，從高醫探病折返途中，經過三和海濱公園時，我倚窗望見暮色中的大海，不覺流下了淚。雖然我的母親已遠離脊椎壓迫坐骨神經的病痛與煩憂，但我仍由衷懇切祈禱，願神庇祐她早日康復，也衷心感謝醫護人員的照料。

　　大海又風平浪靜了，而我仍看得見安朔村像一泓清泉的純淨，顯露出它靜美的深度。我也懂了，只要有家人的愛，心就恍若儲藏著取之不竭的幸福。

　　　　　　　　　　　　　　　　　　　－2023.08.03 作

青年日報　2023.9.10日　中華民國112年9月10日　星期日　副刊 15

# 安朔村行旅感思

○林明理

時遊人生　○蔡常澄

## 盛開殘落皆是美

林明理畫作〈村野〉

－刊臺灣《青年日報》副刊，2023.09.10，
　及畫作〈村野〉1幅。

排灣村：
林明理攝影

# 35. 排灣村紀行

颱風過後，我拋下身邊所有的瑣事，來到北大武山麓下的瑪家鄉，一個古樸的小村。走在初秋的寧靜中，陽光淺淺鑲在海面上，但是我感覺到：雖然村內生活的地方多半是平房，卻有溫暖、藝術和堅韌的民族性。

這裡的村名原本稱為「筏灣」村，其祖先因位居偏僻山區謀生不易，遂而從舊筏灣部落遷移至此，之後，族人將村名改為「排灣村」。

　　我依稀記得近午時分，有五個老族人穿著傳統服飾在自家門前生火烤肉，小巷裡有兩個女童正高興地唱歌、手舞足蹈。空氣中有點兒涼意，我仍跟著她倆的步伐觀察了一下村裡的模樣，而全然不理會山上堆積的烏雲恐怕又是大雨將至的徵兆。

　　果然，沿途的活動中心、衛生室、頭目碑、部落教室的工坊等，在牆上或門口上都有搭配排灣族神話的圖騰雕刻或陶甕，美感十足，著實深耕了在地文化，也使我終於明白，舊排灣部落何以會有千年古城之稱。而村裡的八大源（Padain）部落，也屬於排灣族最古老的部落族群之一，更有豐富的自然生態資源及石板屋遺址等文化資產。

　　當我依戀地轉身回望時，心裡揣想，那麼多發源傳說及其獨特的歷史，這裡的族人是如何傳承下來了呢？這時候，雨已經開始滂沱了。當車子在村裡逗留了一會兒，我就發覺我的疑問是多餘的。因為，沿途的族人彷彿在跟我揮手致意，幾個老人家用最溫柔的目光送我回去。

　　而我耳邊聽到的，不只是車子緩緩發動時不斷發出的引擎聲，以及雨聲淅瀝和車輪輾路的回聲，恍惚中，我也看到了多年前這裡的大頭目帶領數位勇士拜訪春日鄉歸崇部落的頭目家族。他們互訪的儀式簡單而隆重，一邊唱著傳統歌謠，一邊以連杯敬酒，還有他們的祭司互贈禮品的濃厚情誼，也讓我不感到陌生，那種感覺就像在回程的雨中經過浩瀚的大海一樣。

　　那不羈的大海啊，誰能讀懂它的狂放，誰能萌動它的心房？雖然我已走過數十個風霜，卻不曾像此刻感到平靜，可以在這裡聆聽大地聲響，就像排灣村永遠以沉默感受太平洋的岩岸和沙岸那樣。那天邊最洶湧的波浪，從北極到南極，從海底山脈到平原、丘陵和高山……如果我用心傾聽，風兒依舊常新，島嶼也會歌唱。

　　這時我也逐漸領悟到了英國桂冠詩人艾福瑞德·丁尼生男爵寫下這幾句詩的意涵：

　　長晝耗盡，緩月徐升，大海嗚咽，
　　濤擁百音千聲；來吧，我的朋友們，
　　要尋找新世界，現在還不遲。

　　詩中體現出來的英雄氣慨，多麼令人激賞！就像排灣村的年輕族人近年來正積極推動重建舊部落的新風貌一般。我也期望他們憑著信心和信仰，一起去努力，去發現自己部落之美，永不退卻。

－2023.08.12 作

—刊臺灣《青年日報》副刊，2023.09.17。

攝影及畫作（思念）：林明理（此畫作存藏於臺灣的
「國圖」「當代名人手稿典藏系統」，臺北市）

# 36. 緬懷靜浦村

　　那是十月的一個午後。在奚卜蘭島周遭山海之內，有一個豐濱鄉最南端的村落，便是靜浦（阿美語：Ciwi'），有「山坳裡的平地」之意。它是因水而美麗，甚至創造了一個獨特的自然景象，也是我極為思念的地方。

　　我無法忘懷那秀姑巒溪出海口，有大片的白鷺鷥群起落、野鴨戲水的歡快……潺潺的溪水和古老的海岸山脈閃爍著朝氣的光。我像候鳥般從海面穿出來，看到那些純樸的村人，她們在溪渚上，用竹製畚箕撿拾著蜆的動人背影，而我仍記得在太陽廣場裡聽到風兒頻頻呼喚我的聲音。

　　這是我第一次被大自然中形成的海蝕平台、獅球嶼、珍貴的植物群落所感動。或許是極力眺望更遠處，有座全臺灣第一座預力無橋墩懸臂延伸混凝土的長虹橋，在燦爛的光影下，我以為世上並無如此單純的景色。在山海、溪口與島嶼交織的畫面下，陽光如是輕盈，村民的目光毫不冷漠。

　　沿著部落的入口，忽見一個醒目的「大港口事件紀念碑」。是的，曾經在這裡發生過的一段悲傷歷史已隨風而逝，那天邊的雲兒撩撥著一百多年來走過的歲月，卻悄悄向前了……風兒依然帶著部落的溫暖，再次斟滿我依戀的心房。

　　當我沿著一條狹長的路，靠近「靜浦國小」，四周是濃蔭覆蓋的樹林，欒樹已悄然盛開。有一片鐫刻著阿美族經歷過一百四十多年前戰役的故事牆，迄今仍存在著奮勇向前奔跑的形象，畫得十分傳神。

　　不過，我喜愛的不只是「靜浦海堤」，前方有湛藍的海面；還有一些維護生態與復育的族人，讓靜浦村維持純淨的模樣。我還看到有些族人正在為慶典的到來製作一些裝置工藝、也有一些年輕人在彩繪，復刻部落的意象。

　　當我知道「靜浦」是古老傳說中阿美族發源的認定地時，我用心觀察，並沉湎於那閃光的三富溪水道。當我知道村裡為維護這條溪而成立「巴拉峨巒溪護溪協會」，讓山羌、台灣鼯鼠、赤腹松鼠、樹蟾等動物保留了下來，不禁對這些村民致上敬意。

　　在暮色將至前，我驅車初抵「奚卜蘭遊客中心」門前。我認得出那出海口的方向……閉上眼睛，便可以聽得到生活在大自然懷抱裡的靜浦村。如今，我乘著歌聲的翅膀飛回，一種充滿傳統聖詩的和諧，在靜浦的夜裡更感親切。

　　啊，美麗的靜浦！它的眼睛深邃如海，閃著一種天藍的自由。如同我讀過傑洛德•曼利•霍布金斯寫的〈上帝的榮耀〉，詩裡的末段這麼寫著：「早晨呦，會在東方紅褐色的天際躍起／因為聖靈用溫暖的胸懷和光輝的雙翼／在俯伏著的塵世之上孵化生靈萬物。」而靜浦村，也永遠在我心深處，呈現出一個難忘的部落傳奇，如同太陽般湧現活力。－2023.07.01 作

—刊臺灣《更生日報》副刊，2023.09.19，及畫作）
（思念 1 幅，攝影 9 張。

攝影：林明理

# 37. 三地村尋幽

　　我沒有忘記，不僅僅是在一個沿坡而蓋的三地村，從遠處眺望時呈現緩升階梯式排列的屋宇，在這樣一個充滿詩意的秋天裡，遠山凝寂，景緻疏淡……形成一個罕見的三地部落風貌。

　　當我俯身，就可聽見潺潺水聲泊在前方，而細雨飄過的街巷，仍有細碎的陽光暖著臉龐。一邊，因為那山川琉璃吊橋白色的身影棲在溪谷間，形成了一道極美的微笑曲線，一邊也因橋上有許多排灣族的琉璃珠，益發顯得繽紛光耀。

　　「哇，看那岩壁、樹林下的溪水多美！」我不禁讚嘆。這是我初次探訪村舍，也走訪一座建於日據時期的取水廊道，逐一去感受那時光裡的排灣族圖騰運用，以及其神話故事的藝術美。

　　遠方的山巒一片灰藍與蔥綠，這時候，漫步在棋盤格局的街道，沿途展示石雕、琉璃珠及原風服飾的屋舍到處林立。雖然有些難以相信那充分展現原民的創作能量，竟是如此美麗而自然。

　　但願我是那座遠處的青山，永遠不會教我遺忘那些色彩炫麗的琉璃珠，還深藏著高貴、守護、摯愛等意象的表達，也留給我一些難忘的欣喜之感。在當今的排灣族部落裡，正如三地門鄉內三地村與瑪家鄉北葉村的這座吊橋那樣珍貴。

　　即使過去的三地部落（Timur）人文匯萃，現在仍有藝術工作者在繼續傳承族人文化的使命，而村裡的重大喜宴也多半在聚集所廣場內熱鬧舉行。

　　直到黃昏，那些在三地門鄉的導覽活動中，我總能心情

輕鬆地諦聽族人的故事和傳唱的古謠，而且能歡喜地去走一遭。雖然此刻看不到任何老鷹馳騁的蹤影，但到處都是瀰漫藝術氣息的裝置藝術。無論是入口處的勇士雕塑或老鷹的姿態等，這些創作都讓我欣慰。

　　就連族人或頭目之家也都畫得那樣的精美，就彷彿置身一座饒富原民風情的藝術村。而那青巒之上，我看到的雲朵比往常更加潔淨。在他們的真實生活中，村裡推出了讓旅客能深入耆老的家庭，主要是出自於對部落文化的真正的熱忱才能去體驗。

　　歸途，濕潤的空氣中，我們凝望著一輪秋月在靜寂的夜空裡浮動……而那座吊橋好似無限延長到天穹的快樂，那安詳如風輕輕襲來的芬芳，那幸福如這座三地村山邊的溫暖。正如法國大詩人波特萊爾在一首《秋歌》裡說的那樣：

　　　啊！容我把我的頭靠在你膝上，
　　　悵惜着那酷熱的白色的夏天，
　　　去嘗味那殘秋的溫柔的黃光。

　　在注重藝術的三地村，雖然大多數族人仍過著平淡如水的生活，不全然處處都是勃勃生機，然而我也可找著同樣美麗的萬象。而旅遊的快樂，就在於把快樂變為獨有的享受，這就是精神層面遠大於物質層面的最大勝利。

　　　　　　　　　　　　　　　　－2023.08.19 作

－刊臺灣《青年日報》副刊，2023.09.24，
及攝影 2 張。

林明理畫
作：〈靜夜〉
（此畫捐贈
於臺灣的
「國圖」特
藏組「當代
名人手稿典
藏系統」，
臺北市）

# 38. 秋日遐思

　　年近秋季，在熠熠星空上，或是在遠方濁水溪畔的家鄉，均呈現一幅寧謐祥和的畫面……空氣就像大片波斯菊隨風搖曳那樣清靜，直抵我在中央山脈後山思鄉的靈魂。

　　我想起了在屏東縣笠頂山下一所僻靜的佳義國小，其合

唱團已成立十餘年，獲獎無數；校內的棒球隊是由王子燦教練所執教。多年來他春風化雨，默默耕耘這片園地；更有小球員們，在拿到校外贊助者捐贈的球服時，還捨不得把衣服弄髒。

雖然這所小學資源匱乏，但學童們都很活潑，打起球來更加專注。其教導主任曾說：「希望藉由運動，增加他們的自信。」而校長更盼望學童透過演出方式，將原民文化帶入國際。因為，孩子們曾以動人的歌聲，在南島音樂會中傳唱，感動了不少觀眾。

當我看到公告欄貼著許多參加射箭、排球等比賽的榮譽上學童名字，而餘暉正好穿過樹梢、教室和美麗的排灣族彩繪牆，有鳥雀在悄悄地飛翔，有淙淙流水聲，更顯得街道兩旁的屋宇、教會的柔和與寧靜。

記得小時候曾聽母親說過一則故事。她對林雪老師的印象有精彩的描繪。譬如我在六歲時，曾在薊桐國小寄讀一年，當時因家境困頓，班導師林雪卻對我疼愛有加，還購買了一套學校制服及裙子相贈。

那是臺灣五○年代的農業時代，薊桐鄉有好幾個村的村民大多務農，很少有富裕之家。印象深刻的是，還有三年級的林茂村老師，他常利用課餘時間教導我如何演講。那年，我第一次代表班上參賽就獲得名次，題目是「怎樣孝順父母」，印象十分深刻。

　　那時候的孩童，有的還赤腳上課，還得到田裡幫忙農作、餵養雞鴨，或幫父母作點家事。我是其中最幸福的一員。因為自幼雖然出身貧困，但有永遠呵護我的師長和父母的關愛，還有五、六年級的高慶堂和黃茂己先師，都是我心中最為尊崇的導師。

　　這些成長的經歷終身難忘。就像這個佳義國小裡的貧窮學童，也捨不得穿上比賽用的新制服。每一回想起來，童年還歷歷在目。當車子悄悄前行，正如秋涼裡的一輪明月，帶著每個人心中最深切的期盼時，所體會到的究竟是什麼呢？

　　自從大學提前退休，遵循自己的心意，轉換到文學創作後，我這才慢慢地明白了：這世界上冥冥之中有些事早就安排好了，但唯一不變的，是我不會忘記童年的師恩，和故鄉那輪明亮的圓月⋯⋯它總是回響悠遠綿長的笛音，從而增添模模糊糊的呼喚聲。

　　就像唐代詩人王建在〈十五夜望月〉裡的後段所說的：「今夜月明人盡望，不知秋思落誰家。」是的，我懷念佳義國小的心，如同對星辰的祈禱，也映射故鄉秋收的美好。

－2023.08.29 作

－刊臺灣《青年日報》副刊，2023.10.01，
　及畫作（靜夜）1幅，攝影1張。

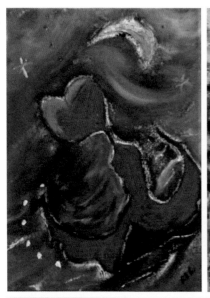

作者畫作
及照片：林
明理(畫作
兩幅存藏
於臺灣的
「國圖」特

藏組，「當代名人手稿典藏系統」，臺北市)，

攝影作：Yossi。

# 39. 遠方友人的問候

一個涼風的早晨，忽地接到來自以色列友人約西（Yossi）寄來的許多珍貴的照片和問候，十分驚喜。鄰近其住家的戈蘭高地，漸層轉綠的山麓，緋紅、鮮紫的花，接天一片碧綠……一簇簇林木和灌叢所覆蓋的牧場，美得令人沉醉！縷縷陽光就在花叢與大地之間依戀，輕輕搖盪。

而我的眼睛看到了什麼？噢，美麗的 Kalanit，是以色列的國花，在風中飛舞。它迎來了春天和朝露，年年開在老城的角落，開在乾旱的沙漠，賜予人們歡欣，讓原野變得輝煌閃耀！

它讓離鄉的遊子有了深刻的情感牽繫，讓一切都在四季輪替與生生不息中得以感受到自然的幻變之韻、時間的無形。每一朵花的豐姿，都是我由衷的祝福。

我不禁在鍵盤前托腮遐想，無論是來自俄羅斯的冷鋒，或是高地上嚴寒的大雪……它經歷的每一次歲月的邂逅，都在這個時節透出一份從容，幾分清閒。

　　我的友人約西是位退休的資深地質學者，曾在大學教過書、也擔任過諮詢顧問等職。在一次偶然的機會裡，我認識了他，並透過電郵分享彼此在自己故鄉拍攝的景物。

　　當我看到那一片白色野杏樹下的棕馬，還有成蔭的櫻桃樹上的花，從高地飄落時⋯⋯瞬間，我的遐想匯聚成一條小河，白雲是我的旅伴，引我驅前走近他的視野，歡欣地盡享片刻的安詳。

　　彷彿身在遠方的地平線上，在花草郁郁青青裡，那蜿蜒的山峰、飛掠而過的鳥群，還有那片盛產蘋果、櫻桃等水果的富饒土地，孕育出無數農糧盛事，也存在著許多故事，許多歷史的寂寞。

　　感謝您，Yossi。我願在今夜，把集聚心中的祝福，幻成了一首詩歌，就在那片高地的靜默裡，隨風輕曼飄過。

　　瞧，我把這些遐想繪成了一幅幅畫，就好像是在給您的故鄉唱讚歌呢！而我也要告訴您，我所處的位置對於一個生性喜好恬靜與大自然為伍的人來說真是妙極了。

　　我住在地球的另一端，臺灣東南隅的臺東市（Taitang），這是一座背山面海的小城；終年沒有寒霜，冬季依然保持暖和。

　　我愛這裡的星月，花樹都是純淨的模樣。我也愛在海邊對著天上的繁星說說話。呵，我的朋友，如果我能透過時空，

將那一片無比湛藍的海洋流注到你的心上，在夜鶯歌聲的盤旋中。我的友人，你可聽到了什麼？在我們心中一起沉醉於月光下的迴響？

　　珍重再會了，Yossi。你在遠方，而我的小城也有著一成不變的溫暖。我將微笑著，也願向你致以問候，如同我自己在彼岸，步履輕盈，或坐在小馬群的野杏樹下歌唱……當歌聲穿越了時空，心靈也莫名地欣喜了。　　－2023.09.09 作

　　－刊臺灣《馬祖日報》副刊，2023.10.03，及
　　　作者畫作 2 幅，照片 1 張，Yossi 攝影 4 張
　　　（含馬祖日報副刊網站）。

攝影：林明理

# 40. 寒露時分遐思

　　那是一個恬靜的桃花源，它位於海端鄉山坡上，有著錯落交織的小米、紅藜田，大家叫它為「崁頂部落」。就在今年寒露時分，我想起了詩人白居易曾寫過的一首〈池上〉，前段是這麼寫著：「裊裊涼風動，淒淒寒露零。／蘭衰花始白，荷破葉猶青。」多美的詩詞！於是一股思鄉之情油然而生，心緒也跟著風兒去重遊這一座奇妙的村莊了。

　　它就隱匿於滿眼金黃與桃紅的梯田之中，也可以說，這是日本民族音樂學者黑澤隆朝聽到布農族高唱八部合音的發現地。這裡的先民遷徙至今，已超過一百零五年了，然而傳唱的樂音仍可以盡情飛馳，在縱谷之間，在海內外一隅，發光發亮。因為，這裡有一群熱血的青年返鄉復育小米，或開設創意料理，或推展植物染工藝，或記錄耆老的口述記憶。他們正持續讓部落的特色馳名遠近。

　　或許，在每個人心中，都存藏著一座屬於自己的桃花源。它必須是靜謐、樸實無華，時而有星月交相輝映、泉水甘美。它能遠離世俗的喧鬧、浮華、功利……甚至連山風、雨露都飽含詩意。

　　當我又重回這鄉間小徑，看那高掛的紅十字架、雕塑的布農勇士和他心愛的狗兒……走著，走著，是如此美好。而一支由關山鎮農會拍攝的達人影音紀錄片竟讓我活化思緒，也傳達了村裡的布農族齊力傳承文化，嚴肅而深沉的意義。

　　我看到了有位老族人 SAVI 笑瞇瞇地介紹其作品。她對著鏡頭靦腆地說：「我希望用我親手做的網袋，網住我們布農族的下一代。」發展協會理事長黃貴德接著說：「部落要團結，要把我們這邊的原住民文化帶出去，走向全世界。」

　　這些達人都說出了自己作品的內涵，呈現出部落裡深刻而寧謐的一面，活靈活現……宛如在寒露節氣裡，故鄉籬笆

上的黃菊盛開，而餘暉剛好穿過西螺大橋橋面，又把故鄉樸真的面貌一一亮在眼前，好似一曲無聲卻餘音裊繞的輕音樂。

　　在這些回顧中，在田野與山巒疊翠、白雲盤踞於山坳的各個角落裡，在百年媽祖廟宇合十的默禱裡，在國小操場紅綠相間的跑道上，學童歡聲的打球裡，在廟前的傳統小吃與時間的皺褶裡……都散發一股淡淡稻香的魔力。它是來自於中央山脈山腳下，這彷彿是所有思鄉的起源。

　　歸途，我遇見了花叢間一對大鳳蝶，牠們在挺過今年秋季裡的暴風雨襲擊，雙雙都留下些許殘破的羽翼，卻依然唇齒相依、緊緊相伴地共舞……這一瞬，多令我感動又感傷！還有遠遠地一群白鷺鷥掠過，獨留一隻小白鷺正對著我瞅瞅，宛如天地間落單的小天使。這難得的機遇，都堆在我回憶的行囊中，也是一種偶得的幸福。

－2023.09.11 作

－刊臺灣《青年日報》副刊，2023.10.08，
及攝影 1 張。

加路蘭攝影：林明理
作家：張騰蛟（魯蛟）寫給
林明理的墨寶，「筆墨長春
－與作家明理女士共勉」

# 41. 遠方的祝禱

　　如果您有雙詩意的眼睛，來到加路蘭海岸，眺望日出的莫名喜悅……您將會看見一座原本是空軍志航基地的廢棄土置放之地，經過整頓，已變身為一個饒富南國風情的遊憩區，也是無數旅人的心靈休息站。

　　如果您能聽得見昔日這裡的阿美族人在附近小溪歌唱的聲音，它將帶著族人的目光和迷人的話語，穿過山的凝視，海的歌唱，大地的歡笑，將會迷醉旅人孤寂的心，將會和我一樣，迷戀地漫步沙灘上。

　　在一個初冬的早晨，我又站上觀景台。簇擁的浪花中，我再次聽到大海的輕聲細語，如夢似幻……連白水木上的烏頭翁也竊笑我這癡情的模樣。忽地，我想起了故鄉門前的稻浪，在歌聲迴旋中，也在我心的深處迴轉……那是在秋風吹起的季節，菅芒花從濁水溪岸綻放出來，餘暉懸在西螺大橋溪畔，百鳥鳴唱，而我們手牽手，做著童年純真的夢。

　　妳說，我在班上的講桌前演講給班上同學聽，後來，在莿桐國小司令台，又用麥克風對著全校師生演講，還有在鄉公所朗讀比賽的聲音，是如此貼心，讓全校學生都跟著拍手；而當年的妳，頭髮濃黑，意氣輕飄。

　　而今，我沉醉於晨光的草海桐花，周遭的樹葉與大氣充滿著歌謠。遠遠的，那火紅的太陽微笑著，如在遙遠的故鄉之夢中恍惚……只有風兒對我點點頭，笑了。

　　當我回到寧靜的書房，郵差先生輕按了門鈴，我看到了作家詩人張騰蛟先生遠從臺北市寄來的那封信。精選的詩句，還有許多經典的文字註記，篇幅很大，讓我目不暇給。

　　而我最喜歡他書寫的這一句：「筆墨長春－與作家明理女士共勉」，似乎對著晚輩的我，獻上了關懷，而這份關懷，在想像中也唱著奇妙的歌聲，在遠方。我的朋友，我的懷念便向您延展開來。

　　當我一邊欣賞魯蛟老師親筆書寫的墨寶，而滿溢隱喻勉勵的詞彙，那友情的溫馨，也被靜靜隱藏在太平洋東岸之下。值此一刻，我心中懷有美好的心情，如此開朗諧趣，引我遐思。他就像那加路蘭上方的天空，一位溫雅的勇者，攜帶一本詩集，被層層的白雲環繞……當我朝向那方向仰視時，我想說點什麼。

　　啊，遠方的摯友，您可安好？可聽到我在電話回聲中驚喜的問候。其實，真正的友誼，就像芳香的稻殼花，思念如昔。彷彿，我又回到故鄉，坐在校園的那棵百年的莿桐花樹下。您聽，那嗖嗖的風兒，還有天邊最遠的那朵雲朵裡，有我無盡的祝禱，有我思鄉的情懷……也一併寄予您，在蒲公英綠地間跳躍。

　　　　　　　　　　　　　　　　　　　　－2023.09.16 作

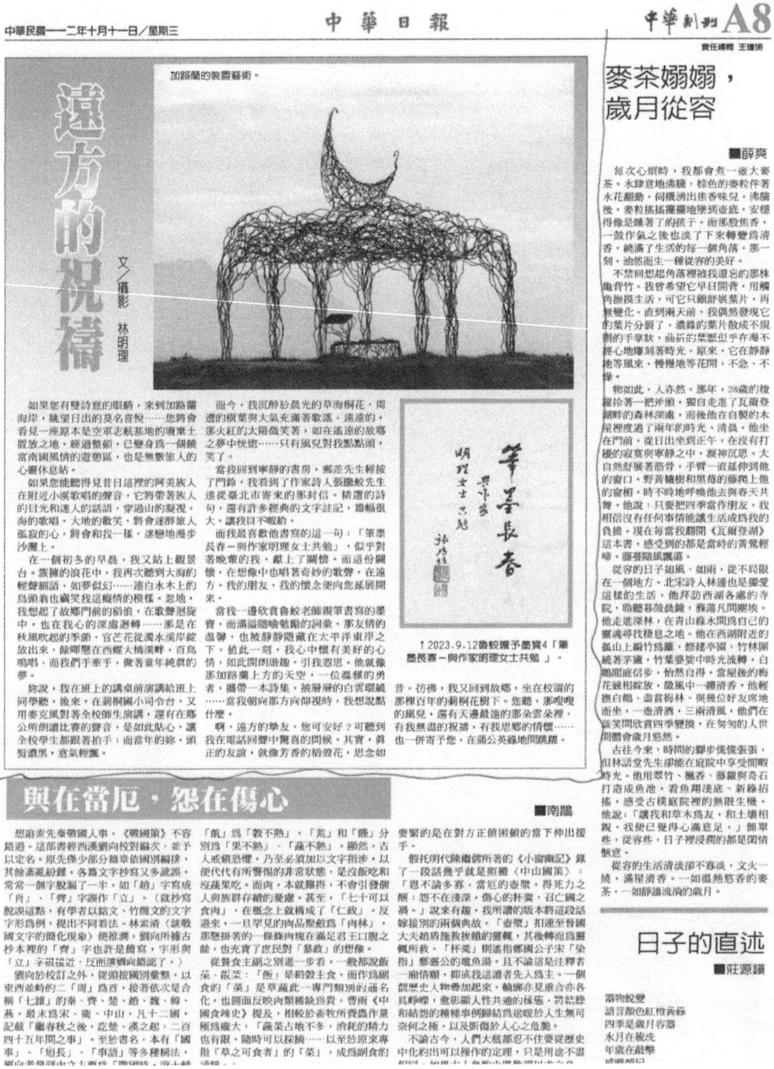

中華民國一一二年十月十一日／星期三　　中華日報　　中華副刊 A8

責任編輯 王瓊玲

# 遠方的祝禱

文／攝影　林明理

加路蘭的裝置藝術。

如果您有雙詩意的眼睛，來到加路蘭海岸，眺望日出的莫名喜悅……您將會看見一座原本是空軍志航基地的廢棄土置放之地，經過整頓，已變身爲一個饒富南國風情的遊憩區，也是無數旅人的心靈休息站。

如果您能聽得見昔日這裡的阿美族人在附近小溪歌唱的聲音，它將帶著族人的目光和迷人的話語，穿過山的凝視，海的歌唱，大地的歡笑，將會迷醉旅人孤寂的心，將會和我一樣，迷戀地漫步沙灘上。

在一個初冬的早晨，我又站上觀景台。簇擁的浪花中，我再次聽到大海的輕聲細語，如夢似幻……連白水木上的鳥頭翁也竊笑我這癡情的模樣。忽地，我想起了故鄉門前的稻浪，在歌聲迴旋中，也在我心的深處迴轉……那是在秋風吹起的季節，官芒花從濁水溪岸綻放出來，餘暉懸在西螺大橋溪畔，百鳥鳴唱，而我們手牽手，做著童年純真的夢。

妳說，我在班上的講桌前演講給班上同學聽，後來，在莿桐國小司令台，又用麥克風對著全校師生演講，還有在鄉公所朗讀比賽的聲音，是如此貼心，讓全校學生都跟著拍手；而當年的妳，頭髮濃黑，意氣輕飄。

而今，我沉醉於晨光的草海桐花，周遭的樹葉與大氣充滿著歌謠。遠遠的，那火紅的太陽微笑著，如在遙遠的故鄉之夢中恍惚……只有風兒對我點點頭，笑了。

當我回到寧靜的書房，郵差先生輕按了門鈴，我看到了作家詩人張騰蛟先生遠從臺北市寄來的那封信。精選的詩句，還有許多經典的文字註記，篇幅很大，讓我目不暇給。

而我最喜歡他書寫的這一句：「筆墨長春－與作家明理女士共勉」，似乎對著晚輩的我，獻上了關懷。而這份關懷，在想像中也唱著奇妙的歌聲，在遠方。我的朋友，我的懷念便向您延展開來。

當我一邊欣賞魯蛟老師親筆書寫的墨寶，而滿溢隱喻勉勵的詞彙，那友情的溫馨，也被靜靜隱藏在太平洋東岸之下。值此一刻，我心中懷有美好的心情，如此開朗諧趣，引我遐思。他就像那加路蘭上方的天空，一位溫雅的勇者，攜帶一本詩集，被層層的白雲環繞……當我朝向那方向仰視時，我想說點什麼。

啊，遠方的摯友，您可安好？可聽到我在電話回聲中驚喜的問候。其實，真正的友誼，就像芳香的稻穀花，思念如昔。彷彿，我又回到故鄉，坐在校園的那棵百年的莿桐花樹下。您聽，那嗖嗖的風兒，還有天邊最遠的那朵雲朵裡，有我無盡的祝禱，有我思鄉的情懷……也一併寄予您，在蒲公英綠地間跳躍。

↑2023.9.12魯蛟贈予墨寶4「筆墨長春－與作家明理女士共勉」。

# 麥茶嫋嫋，歲月從容

■薛爽

每次心煩時，我都會煮一壺大麥茶。水肆意地沸騰，棕色的麥粒伴著水花翻動，伺機湧出焦香味兒，沸騰後，麥粒搖搖擺擺地墜到壺底，安穩得像是睡著了的孩子。而那股焦香，一鼓作氣之後也淡了下來轉變爲清香，繞滿了生活的每一個角落。那一刻，油然而生一種從容的美好。

不禁回想起角落裡被我遺忘的那株龜背竹。我曾希望它早日開青，用觸角撫摸生活，可它只顧舒展葉片，再無變化。直到兩天前，我偶然發現它的葉片分裂了，濃綠的葉片散成不規則的手掌狀，曲折的葉脈似乎在漫不經心地雕刻著時光。原來，它在靜靜地等風來，慢慢地等花開，不急、不燥。

物如此，人亦然。那年，28歲的梭羅拎著一把斧頭，獨自走進了瓦爾登湖畔的森林深處，而後他在自製的木屋裡度過了兩年的時光。清晨，他坐在門前，從日出坐到正午，在沒有打擾的寂寞與寧靜之中，凝神沉思。大自然舒展著筋骨，手臂一直延伸到他的窗口，野黃櫨樹和黑莓的藤爬上他的窗楣，時不時地呼喚他去與春天共舞。他說：只要把四季當作朋友，我相信沒有任何事情能讓生活成爲我的負擔。現在每當我翻開《瓦爾登湖》這本書，感受到的都是當時的黃鶯輕啼，藤蔓隨風飄蕩。

從容的日子如風、如雨，從不局限在一個地方。北宋詩人林逋也是鍾愛這樣的生活，他拜訪西湖各處的寺院，聆聽暮鼓晨鐘，滌蕩凡間塵埃。他走進深林，在青山綠水間爲自己的靈魂尋找棲息之地。他在西湖附近的孤山上編竹爲籬，修建亭園，竹林圍繞著茅廬，竹葉婆娑中時光流轉，白鵝閒庭信步，怡然自得。當屋後的梅花競相綻放，微風中一縷清香，他輕撫白鶴、盡賞梅林。與幾位好友席地而坐，一壺清酒，三兩清風，他們在談笑間欣賞四季變換，在匆匆的人世間體會歲月悠然。

古往今來，時間的腳步慌慌張張，但林語堂先生卻能在庭院中享受閒暇時光。他用翠竹、楓香、藤蘿與奇石打造成魚池，看魚翔淺底、新綠招搖，感受古樸庭院裡的無限生機。他說：「讓我和草木爲友，和土壤相親，我便已覺得心滿意足。」簡單些，從容些，日子裡浸潤的都是閑情愜意。

從容的生活清淡卻不寡淡，文火一燒，滿屋清香。一如溫熱悠香的麥茶，一如靜謐流淌的歲月。

# 與在當厄，怨在傷心

■南鵲

想追索先秦戰國人事，《戰國策》不容錯過。這部書經西漢劉向校對編次，並予以定名。原先僅少部分篇章依國別編排，其餘紊亂紛雜，各篇文字抄寫又多訛誤，常常一個字脫漏了一半，如「趙」字寫成「肖」、「齊」字誤作「立」。（就抄寫脫誤這點，有學者以銘文、竹簡文的文字字形爲例，提出不同看法。林素清〈談戰國文字的簡化現象〉便推測，劉向所據古抄本裡的「齊」字也許是簡寫，字形與「立」字很接近，反而讓劉向錯認了。）

劉向於校訂之外，從頭按國別彙整，以東西並峙的二「周」爲首，接著依次是合稱「七雄」的秦、齊、楚、趙、魏、韓、燕，最末爲宋、衛、中山，凡十二國，記載「繼春秋之後，訖楚、漢之起，二百四十五年間之事」。至於書名，本有「國事」、「短長」、「事語」等多種稱法，

「飢」爲「穀不熟」，「荒」和「饉」分別爲「果不熟」、「蔬不熟」。顯然，古人戒慎恐懼，乃至必須加以文字指涉，以便代代有所警惕的非常狀態，是沒飯吃和沒蔬果吃。而肉，本就難得，不會引發個人與族群存續的憂慮。甚至，「七十可以食肉」，在概念上就構成了「仁政」。反過來，一旦罕見的肉品聚斂爲「肉林」，那懸掛著的一條條肉塊在滿足君王口腹之餘，也充實了庶民對「暴政」的想像。

從餐食主副之別進一步看。一般都說飯菜、飯菜：「飯」是稻穀主食，而作爲副食的「菜」是草蔬此一專門類別的通名化，也側面反映肉類稀缺爲貴。曹雨《中國食辣史》提及，相較於畜牧所費農作量極爲龐大，「蔬菜占地不多，消耗的精力也有限，隨時可以採摘……以至於原來專指『草之可食者』的『菜』，成爲副食的

要緊的是在對方正值困頓的當下伸出援手。

假托明代陳繼儒所著的《小窗幽記》錄了一段話幾乎就是照搬〈中山國策〉：「恩不論多寡，當厄的壺飧，得死力之酬；怨不在淺深，傷心的杯羹，召亡國之禍。」說來有趣，我所讀的版本將這段話嫁接別的兩個典故。「壺飧」扣連至晉國大夫趙盾施救挨餓的靈輒，其後轉而爲靈輒所救。「杯羹」則遙指鄭國公子宋「染指」鄭靈公的黿魚湯。且不論這是注釋者一廂情願，抑或我這讀者先入爲主，一個個歷史人物疊加起來，輪廓亦見重合亦各具崢嶸，愈彰顯人性共通的樣態，將結緣和結怨的種種事例歸結爲逆暖於人生無可奈何之極，以及斷傷於人心之危脆。

不論古今，人們大概都忍不住要從歷史中化約出可以操作的定理，只是用途不盡

# 日子的直述

■莊源鎮

器物蛻變
語言顏色紅橙黃綠
四季是歲月容器
水月在梳洗
年歲在敲擊

—刊臺灣《中華日報》副刊，2023.10.11，及攝影1張，作家張騰蛟給作家林明理的書法墨寶。

攝　影：
林明理

# 42. 聆聽秋的跫音

　　早起，驅車抵達馬武窟溪出海口北端的小馬部落（Piyoxo）。潔白的雲在青山上匆匆馳騁，晨光卻皎潔異常，低處原野上金黃的稻穀都帶有一種神秘的魔力。層巒疊翠的山從活動中心前的平地延伸而起，融在秋日田野的搖晃裡……那光的投影，連瓜棚上的蜜蜂和花朵都生出美麗的變化。

　　我凝神注視這座由東河村落分家而來的一個絕大多數是阿美族、人口約六百人的部落。發現它緊鄰海岸山脈，也依傍美麗的太平洋，且因早期部落裡的族人常到溪邊或海邊撒

八卦網而繁衍出許多令我驚喜的面貌。

村裡有條路叫做「小馬路」，還有小馬橋、小馬教會，和一座歷史建築的天主堂。我可以眺望部落的前方，有層次優美的梯田。常見的是，彎腰辛勤耕耘中的老族人，也是百年來東海岸的鄉村風情畫。

我也可以期待，期待有國際藝術家提供作品懸浮在部落裡的翠綠田野之上。但我最喜歡的是，我走著走著，往往開始思念起濁水溪畔的故鄉，那曾經被我無數次謳歌於夕陽斜暉中的田野，也許未曾按照我的思念去變，而是恰恰相反，成爲在光亮中隱隱透出一絲孤獨的模樣。

日前，來自遠方的友人告訴我，小學五年級的元宵節夜晚，老師帶領全校學生在莿桐老街遊行。我的友人遞上一枝精巧的細竹杆，然後幫我繫在紙燈籠上。我小心翼翼，緊挨著同學，生怕造成燈籠著火……那時候同學們個個無憂無慮、神采飛揚，教我眞想回到童年，也最能勾起我潛在的記憶。

就像這小馬部落裡的天主堂，是由瑞士籍修士傅義的建築代表作。它在錐型的屋頂與牆面間，透過窗孔洩下大量光芒，營造出一種神聖的氣氛一般，讓我忽地記起與父親攜手上教會，齊聲唱起了聖詩的時刻，有多麼快樂。我也當然記得，在國小校園與同學一起表演土風舞，個個穿戴新製的衣冠，顯得有幾分滑稽，那是我回顧中最純眞的時候。

　　風起了，這時候在小路上，我開始揣度著出現在田野裡的白鷺鷥群，繼之而起的是族人開始忙碌穿梭於小徑間，偶爾會在擦身而過時點點頭，並尋得一點嘴角上的微笑。我趕緊回過頭，揮揮手，也笑了。

　　此刻，駐立在部落的田野一隅，我仔細聽，漸漸才聽明白。原來，秋的聲音不只是幾聲蟲鳴鳥叫，或風的吟唱聲順著梯田飛揚在晨曦中，時而清新，時而傷懷。它就像俄羅斯詩人費特（1820－1992）寫過的一首詩裡的前段：

> 當歲月把我們相互隔離，
> 生活越嚴酷越是無望，
> 我的內心就越加珍惜——
> 我和你相處的如飛時光。

　　是的，這樸實無華的秋景，都在我眼睛深處，陽光已特別清明晶亮。離開時，不禁有一絲悵然。

－2023.09.07 作

　　－刊臺灣《青年日報》副刊，2023.10.15，
及攝影1張。

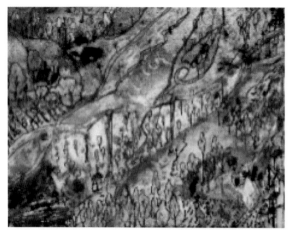

。林明理攝影及畫作（林道印象），
此畫作典藏於臺灣的「國圖」【當代
名人手稿典藏系統】，臺北市

# 43. 延平鄉野記趣

　　山林是有靈性的。珍貴的是，溪流在延平鄉，彷若沒有塵世煩惱。一隻紅嘴黑鵯領我初次飛入美奈山森林寬廣的懷抱……馳騁天際的雲朵、澄淨的空氣令我心情無比雀躍。

　　漫步在蜿蜒的小路，在山水交織的林木光影中，我只想扮成詩人，跟著路邊的紅花草輕輕飄搖。那紅色穗狀花序與蟬聲、水聲、樹鵲，瞬間便交會成絕勝。我瞇著眼睛，開始想像佇立在美奈山的最高頂，那時，天地將空無一物，只有我可以聽得見古老的歌謠在晨曦中倍感清妙。

　　遠遠地，我瞥見了酷似觀音臥姿的藍色山影，在祂的眼睛深處，似乎早已閱盡宇宙的奧秘，而所有青山白水，浸沐在昨夜雨後明淨的樹林和那細碎的苔草前端，正棲息著一群來自濃密林裡閃閃躍動的野鳥，都注定要和我相識思念。

　　驀然，我邀山林一起啜茶，想起了友人吳昌祐博士相贈的一本好書《美奈田之森　延平林道的美麗與哀愁》。它寫出延平鄉美奈田主山是臺東縣最高的中級山，步道起點就在紅葉村紅谷路岔口，沿途有數十棵千年紅檜巨木，也寫出百年來開闢林道的滄桑變化。那些鐫刻在林道上的美麗與愁悵已幻成我合掌的真誠，隨著八步合音的歌聲與清風，讓我喜悅飛翔。

　　恍惚中，在雲遮紅日的天穹下，美奈田森林風采依舊。我能輕旋窺看林道裡蘊藏的數十棵苔蘚蔓延的巨木群，以及昔日族民、林務人員勤奮工作的腳印。他們默默走過歲月，走過前人留下的淚水和歡笑。

　　我開始張開臂膀，雀躍奔跑，身邊不時傳來一陣陣清澈的水聲。我看見了美奈田塑成風骨峭峻的巨人，不染纖塵。那天水相連的歌聲、動物的蹤影，還有古道上鑴刻著吟唱的足跡，都如此親切地靠近。這一幕，讓我心頭閃亮起那些伐木跡地的故事，就好像透過星辰，就看得見卑南大溪出海口相映在老城；推開心窗，就聽得見昔日林班人唱出自己思鄉的曲調。

　　歸途，路經桃源村一個人煙罕至卻極靜美的部落，據說，族人原居於濁水溪支流郡大溪一帶，幾經波折，逐從北絲溪上游內本鹿山一帶遷徙到延平鄉；因人口繁茂，有部分族人越過溪流，在北絲溪匯入鹿野溪南岸的河階地成立卡努舒岸部落（kainisungan），意指有青剛櫟樹之地，又稱下里部落。

　　一下車，便看到十分傳神的布農族雕像。陳舊的瓦屋下，有幾隻慵懶的小花貓，驕陽橫在田裡、香蕉樹上，有農夫在耕作中。當我繞回延平鄉紅葉村入口，一座有打擊手揮球的雕像前。我聽見了布農族孩童的歌聲，那發自林道周遭的合鳴，使我感到溫暖。就像我不曾忘記延平鄉，是紅葉少棒的故鄉；而美奈田森林，這名字，也從未消失過。　　－2023.07.18 作

－刊臺灣《更生日報》副刊，2023.10.21，
畫作（林道印象）1幅，攝影7張。

攝影：林明理

# 44. 日月潭遐思

潭邊堤上第一道晨曦亮了，隨後雲瀑閃現，戴著寬邊帽的我闖過黎明的水畔，繼續在薄霧中穿行。當我佇立在一塊寫著「日月潭」的紅字石碑前，風兒已款款而來……讓我不勝驚喜。

我像是初次觀賞它，位於南投縣魚池鄉日月村半天然淡水湖兼水力發電用水庫的日月潭（邵語：Zintun）。它是臺灣本島第二大湖泊，也是邵族生活的主要地區。

　　總想把潭面的如紗霧薄、雲彩、陽光，交織成如一幅水墨畫似的風景移過來，交給心靈，或讓風兒吹著我衣袖。這裡與其周邊地區又名為「水沙連」，也有人稱為「水社海仔」。

　　總想駕著一葉扁舟，來到橫貫水霧的碼頭，看那群山蔥蔥鬱鬱，芒花謳歌寂寞；而我在飛，越過波紋晨光底下的遊艇，一刻不息，去尋找廣闊的水庫軀體裡瀰漫的柔情細語與輕煙飄香。

　　總想像這樣讓晨光擁抱著，諦聽水蛙頭步道上翩翩起舞的蜂蝶，披上牠們透明的翅膀，隔著花樹向前飛去，轉眼即逝的聲音……彷彿，邵族的故事就這樣慢慢開展了。

　　恍惚間，我已變成了伊達邵奔馳的鹿。這隻白鹿在這片水域裡找到了生命的源頭，找到了邵族的根；而根從這兒延伸，就像時間過了一分一秒，數個百年過去了，這裡已變得枝繁葉茂，樹葉紛飛了，連禽鳥也依然貼近拉魯島上快樂地飛躍。

　　總想像隻貓頭鷹，經年守護著邵族的傳統領域，在落羽松成排的林蔭大道上飛著，看遠方樹木之間有蟲鳴鳥叫，在月光下活潑的舞蹈，看各種動物伸展敏捷的動作，看昔日邵族先人的臉上透出來的自信，看星光像一顆顆鑽石鑲嵌在林梢。而徐徐的風送來了邵族人炊煮的小米糕香味，又送來了百年來野薑花的芳香以及老樹的呼吸，像一首抒情的詩，讓我心曠神怡。

　　總想讓時間之雨在此佇留，讓涵碧樓的光影、夜空明朗湛藍，同心橋上的歡聲笑語充滿了偌大的潭畔，甚至連邵族人在祭神與戰舞，或杵音與野薑花之舞、老鷹之舞的表演之間，都顯得朝氣且活力十足。

　　總想再次聆聽邵族祖先在山上打獵時，發現了神奇的白鹿故事。傳說，當年為了追逐這隻鹿，先民一路翻山越嶺才得以來到這一片夢幻般的湖泊（日月潭）。當這隻白鹿一躍而入湖中消失，而這批狩獵隊的先民雖然沒有追到這匹白鹿，卻意外發現這湖泊像是一座寶庫，有取之不盡的魚。因而，他們返回了原鄉，並決定帶著邵族人從此在這潭邊定居。

　　直到今夜，在九族文化村裡，在水社碼頭、文武廟、朝霧碼頭等周遭沉靜的世界裡，只有風兒繼續與我交談著；如同與我穿過時間之流，隔著水社壩望去，而徹夜的傾訴也變成了晨曦，溫暖了我的身心靈。

－2023.9.21 作

－刊臺灣《青年日報》副刊，2023.10.21，
　及攝影1張。

林明理畫作：【東岸初曉】

# 45. 新蘭漁港遊蹤

今晨，潔白的雲在車頂上飛馳而過，高的朝霞和低的渚橋休憩區都色彩繽紛。憑風遠眺，綿延的山脈從海平線右邊銜接而起，而美麗的都蘭山，宛若宙斯神殿藏匿之地。

不知道是不是東河鄉新蘭漁港那長長的防波堤、碼頭牆上貼滿馬賽克磁磚藝術，還有曳船道的緣故；總覺得那座矗立的紅色燈塔是寂寞的，就連周遭的淺灘、新蘭安檢所門前

都空蕩蕩的，全不像通常漁港裡的清早，總是鬧哄哄的，到處是人聲喧囂。

當我一邊赤足追逐浪花，一邊徜徉於湛藍的海景、眺望到綠島的時候，耳邊只聽得到白鷺鷥群飛過的聲音。恍惚中，時間擱淺在海面上……靜止了。風兒悄悄告訴了我，當地阿美族青年會在這裡的夜晚下海抓魚，也在漁港的潮間帶採集石縫裡的魚蝦、蟹螺或海菜；而眼前晨曦懷裡甦醒的新蘭漁港，就給我如此靜謐祥和的感覺。

當我走上了堤岸，只見一位老釣客，孤獨垂釣的身影，像一幅靜態的工筆畫。我趨近招呼：「您好，您今天釣到什麼魚呢？」只見他慢慢抬頭看了我一眼，又埋頭把魚竿往水裡拉兩下。

「請問，您是在地人嗎？」我明知這是個笨問題，但仍抱有一絲希望。他這才停下來，轉身問我：「妳可是住在臺東？」

「是啊，我們常來這裡。您呢？是退休的公務員嗎？」我趕緊解釋，又禁不住詢問。

「噢，我是榮民第二代，七十有二了；父母都是湖南人，以前住左營復興新村。我父親生前任職於海軍，母親直到九十多歲才去世。我從二十三年前，就調配到臺東市擔任法院法警，直到退休。那妳呢？」他接著仰頭提問。

　　「我也是從左營來臺東市定居的，以前也租住過國貿眷村一年，住戶大多是海軍軍眷，我哥是上校退伍。我在海洋技術學院航海科系教過書，當時的我還得搭乘舢板到旗津上課，單程才四元，後來才改坐船舶出入。記憶猶新呢！現在是寫書的。」我說。

　　就這樣說著說著，我察覺到他面孔清瘦，滿臉風霜，但眼神嚴肅，不苟言笑。之後，我邀請他有空來家裡喝茶。向他揮手時，他終於展開笑顏了。

　　當我轉身到鄰近的渚橋休憩區。我的眼睛因海風、停車場旁的椰林公園、木涼亭，還有裝置藝術的美而滿溢向世界透露我的欣喜時，我看到了散落於海濱的小小礁石，彷彿是上帝遺落的珍珠……那隱秘的南國風情，也被守護在東海岸大片的海景之中。

　　於是，我想起黎巴嫩詩人卡里•紀伯倫（Kahlil Gibran）曾寫下優美的一句：「美與晨曦一起從東方昇起。」是啊，又有三隻白鷺鷥飛過，海面上的餘輝已消失。那光的邊緣，穿過山脈擴展著……冬日已悄悄向前，伸向島嶼的四方了。

－2023.10.02 作

青年日報　2023.10.29　中華民國112年10月29日　星期日　副刊 15

### 無世塵處天地闊

吟遊人生──◎蔡富澧

夜藏於，月如霜。山風吹拂處，一種思念見淒涼。夜越讓萬物遁去形，讓我們無所明見，但也讓我們怵怵肆的想像，也恐怖，也甜美……

（中略）

### 新蘭漁港遊蹤

◎林明理

今晨，潔白的霧在車頂上飛翔而過，高的朝露和低的道橋休憩區都色彩繽紛。惠風徐來，眺望向山嶺……

（下略）

林明理油畫（東岸初曉）

責編：洪鈺元　編輯：江家岳　青年副刊／夢東乎

── 刊臺灣《青年日報》副刊，2023.10.29，
及畫作（東岸初曉）1幅。

攝　影：
富岡漁港
／林明理

# 46. 秋遊巴沙哇力部落

　　當我以筆開始描繪巴沙哇力部落（Pasawali）的遷徙經歷，這些最初來自屏東恆春、猴子山社阿美族的小部落時，它是依據日據時期的記錄；當年因為土地不足等因素，逐而遷移至富岡溪以東駐足，而「巴沙哇力」是阿美族語，意指「東邊」，這就是部落的由來。

　　因為每年七月是部落舉辦豐年祭，也是在外地的族人最為思鄉的日子。或許，他們在思念中將自己轉化成海上的鷹，或山中的歌雀，在夢裡馳騁飛回。又或許他們仍會記得兒時父老們經常唱起的〈老人飲酒歌〉，還有誦頌的傳統歌謠，在

祭典前先唱的一首歌。

　　歌裡，或許記述了許多阿美族祖先流傳的故事，從古老年代到今日……雖然在此地的族人已不多了，但耆老的智慧仍充滿力量，他們仍洋溢昔日的勇氣與熱情。

　　這部落就位在臺東市中華大橋緊鄰的富岡里，在太平洋的風和漁港的懷抱中，我十分熟悉此路徑；就連依山傍海的一座百年歷史的富岡國小，有些族人的學童也總喜愛奔馳在足球場上，如原野的糜鹿，勇於追求自己與學校的光榮。

　　漫步在校園聽聞花斑鳩的聲音，清晨的我，像隻燕子向學校前方的大海呼喚……然後沿著漁港的堤防飛翔。秋天的涼風吹拂我的翅羽時，我看到碧海上歸返碼頭的小漁船，搖晃著，風兒似乎也在海上把老船長的憂愁吹散了。

　　矗立的綠色燈塔在新建的堤岸上，像個英勇衛士，而背景是穿透東岸土地上淺藍色的山脈。我曾無數次幻想，讓那些大小船隻搖向蔚藍的海洋，不再掀起巨浪……我想給海上英勇的老漁夫們敬禮喝采，感謝他們提供捕捉的豐富食物。

　　我想像巴沙哇力的阿美族祖先，他們用傳統的方式捕魚、螺貝或採摘海草。他們的屋宇或門檻裡，有雕刻精巧的圖騰，而屋外有鋪展碎鑽般的星辰，有浪花湧向天空。

　　而如今，我的幻想沸騰，天邊的浮雲依然飛翔在海面上。

燕子飛來了，牠們也勇於與風雨奮勇搏鬥。牠們群聚在燈塔上，時而降落升起，時而迎向白晝的光芒……就好像那一抹晨曦，浪頭極爲耀眼。「我諦視著／水在風柱裏像煙霧一樣迴旋而上。／美不勝收，眞的，唯不能當伴。」著名的美國詩人伊莉莎白·碧許（Elizabeth Bishop）生前在詩集裡的這幾句，一下子就觸動了我的心靈，讓我在歸程中，感到滿足與歡愉。

這是因爲我知道凡是最美的景物，必在最簡單與樸實之中；再者，我對部落的探尋常出於好奇，且無法忘卻。而那時，我在晨暉灑落的太平洋旁，發現漁港前方的青山綿延，藍得近似大海的倒影，而時間又恰好沉默在一個驚嘆號上，我心靈感受的幸福也來到，眞是美極了。

－2023.10.02 作

—刊臺灣《青年日報》副刊，
及攝影 1 張。

【漫步山間】，此二畫典藏於臺灣的「國圖」【當代名人手稿典藏系統】臺北市。

# 47. 赤柯山之秋

昨日，天空灰濛。沿著一九三縣道前行，兩旁盡是阿勃勒樹，青巒綿延地倒映在綠色田疇中……白鷺鷥驚鴻若夢。

當我們直達赤柯山寬闊的台地上，我所見到的是，滿山遍野的黃橘色金針花隨地勢起伏，蠢蠢欲動，似乎想訴說什麼。

風兒柔柔，它親切地指著眼前的一大片花海，並告訴了我，昔日這片土地種植許多的赤科樹，日本人砍伐堅硬的赤科樹，並送往日本，製成了槍托。所以，赤柯山，又稱赤科山。而如今，耀眼的金針山遼闊無比，山霧不再迷迷濛濛，果然，寂靜是最能撫慰人心的力量。因為，在靜寂中，不知不覺地，就會聯想起一些童年的好時光；也讓我體會到，花點時間陪伴家人，是重要的。

這次到來，我們認識了一對黃姓夫婦。早年，這裡的村人以種植金針為生，如今他們轉向油菊、薑黃和洛神等有機農作物，更是少有的手工製糖專家之一。一進茶坊，迎面而來的，是黃老闆親自遞上的一杯熱茶，頓時，讓我的精神為之振奮。

「實際上，我的父親是和朋友在六十多年前，從竹崎鄉

到花蓮赤柯山這裡來打拚的，我們皆為農家子弟；到我這一代，我愛上用自然農法耕種，也愛上這裡的一切。」在閒話家常中，逐漸瞭解到他們堅持不使用農藥的理念。

「謝謝你們倆如此用心，善待土地；我們也需要找個像這樣的好地方，純淨又秀麗啊。」我一邊笑著說，一邊對他們協力克服許多困境，因而驅使他們無視孤寂，深感佩服。

道別離開時，陽光也微笑俯照。山坡上猶如鋪上了鮮綠的地毯，風聲、鳥聲，無時無刻，讓我感到意想不到的歡愉。這時，從山上吹來一陣濕潤的風，秋在太平溪谷和山坡上蹣跚、盤旋。而我迎向金針山四面如海似的綠疇，並靜視周遭的另一些地土、蜿蜒的溪流和澄藍的遠山……在天空底下，是那麼和諧。

當我轉向來時的小路緩緩走去，我聽到了秋蟬的戀曲，而散發的草香、楓林的氣味，在風中，也飽含著期待重逢的許諾。我喜歡法國詩人波特萊爾（Baudelaire，1821－1867）在《惡之華》裡的一首詩：

現在時候到了，在莖上震顫顫，／每朵花氤氳浮動，像一爐香篆；／音和香味在黃昏的空中迴轉；／憂鬱的圓舞曲和懶散的昏眩。

在戴望舒譯的《黃昏的和諧》裡，恍惚中，我也聽見赤柯山吹著長笛與背景的花海交融，歌裡忽隱忽顯……盡是愛意。那麼就再會了，赤柯山，再會，美麗的田野！我像少年

離別家鄉似的向你告別。下山時，沿途樹林蓊鬱，新生的金
針花多麼嬌柔。在暮晚的霞空中，風兒無盡的奔馳……而我
溫柔的目光裡，任歲月流逝，赤柯山的風，都一一記錄我的
憶念。　　　　　　　　　　　　　　　　－2021.07.24 完稿

**3 島嶼國際／副刊**　馬祖日報 2023.11.8 日　中華民國一一二年十一月八日／星期三

# 衛福部拍板 部醫護理人員明年起全面加薪

元旦起公職、約聘護理人員調薪 4 %，每月增加 1500 元至 2500 元不等，超過八千人受惠

拉松

登記

◎文／圖：林明理

# 赤柯山之秋

作者和有機農民合照

－刊臺灣《馬祖日報》副刊，2023.11.08，及
畫作 2 幅，攝影 2 張，作者合照 1 張。

攝影／檳榔
站(賓朗車
站)：林明理

# 48. 走過下賓朗百年歲月

在下賓朗，我有個感覺：就像進入一段靜止的時空，靜謐而祥和。雖然歲月如流在穿梭，那座百年檳榔站的月台、站長的宿舍，那些值得留戀的故事……都使人懷舊，甚而疑心是時光倏忽就飛回到過去了。

當我重新踏上下賓朗的土地時，心情是愉悅的。我看到村裡依舊是由兩條道路平行貫穿部落，並在橫向有九條平行巷弄穿插其中，民風樸實。

聽說，民國九十九年，下賓朗部落社區發展協會曾與日本原住民愛努族，共同於臺東市史前文化博物館舉辦聯合影

像展，之後，又舉辦「下賓朗部落特展」，來介紹部落的變遷與歷史。這些活動都讓我隱約地感覺到了位於卑南鄉的下賓朗部落（Pinaski）賦予我故事……而從四面樹木透進來的風，依舊是清爽的。

我想起了初次前來的那個清晨，巧遇了一位傳統服飾工藝的達人亞蘭。在她親切的帶領下，沿著小路，走過恬靜的老屋、歷史悠久的國小、紅十字架的天主堂，火紅的鳳凰木襯著飄浮的雲朵。

街巷靜寂，只有雞鳴聲劃破天際。我們閒話家常，又往前走一段，穿越賓朗橋，便走向散發著木香的堤岸。當時心情極為興奮，因為早起的鳥兒向我婉轉地呼喚著，蜻蜓起舞，溪流潺潺……一切事物都如昨日。

那永遠不會失去光澤的鄉野，其實只是背景，村民的生活才是真正的一幅圖畫。這裡的族群十分和諧，不禁引我想像，每逢豐年季時，歌舞樂聲傳來是多麼悠揚。

前不久，我才得知部落裡有個成立多年的青少年文化樂舞團，亞蘭有位舞蹈家女兒林蕙瑛，在她的指導下，曾經領隊在臺北市臺灣音樂館中展示一場《百年下賓朗》卑南族音樂會，大大增進了部落裡族群的團結。

我緬想回憶在日據時期被日本人稱為「檳榔樹格」，有「種樹檳榔樹之地」之意的下賓朗部落，雖然初創時，族群主要是從鄰近的南王部落以及其他卑南族部落的族人建立起來

的。當年的舊址因山谷腹地有限等因素，族人歷經三度遷移，才到臺東的綠色隧道北口、賓朗國小一帶，從此定居至今。驀然回首，走過百年時空的下賓朗，追古溯今，應是交相輝映的。

我看過族人編織的花環，十分美麗。有位百歲人瑞曾說：「卑南族的花環是至高無上的，是文化象徵之物，也是代表串連情感、繫在一起之意。」而今，他們仍會以歌舞來映現過去的祭典生活，也在展覽下賓朗舊照片的疊影中，了解了其祖先過去的痛苦與歡樂。

我深信，人人都有自己的故鄉，在風雨過後陽光燦爛的日子，在這樣靜靜的回憶裡……才發現這座約有百餘住戶，仍以卑南族居多的部落，是多麼地特別又令人難忘。

－2023.5.31 作

－刊臺灣《青年日報》副刊，2023.11.12，及攝影 1 張。

攝影：（中山堂）
／林明理

# 49. 遊摩里沙卡尋幽

　　當陽光從枝葉婆娑的樹影間透射進來，滲入雖小卻寧靜的書房鍵盤上。遠遠的，那片森林的氣味、摩里沙卡的花兒、樹蔭下的白梅味道……在這涼爽的早晨，連被山巒的風輪流吹動下的花瓣也飄進我掌心來。

　　恍惚中，我的眼睛透過樹鵲的群聲歡唱，和那超時空之鑰，讓我再次回到鳳林鎮最西邊的森榮部落（**Cilo'ohay**）。在那裡，步道上蘊藏著樹蛙、蝙蝠、溪魚，還有獼猴出沒的叫聲，連同天空，是通到那大冠鷲與我邂逅的地方，都教我難忘。

　　這是我第三次前來林田山林場，從入口的老火車頭、舊軌道、中山堂，一直晃到我熟悉的森榮國小操場上。我感受著時間一分一秒流逝，遂而想起了日據時期，這裡曾是面積

廣闊的伐木基地，日本人稱作「森坂」，發音為「摩里沙卡」，意指「一個長滿森林的山坡」。

這座小學廢校已三十五年了，它是因當年伐木工人不慎引起大火，造成臺灣林業史上最慘重的災情。之後，隨著林業沒落，林田山蕭條了，而當年至此地謀生的族民紛紛離開，學校也步入了歷史。

當我慢慢地走過了操場、昔日的司令臺、溜滑梯和遭逢火神吞噬的康樂新邨遺址。我清楚地感受到，這座浴火重生的森林文化園區，已恢復了生機。時而有鳥聲盤踞山林，沿著林蔭大道兩側，各有檜木的日式宿舍、原藝館、商店、天主堂……糅雜著咖啡館的香味和懷舊的情愫。

佇立在萬榮工作站，環顧周圍房舍，彷彿從昔日照片中找出那些遺留下來的鐵道與索道，從而進入時光中伐木記憶的場景，看看當年林田山人的日常，看看那些喬遷到此的福佬人、客家人，以及阿美族、太魯閣族人，他們來自不同的傳統文化，迢迢來此謀生，卻彼此和諧的生活面貌。

據說，當年大多數工作者或日本眷屬都集中住在森榮部落，居民多達兩千人，它就位於森榮里萬里溪下游處，是一個生活機能完善的社區；中山堂內還有電影可欣賞。

對我而言，林田山所有的伐木史蹟已形成一片光明的晨暉包圍著我，讓我不禁沉思起來。是的，摩里沙卡重生了！而留下來在萬榮里居住的族民，也是值得慶幸的。因為，當

森林經過漫長的休養之後，它的機能又充滿了活力。

英國浪漫主義詩人華茲華斯（William Wordsworth）說：「自然從不背離它熱愛的人。」森林與生物的延續，以及族民的和諧中最好的和最值得紀念的，都是從人的行為中開始的。

我可以想像的是，摩里沙卡的未來是光明的。這一切不只靠老天的安排，而是靠對於林田山的深切期待，而這期待，終於讓森林裡的生物也努力提升牠們的生命。就像當我看到溪口的一隻蒼鷺飛過……心中是充滿鼓舞的。

－2023.03.09 作

－刊臺灣《青年日報》副刊，2023.11.19，及攝影 1 張。

書畫作（簡靜）：林明理
（此畫存藏於臺灣的「國圖」「當代名人手稿典藏系統」，台北市）

# 50. 初冬海邊遐思

　　初冬的一個清晨，富山村大地初醒，天空閃耀。因為漲潮，所以沒有在細細的沙灘上赤足漫步，卻意外認識了一對

林姓兄妹，他們的祖先來自屏東縣六堆的客家人，父親生前曾在這裡的國小教書，如今兄妹倆從事於養殖業。

　　林先生熱情地走在前面，在海巡署安檢所前的空地上，用手指著前方的大海說：「這裡是東部最大的藻礁，有超過百種的礁岩魚類、貝類、甲殼類和小型的漁場。每天退潮，還可在沙灘上看到許多招潮蟹！」我便順勢看到了平緩的沙灘、海水和隨風搖盪的幾艘小舟。恍惚中，四周礁岩及激起的浪花都對著我謳歌……在飛鳥啁啾的聲音中，我的祝禱也飄翔在廣闊的上空了。

　　道別後，驅車五分鐘，我便來到杉原海域旁一個簡靜的阿美族莿桐部落（Fudafudak）。當我走向聚會所，有三個富山國小的學童正在遊戲，一個少婦帶著溫柔的笑。她告訴我：「這是整個臺東海岸線阿美族最早舉辦豐年祭的部落，每年七月初，在頭目帶領下，族人團聚時，歌聲嘹亮，還有充滿力與美的舞姿。於是，我從她的手機裡，看到了族人在豐年祭歡樂的氣氛裡的所有照片；也瞭解到，富山村是卑南鄉東邊唯一面臨太平洋的村落。

　　歸途時，忽然下起了微雨。我想起最近在以巴戰爭中，有位遠方的友人 Prof. Ernesto Kahan，他的家鄉在卡法阿扎，正面臨極大的戰火威脅之中。慶幸的是，他在庇護所內躲過了此劫，但身體十分虛弱。我在昨夜給他發的電郵詩裡最後一段寫道：「我們分擔悲慟。／未來，我不懷疑，／必是光明的。」主啊，這是我的祈禱，請擦拭罹難家屬的傷口吧。

我把這些感情和祈禱藏在心靈深處，如夜間沉默的星辰。

　　我也想起日前觀看過一部影片《只有大海知道》，劇中有位蘭嶼小男孩馬那衛，與其他學童在表演中高唱著：「飛魚群圍繞過來，一切真美好，看這美麗的大船啊……」，全場觀眾都拍手鼓掌。當導師緊緊地擁抱著馬那衛，並親了一下他的頭，小男孩趴在老師的懷裡哭了。

　　最後一幕，當馬那衛爬上龍眼樹，奶奶說：「要感謝我們的龍眼，也感謝我的小孫子。你要快快長大，才能去看顧我們的山！」結束螢幕時，我時常想起慈祥的奶奶連夜為馬那衛親手織的那條丁字褲。奶奶看到他試穿時，說：「你很帥氣嘛，穿起來架式十足！」那些對白都讓我深受感動。

　　倘若我的祝禱，蒼天能以神奇許諾我，讓它能流向寧靜的部落，也讓戰爭早日平息，解除所有人的痛苦，莫再傷感。就像莿桐部落的歌聲永遠流淌在我的心靈，雖然不明白歌詞裡的含義，卻充滿力量……在這晴朗之夜，東岸無言大海的靜寂中。

　　　　　　　　　　　　　　　　　　　　－2023.10.12 作

林明理畫作（簡靜）

—刊臺灣《青年日報》副刊，2023.11.26，
　及書畫作1幅。

林明理畫作：（初曉）

# 51. 瑪谷達璦旅記

　　我喜歡玉里鎮海岸山脈的暮雲，冬日田野裡大片的油菜花，它們的美麗與哀愁讓綿延的秀姑巒溪爲之動容。溪水的注入，族民的祈禱，也讓當地的阿美族稱之爲瑪谷達璦（Makutaay）部落藏在這山水間，尋找大自然的豐饒。

　　多想再次橫渡台十一線，看野鳥棲息，白鷺鷥飛掠碧海。那藍色的蒼穹，心中所受的感動，都源自一個又一個阿美族的古老的傳說。哪怕路途迢迢，冬天時而乍暖，時而冷冽……一座隱身巷弄的老教會聖家堂，是我苦苦追尋的去處。

風來了。一片片葉落成一幅幅水景，在我向著去時的路上，在星宿之間，此起彼伏⋯⋯恍惚間，我看到了今年瑪谷達璦的豐年祭晚會表演，族人熱情舞蹈的景象，都被新建的文化數位典藏館保存了下來。它記錄了部落走過的百年歷史，珍藏耆老代代相傳的遙遠故事。

當我走進通往村裡的每一條街巷，走過百年的松浦國小、活動中心和古樸的彩繪牆，像我兒時見過的校園模樣，又喚起一種鄉愁。我看到教室屋頂上斜射的陽光照著一面貼著「認識阿美族傳統民俗文物」的看板，有許多嵌有母語的圖片十分耀眼。

鄰近有座玉東國中，我愈走近，心中便愈湧起一個渴望。雖然校內有些是清寒學生，但也有退休後又返回校幫助這些學生、不求報償的王嘉納老師，較之我聽過的春風化雨的故事更多了一分尊敬。

還有一群在文健站默默為部落裡的老人義剪的美髮師或教會志工，他們的無私奉獻，都讓族民感到欣慰，個個都豎起大姆指，也讓這小小的部落煥發出一種純淨而不加修飾的美。而這種美，不論遠近前後，隱約在環繞四周的樸實無華中，像一隻奮勇向上不知疲倦的白鳥，總引誘著我慢慢地回憶起部落的歌裡動人的故事。

　　當向晚的霧氣又飄移到山坳的時候，詩意的就像兒時的炊煙。我總愛夢想，童年的景物就從我身邊掠過……那雪白的雲霧，像發自心底的歌，隨著淡淡的光影，也把所有鄉愁的思念都追上了。

　　忽地，我想起有部電影《芬妮的勇敢》的最後一幕。當小芬妮揹著一個比她更小的幼童，躲過追殺的槍彈，直奔向自由的瑞士邊境時，所有的孩童不禁奔跑，跳躍，淚流滿面了。故事裡的芬妮，是真實的人物，目前已年邁，長年定居祖國以色列。

　　就在我欲返家離開時，一路上想著我們終將再見瑪谷達瑷的時候。我才發現這地球村裡竟是個多變又處處有溫馨的世界，無論是東半球或西太平洋，一樣都有山脈、溪流、森林和海洋文化，而且都各式各樣，別出心裁。

　　當我享受著東岸祥和的天空與純淨的大海，我才剛離開，思念又湧上心頭，還真教我嚮往期待。

－2023.10.21 作

青年日報　　2023.12.3　　中華民國112年12月3日　星期日　　副刊 15

林明理圖作（初曉）

## 吟遊人生——盧溢

## 而今何事最相宜

## 瑪谷達瑗旅記

林明理

—刊臺灣《青年日報》副刊，2023.12.03，
及畫作（初曉）。

林明理攝影及畫
作：（日出太魯閣）
（此畫存藏於臺灣
的「國圖」「當代名
人手稿典藏系統」，
台北市）

# 52. 走在砂卡噹步道上

　　一個涼風的早晨，驅車來到太魯閣遊客中心。走在砂卡

噹步道上，光芒湧動，徐徐鋪展的每一段歷史文字，都是盛開的野百合。掛滿枝頭的楓香果實、探頭瞅著我的白鶺鴒，還有迢迢遠方的潺潺鳴響，一切的一切、滿園的清香，都溶在春天的眼睛深處。

老遠就可望見一隻黃尾鴝悠閒地踱步，又疾速鼓動羽翼，不知去向了。總想把那一縷縷陽光下忽閃的水影，捧在手心，親一下，和我形影不離。不管分別多久，只要從這裡遠眺到立霧溪對岸，我的眼睛就跟著閃閃發光。

在這裡，時間是緩慢的。緩慢到，我可以一直不厭其煩地看著欒樹的花蕾綻放，直到褪色枯黃……緩慢到，我悄悄地閱讀中橫公路開鑿的艱辛和太魯閣族的歷史故事，心中不由得升起隱隱的動容。

順著中橫公路的牌樓，進入砂卡噹隧道。我可以聽到山麓的許多斷崖下方，水聲激盪。飛濺的聲音，像是訴說著前人翻山越嶺走出一條古道的辛酸，又像是歌詠許多榮民開路、流著血汗的背影，以及太魯閣族勇士的故事。

恍惚中，我可以追著一支遠古的歌聲，沿著一條蜿蜒的公路開始飛翔，雀躍的心一直怦怦跳。我聽到山谷中一片嘩嘩溪水聲，有許多燕子在周圍上空低旋著。水淺之處，映出雲豹美麗的身軀，像輕烟似的在山林間或小徑上晃動……而月光下有五色鳥的幼雛嚶嚶，樹蛙聲越發聒噪。有亮閃閃的螢火蟲、鳳蝶和甲蟲，還有藍腹鷴、野鹿或山羌等聲音此起

彼落。忽地，一群山椒魚游過，激起了粼粼水波。

　　那裡還有許多有力的支流，彼此在呼喚著。當我步行到一座流經一百九十二公里的中橫公路立體模型前，心中只有「感動」兩字。這是一條充滿艱辛、用血汗搏鬥建構而成的公路，只要用心看完太魯閣的風景紀錄片及建造燕子口、九曲洞、長春祠等等的歷史，就足以使人留連，捨不得離開。只要看到這座園區裡的每一棵樹，每一種生物，或沿著木棧道的潺潺水聲，它們就會變成了自己的風景。

　　因為，在未來的回憶中，我仍徜徉在中橫公路，而那隻在谷口翱翔的大冠鷲，牠的呼喚聲將翩翩而至……那是宇宙中最詩意的回聲，在我進入了無數個思念串成息息相通的想像世界之間。

　　歸途，走在砂卡礑步道裡停車場前，我期盼所有的蟲鳥靈敏的耳朵都能夠聽見我充滿喜悅的問候。也想說，感謝所有的築路工人及榮民叔叔，讓無數的旅人將公路建造的歷史及太魯閣族的文化，攝入視野，留駐心中。

－2023.07.01 作

－刊臺灣《更生日報》副刊，2023.12.07，及
畫作（日出太魯閣）1幅，攝影8張。

林明理攝影：【大獵祭彩繪】

# 53. 初冬裡的思念

冬日已經來臨，欒樹暈染一片玫瑰紅，在淺藍的蒼穹裡，棉絮般的白雲在移動。今晨，我又步上鄰近的卑南遺址公園，一棵長滿漿果的茄冬樹梢，不時傳來紅嘴黑鵯的歌唱……而更遠處，碧草坡上的石柱群，跳著幾隻長尾羽的花斑鳩。

有一種思念從我的心湖流出，閉上眼睛，深吸一口芬多精，有一個寂靜的世界，透過時間的隙縫，正偷偷的游移過太平洋，遂而想起先父飽經風霜的臉龐。我感覺到樹葉似乎

比自己更讀得懂心緒，而來來去去、迎接耳語的風，又寫著我無盡的懷思。

　　路經展示廳前，有七、八位正在做韻律操的老人，在高高的九芎樹旁出現。或許是在這樣的冬日，天氣舒爽許多，連我也起了童心，不禁跟著這群可愛的老人家一起運動，就像那悅耳的帶動韻律之聲，都使我感到開懷。

　　道別時，我笑著轉向他們說：「謝謝！」然後就看到一群樹鵲從密林間飛過，聲音特別嘹亮。當我通過史前家屋群，仍舊可以感受到它對附近的卑南族的重要性與獨特性。沿著一條鋪設石板的階梯而下，順便瀏覽了標示卑南文化的謎語，而這裡的一草一木，也讓我度過了十年歡愉的冬日。這個季節的棋盤腳樹還未含苞待放，但我仍感到如此熟悉與期待。

　　不遠處，新建的普悠瑪文化走廊變為臺東站旁一個新地標的時候，不但成為前往卑南遺址公園的必經通道，而且在隧道裡提供了美麗的圖畫。於是我朝那裡緩慢移動，並逐一閱讀彩繪牆的故事。

　　恍惚中，我聽到卑南族（Puyuma）大獵祭的聲音。那歌聲傳唱曠野又有韻律，正像看到耆老們盛裝排列，迎接凱旋而歸的勇士們，繞著長老邊唱邊跳……而婦女們以花環、美食迎接這群英雄。在月光遍照部落的夜晚，他們的營火舞會，也將一代代地傳承下去。

當我的眼睛正在讚嘆卑南族普悠瑪文化的景象傳達於靈魂時，我總是驚奇於他們獨特的美。但人人知道的，雖然現在他們的人口只有一萬餘人，但他們之中仍有族人擁有精湛的十字繡法的手藝，人形舞蹈紋是卑南族特有的圖騰，還有他們戴花環的民族性與團結，遠超乎我們的想像，也總是吸引我駐足觀賞。

在這怡人的冬晨，我站在隧道口的地方，但不能久留。而即刻，風從山邊吹來，卑南遺址公園的樹林群在我親近中流瀉出古老的光芒與雄壯……猶如這片天空是我可以恣意地想像，或變為書寫的紙頁，讓我可以悠遊在周遭的山影裡。

歸途，我沒有停步，一路上開心得就像小時候每天從國小操場晨跑一圈後，獲得父親給我一個大擁抱那麼感動，那麼教我懷念。他就像門前剛落下的一顆晨星，閃爍著明亮。

　－2023.10.24 作

青年日報　2023.12.10日　中華民國112年12月10日　星期日　副刊15

# 初冬裡的思念

◎林明理

# 吟遊人生——◎蔡富澧

## 北大武山的鄉望

大溪寫影繪

－刊臺灣《青年日報》副刊，2023.12.10，
及攝影1張。

畫明

及畫

攝影此畫

作：林臺

理（國

存藏於「當

灣的「人手

圖」名系

代典台

稿藏」，

統北市）

# 54. 夜讀《都歷的海事》

　　《都歷的海事》是林務局結合學
者、田野調查及潮間帶生物資源調查等

專家，以研究阿美族都歷部落為主題的一個圖文作品，也是
讓讀者認識海洋保育與自然和諧共生為題材的優良讀物。

　　誠如林務局林華慶局長在推薦序所言：「與海洋共舞的都
歷部落族人，依循月的盈虧，敬畏自然的精神與行動，是海
洋文化的根基。」此外，還有吳昌祐處長、李光中等教授的
代表性看法；至於文本主題，更是體現阿美族海洋文化祭儀、
以實景、實物配合圖文解說，這樣的著作應該定性為部落的
史著。

　　正因為這部作為當地族人公認的史書，在保持部落的耆
老口傳歷史和記事的情況下並不排斥局部細節的想像和加以
圖文解釋，而總策畫與編輯，經過廣泛搜集而匯集起來，完
整地反映了阿美族先人編織技藝、漁撈工具製作和生活中的
智慧，而這恰恰是阿美族人對海洋與文化尊重的特點。

　　一般人寫史書的目的是透過一個歷史或環境演變的記
述，使後人能夠從中借鑒經驗，而此書出於愛護海洋的情感
和理想，也盡量多角度地記錄了當地族人百年前的生活面
貌，反映了舊時代的真實。

　　如用一句話來概括都歷部落阿美族傳統文化的守護精
神，那就是：「獨愛海洋而崇尚於尊重自然」。而真正讓我產
生難以言喻的感動之因，是因為我曾多次探訪都歷海灘和遊
客中心。當我看到金色的浪花伴隨著捲起的潮浪，還有天邊
一片柔和的雲彩，在我眼前鋪展，又漸漸彌散。恍惚中，我

可以看到部落的族人迄今仍勤於淨灘、栽種無毒農作的良善。我可以諦聽到他們在豐年祭廣場前攜手共舞的聲音，看他們百年多來如何相互扶持、編織草蓆、製作醬食品，以及擅長藤環手作等工藝。看他們族人搭乘小漁船在海上緩緩移動、捕撈，或婦人在海邊撿拾螺貝和海藻。

這本圖文書使用的是一種帶有學術性兼具感性的口語，它已深深根植於我的腦海之中，也只有深深植根於海洋與生活的阿美族，才能口耳相傳地說出如此真實的傳世著作。啊，美麗的都歷，美麗的沙灘，傳統文化當然不朽。

只要走進都歷的每一街巷，空氣裡就會傳來淡淡的木香、百香果，還有一種帶有新鮮的泥土等氣息。只要用心看到整潔的屋牆塗著族人織布和捕魚的傳統文化，就會由衷地愛上阿美族人看似平淡的生活卻獲得了一種新生的詩性力量。

我也喜歡書裡的插畫，它讓文本更有力度、更有語言質感，這恰是基於都歷（TORIK）主題而表達的需要，也讓此書更滲透到海洋文學藝術創作中，而令人感到閱讀的喜悅與幸福。

－2023.11.08 作

—刊臺灣《馬祖日報》副刊，2023.12.13，
及畫作 2 幅，攝影 1 張。

攝影：林明理

# 55. 冬遊部落遐思

　　清晨，我漫遊在蜿蜒的山林小徑中。一隻公雞攜著一群家族走出來，昂首地叫著：「孩子們，快點跟上！」當我把友善的目光投向牠們身上，彷彿那細碎、不停的步履聲已干擾了原本的靜謐。

　　偶爾，我很樂於流連在卑南鄉明峰村蘭柵尾山的南方；因為，這裡有塊緩坡而上的臺地，聚居約百戶的龍過脈部落（Danadanaw）。只要沿著街道走，直抵山坡之上的相思樹林，就會看到對面的藍色山影在晨曦雲彩間，而觀音山的怡人風光，總能讓我心中沒有任何牽掛，真正沉迷於喜悅之中了。

　　自光復後，族人由初鹿社遷移分出，當地卑南族稱此地為 Danadanau，有「水池」之意，漢人則稱為「龍過脈」。一路上，時不時地我會停下來觀賞生長在這片森林裡的山桂花、紫花長穗木、月桃花或城區裡極為罕見的玉帶鳳蝶等等。在這裡，生態環境十分原始，植物的茂盛與各種鳥語之間的妙趣橫生，最能激起我的興味與探尋。

　　當我每步移一小段山路，彷彿時間也拐了個彎，把我引往另一個獨自沉思的方向去了。是的，凡是山川秀麗，古來共談。印度詩人泰戈爾（Rabindranath Tagore）就寫過：「我在我的歌聲中接觸到上帝，正如山用它的瀑布接觸到遙遠的海。」詩中讓我更加動人地感受到這裡的美。

　　雖然年輕的族人一直要到歲末或豐年祭，才會停止在外的工作或求學，重新回到部落裡來熱鬧過節；平日裡，這片山林小徑幾乎呈現一幅人煙稀少的狀態。

　　於是我跟隨冬天的美麗足跡，就好像在看著龍過脈日復一日的山中流水潺潺。歸途前，吃碗當地知名的牛肉麵。我瞥見了部落裡的整潔屋宇，也想起了曾經遇見一個族人和他的愛犬的故事。

　　哈利是一隻人見人愛的狗兒，年輕時，在卑南鄉龍過脈山區百戶人家幾乎無人不曉其名。除了總是雄糾糾地穿梭在大街小巷，也經常跟隨牠的主人到山上，或到釋迦園盡職地

巡視工作。

　　當我第一次遇見哈利，遠遠地，看到牠在斜坡的一間老屋門前走動，尾巴輕搖。等走近了，才看得出是一隻黑色的柴犬，但身體有一部分類似土狗的白色雜毛，顯出混血的痕跡來；也看到了牠停住腳，抬起下巴望望我，以牠那忠厚又深邃的眼神，喚起我內心深處一種無可言喻的歡喜。

　　今晚，夜色漸濃。仰望窗外燦爛星空，不禁想起龍過脈那片翠綠的原始林相，還有天邊一抹晨曦的光芒。我從未與森林有過深刻的共鳴，但在龍過脈小小的部落中，我看見了族人對蘭柵尾山森林的保育與維護，看見了部落裡的族人每年仍舉辦舞蹈的熱情。在他們忠誠地守護部落中，我也看見部落的未來與那無聲的讚美放在山林之間了。

　　－2023.11.07 作

攝影及畫作（山鄉水景）：林明理

# 56. 在富里的山水間

　　富里舊稱「公埔」，族民以馬卡道、大武壠等平埔族群、阿美族人居多，還有少數布農族、客家、福佬人等，是花蓮縣最南邊的一個鄉，人們都過著純樸生活。

　　初冬的清晨，徜徉在廣闊的山水間，我暢懷呼吸新鮮的空氣。適巧看見一對夫婦正在大溝渠旁捕魚，當他們用阿美

族母語溝通時，都會相視一笑。我猜想，他們必定是當地人，於是請他講述一下這裡的奇趣軼事。這位老族人頓時變得爽朗起來，或許在他的心中，都有個強烈又難以忘懷的渴望，那就是——大海。

於是我對他說：「今天你有捕獲什麼魚了嗎？」他一臉艦尬地說：「就只捕到一條清道夫魚。但我要的不是魚，是撒網的快樂。」他說：「以前這裡的溪魚，是很多的。」然後，他們就邊走邊聊，走遠了，真像一對恩愛的情侶。

正在此時，太陽照耀著閃爍的田水，水波搖盪著芒花的倒影。突然看見一群高蹺鴴背對著金色的稻田。牠們之間看似有著堅固深厚的情誼，讓我瞬間感到全無倦意，心也跟著這群遠方來的嬌客而深深的顫動。

恍惚中，童年向我一步步靠近。我離開嘉南平原的故鄉已悠悠四十多年了，而母親的身影也常掛在我心頭。感謝老天！從天宇透進鄉野的晨光和滿眼的青山碧水驅走了我的相思，而這純淨的米鄉，田野上鑲滿了翩翩的鷺鷥群和雲朵，襯托著黑色泥土的金色，看上去美極了。

再次步上鄰近的達蘭埠部落，即使是在冬季，也感覺有如春天。因為美景在這裡，比在其他地方看到的光芒都更耀眼。據說，這部落裡有位達蘭埠教會的牧師帶領阿美族人一起做有機農業，且在二〇〇八年獲得瑞士生態市場協會頒贈「有機金針國際認證書」。

　　我看見多位族人很專注在耕作中，他們以生產稻米、香菇和金針爲主，老老少少都懷有對這片土地關愛的熱忱，甚至連田野裡的風都來向他們致敬。

　　歸途，路經六十石山、赤柯山和羅山遊憩區，又回到富里鄉農會賣場前，那湛藍的高空之下，黑猩猩等春節裝置藝術也依然趣味橫生。牠們掩映在田野中，依然是那樣深受歡迎而讓旅人的眼睛看到喜樂。

　　感謝這一天，這鄉野美景也讓我明白，富里鄉民對土地的敬畏以及厚愛。今後不論我走到什麼地方，都會讓我記起這裡讓人難以揣摩的歡愉……也教我聯想起，在六十石山散步時看到的壯麗的田畝，是如此讓人眷戀。聽啊，那悅耳的風聲，已在我小小的心頭泛成音符。

　　而今時光在閃爍，照亮了那片田野、白雲與淙淙溪流！原來，在我不經意的回眸中，已透過山影和鳥聲，帶給了我一片寧靜與新的啓迪。

－2023.11.10 作

青年日報　2023.12.24　中華民國112年12月24日　星期日　副刊15

# 漫遊富里山水間

◎林明理

富里舊稱「公埔」，居民以馬卡道、大武壠等平埔族有、阿美族人居多，還有少數布農族、客家、福佬人等，是花蓮最偏南邊的一塊地，人們都過著純樸生活。

●富里鄉六十石山

●林明理畫作〔山鄉水景〕

初冬的清晨，暗步在廣闊的山水間，我輕快呼吸新鮮的空氣。遇見有另一對夫婦正在大草原勞釣魚，當他們以甜美笑容跟我道過一聲招呼時，我驚覺，他們定是是當地人，於是靜悄躊過一下課程的奇遇故事。那位老婦人眼光變得柔和起來，她對花枝的眼神，都有與我兒女一般幼小悵的深堂，那就是一人福。

於是我默地說：「今天都有捕撈什麼魚了嗎？」他一邊指地說：「我只捕到一條青肩夫魚，且我較的不是魚，是靜謐的快樂。」他說，「以兩邊裡的樂趣是夠多的。」然後，他們就堆走遠眺，走過了，讓留一串歡笑的側影。

正此時，太陽照耀著沉靜的田水，水波搖盪著花花的倒影。突然看見一群高艓橋有對美金色的稻田，牠們之間看似有著某些深厚的情誼，讓我親眼帶到全新真意，心也跟著躍過遠遠方來的調客而深深感動。

愁悵中，墨市向我一步步靠近，真看得嚮向所示的祝福已感恩四十多年了，布福敬的身影韻現拉在我小裏，嚮歌老天，從天穹送塊鄉的寧光初親昭的青山碧水籠在了我的相思，而這般青春的光輝，田野上讀滿了細緻的寧靜與和雪沫，眼見薄黑色泥土的坡色，看上去好極了！

再次步上黑地的鄉標，撥雲搖客，逐彼浮在冬景，也⋯⋯

感發得有如春天，因為美景在透裡，比在其他地方者到的光芒更令人醒眼。據說，近您親拜有位透過宗教會的收穫得到的有機美入人一起保有機良果，出在二○○八年曾請謝士生典市場協會舉辦「有機全計畫開閥座談會」⋯⋯

我看見多位族人專注的耕作中，他們以任勞任怨、畜畜和金計讀才，老者少婦愛有刻道片土地關愛的眼神，轉至進一步感印感謝來和村的收穫。

墨端這一天，這將新美景也藏我的心，富里恁民對土地的感恩以及厚愛。今晚不論走到何一處地方，總會記起當視家人親切問際的溫謙⋯⋯它教我還想起，在六十石山原步時看到的杜鵑田叢，是如此絲人醉聲。醒哪，那點耳的透音，已在我小巴的心弦交滾音符。

而今時光在閃爍，照亮了邵片田野、白雲與家鄉溪河！果來，在我不經意的回望中，已透過山影和鳥音，帶給了我一片守靜與眾的地紐。

---

## 由來紅葉最惱人

### 時遊人生　◎蔡富澧

為愛醉醺醺縣名聯著縫而交滿熱烈的門派，且是，此時的年紀更是體會到圍繞著滿山黃葉的淡淡愿怨，那裡倒是沿著西南山間的憾愁了。

〈秋與印像元九〉：「不眠不覺夜中啼，又足深園奉南天。」立在田邊厚敬的光態，紅葉自然美，但更是如火如火，美的嬌媚絮然我還是戀登遊，深人心生不捨。人至中年，親見紅葉，驟零霜落，比生秋是，繁華結盡，面颯友人，刀還生華深浸，荏苒獨攻枝斷，比起枝若乙毛生。

沒有蘿葉霜的珍賞，不會儫得秋深冬季的妄欲。紅葉驟凋，長亭滑一點。我想賠人群津站在瀾瀾舞綠時，上值對霜泊述華熟就漬，想到白一若得冉凝然隱免妄邊道，前就遠遠，

分手在即，整個秋燕低語、派況華慧的轉頭，紅葉最愁，透露濃人一鄉纏悲愁的意味。人到中年，這都是一幅淡然的道理，沉重卻是無可奈否的金邊，山河大地、江山沈洋，會綠的購覆萬彙，都已成了逼往雪晚，只有天來相別道滑。

客前遠在深山，四顧深愁意恩，至潦林，楓華誠枝引無麋紅，仍柄一片火紅，說是相間呼，迷藏安宴，對說人放友的微念，在暮秋成溪川稻如眼前邊一片紅的繽果眼，穩穩得起熱情蕭意。已經遠行的父母，不會同行的孩子，吃例黃葉分隔兩地，忌念就如濃顏的莘葉，山，詩里山上。山高天高登水夢，相別楓堂丹。

羣山瀟瀾，秋光如注，思緒盤遠。想起多年前，我們一群人青春與少氣奔山河，滿園八敷的曦光叶采此沉出發，彩耀森林關路向遠方的潺潺前進，那時的春影此山處者長空，視然的青春輝彩如灼如奪，那曾樹紫英恩不知人間笑苦，心中只是一臉絲圓，大地是壯麗，歲情快如流年。即時若是秋況深邃，一路若見楓華，心中推是一聲簫鼓思山澗，濃波了輕秋意？

人到中年，歲至初冬，站在高處的境頭，哪歲都僧懂笑，許多人生往往事一篇莽從都初麓道，軍路留催片片紅葉莫過成了珍貴回眸，細別道唱！內山秋光逐不山，滿靜紅葉展。

責任核對╱黃一洲　攝影╱江莱燕　美作設計╱彖彥

---

一、本刊以登載純文藝文章為主，如需臨小⋯⋯二、國軍官員投稿者⋯⋯三、為了便利稿費核發，來稿請附寄品名⋯⋯

—刊臺灣《青年日報》副刊，2023.12.24，
及畫作〔山鄉水景〕1幅，攝影1張。

攝影及畫作（賞蝶）：林明理（此畫存藏於臺灣的
「國圖」「當代名人手稿典藏系統」，台北市）

# 57. 蝴蝶谷遊思

　　歲暮時分，我又走上桃源村北端的舊橋。那熟悉的峽谷，
鹿鳴溪上群樹閃爍，新生的鳳蝶翩翩掠過岩石和草坡。

　　我加快腳步往前走，舉目遠眺，數十公里在目，空氣清新周遭寂靜，街道整潔，雞鳴、鳥聲，交疊於不矯飾的村野。

　　車過鹿鳴橋，一條通往蝴蝶谷山脊，一道水量充沛的野溪，即已令人神往。園區內溪邊，還有茅草涼亭、裝潢藝術，甚至種植許多馬兜鈴等食草植物及蜜源植物，提供了蝴蝶幼蟲的絕佳環境。

　　在這清晨，佇望著層巒疊嶂、山芙蓉湊巧綻放的瞬間……忽然思緒漫漫，世間帶來的一切紛紜盡去，只有天邊的弦月懸在無盡的群山。一群紅嘴黑鵯閃入峽谷深處去了，隱蔽之處曾經孕育了許多毛蟹和魚類。牠們隨溪而下，盡情延續，更是蝴蝶及野鳥的天堂。

　　我想起春夏之間，在這裡舉辦的「布農族射耳祭」，它是延平鄉桃源村最重要的祭典之一。雖然我能覺察當地村民歷經四季的節律已過了無數個年，但他們仍以不朽的布農歌聲，展現他們世代傳承的力量。

　　即使是初次在這園區裡漫步的人，也能感受像個神仙，如入世外桃源之境。當那些樹叢和大氣之中充滿野鳥的歌唱，恍惚中，我也想起了瑞穗鄉以蝴蝶谷聞名的富源森林遊樂區；鄰近的富源村有個以阿美族人居多的富源部落，他們擅長種植地瓜，迄今也保持淳樸的生活。

　　最使我感受深切的，是在園區的渡假村夜宿。翌日清晨，沿著環溪步道而上，忽見五色鳥在櫻樹啼叫，龍吟瀑布水聲淙淙……被萌生的花親吻的群蝶，化成許多微小的永恆，佈滿我恣意想像的空間。在富源吊橋下，閃爍的水花，宛如一大片碎鑽。

　　我總是如此喜愛森林，它常用溫柔的發聲使我的心靈愉悅，四周是閃爍躍動的溪水、蟲鳥的鳴響，讓我不禁豎起耳朵傾聽；感到寧靜，也感到自由自在，那是再多的金錢也無法買到的愜意。

　　每當夜深，寂靜落下。我原本以為自己可能是旅遊中走過風景的一小部分，而回憶中的任何美好時光，也恍若是重溫舊夢。沒想到，卻能在時空中看得愈來愈清楚。我也逐漸明白，原住民文化的技藝就這樣代代延續，原來是他們之中有許多善良的族人，自有其生存的獨特方式。

　　如今，我將以語言記錄我曾到訪的片段，就好像跟自己的心靈在說話；心裡也沒有帶著像比利時文學大師、詩人莫里斯・卡雷姆在詩中的觀察所見：「換一種方式開始；／美景一望無際，／／小路不再延伸，／到處都是鮮花。」因為在我眼中，所有旅遊圖景，我都會在心中留有某種體悟，也惟有通過這種感覺，讓我了解塵世裡的悲歡與喜樂。

－2023.11.16 作

林明理畫作（賞蝶）

山芙蓉

－刊臺灣《青年日報》副刊，2023.12.31，
及攝影2張，畫作（賞蝶）1幅。

林明理攝影：知本濕地「夢幻湖」

# 58. 知本行旅感思

在一個寒氣凜冽的早晨，我再度跨越溪橋，踏上知本之旅，心情卻忐忑不安，昔日的珍禽棲息在卡大地布部落的卑南族老人家稱之為「夢幻湖」之地，如今不知是否仍在那裡？忽地，腦海中的影像擴大了，而陳列在湖畔的景物像電視屏幕般清晰。

那是東方白鸛、草鴞以及東亞候鳥經過東臺灣的驛站，

包含海岸林、草澤、沙灘、湧泉等水陸鑲嵌的土地，在知本溪口灌叢草原的斜坡上，我想起了初次遇見它，溪岸的所有甜蜜記憶。

從淺山眺望到河口所形成的野鳥棲地，恍惚中，我變成了一隻遊隼，飛快地滑過湖畔的植物，讓深藏的臺東火刺木、琉球野玫瑰都紛紛探出了頭，只聽見耳邊有高高的樹枝搖曳……湖上有鳳頭潛鴨、小白鷺橫向移動，像無所畏懼的勇士一樣驕傲。

我不禁瞇著眼睛，諦聽紅嘴黑鵯、小雲雀發出迷人而活潑的鳥叫聲。從湖畔往外看，太平洋海灣上浪花無聲地擁簇，東方的曙光使山巒變得愈顯靛藍。

或許，正如曾晴賢教授說：「這片濕地因無人干擾而復活，並逐漸擴張還原生態。」又或者，這是神的巨大的恩典，對許多愛鳥人士及卑南族傳統四大部落之一的卡大地布部落（Katratripulr）長老來說，這片濕地是他們童年的記憶，它是銜接中央山脈南端和海岸山脈交會的東臺灣候鳥的棲地，連我都聽得見周遭的山海在哼著歌。

然而，就在當地族民想在這片濕地搭設賞鳥棚，不久之後，竟因一場祝融延燒數公里，讓此地生態的影響難以評估。當歷經滄桑的濕地全都攬在眼前，那片清澈的湖水，曾是如此熟悉，如今卻大片流失了知本溪北側沿著射馬干溪溪水注入了夢幻湖的水源；天空無語，只有草叢裡的那隻白鷺深諳

自然的奧秘。

　　湖的兩側，一邊是悲哀的濕地；另一邊是蔚藍的海岸，仍使人入迷。開滿馬鞍藤花朵悄悄說：「蒼鷺在覓食了！那是黑水雞的聲音。」於是，我從觀察濕地的美麗與哀愁中，不由得生出了感慨。

　　對族人來說，這濕地跟書裡的聖經卷一樣的重要，是諸神送給卡大地布部落的恩賜。但真正奇妙的，是那片湖泊所呈現的光的所到之處，都充滿了神性的氣圍，連白雲、綠樹、青山的倒影都發亮了。

　　當我重回純樸的卡大地布部落，看見「達古範」少年聚會所、天主堂、彩繪牆等，一切都很靜穆，街道靜寂。歸途，我又發現知本溪橋下，一群黑水雞活力地戲水，頓時有了覺悟。因為，我終於明白了瑞典詩人托馬斯•特朗斯特羅默在其詩集裡有段俳句：「看我坐在這兒，／像靠沙岸的小舟。／這兒我真快樂。」原來，只要懂得珍惜大自然，純粹的喜悅就能延續於心中。

　　　　　　　　　　　　　　－2023.11.29 作

－刊臺灣《青年日報》副刊，2024.01.07，
及攝影 1 張。

林明理畫作：左邊畫名：（海影）、右邊畫名：（漁港），
此二畫均存藏於臺灣的「國圖」「當代名人手稿典藏系統」，
（台北市）

# 59. 王功漁港冬思

　　夕陽驀地落下了。在如此靜謐的大海之中，周遭彷若變
為不凋的夢境時，一艘艘舢板和漁船已滿載著蚵仔回港。在
淺灘潮間帶，可愛的彈塗魚、招潮蟹，還有藏在泥土裡的蛤
仔，好像正忙碌地四處移動……只有幻變的霞光似蒼穹的一
面透鏡，倒映在巨大的大海臂彎裡，也倒映在我心深處。

　　究竟是什麼樣的魔力？讓一座以八角造型、聳立的「芳
苑燈塔」，還有榮獲國際建築獎的「王者之弓」橋，讓我站在

橋上留駐久久，心卻往更遠的後港溪出海口奔馳。

　　然後，我看到了許多木樁的杆影，遠處橘黃的地平線，還有更遠處，堤岸旁有片紅樹林，是白鷺鷥等水鳥的天堂。那是讓心靈沉澱，混和在點點的漁火之夜以及寂寥的星辰的明滅來臨之前，我必要盡快捕捉這美麗的一瞬，在繽紛的暮雲之下。

　　我像傻瓜似地，獨自一人走著，看著。總想一次就飽覽這潮來潮往的漁港，看著那座彷若展翅高飛的大白鷺的橋身……很多海鳥掠過，但是港邊卻依然保持靜默。就好像它已凝聚著許多的悲歡與憂愁、欣慰與煎熬。

　　這使我憶起讀過席慕蓉一首詩〈渡口〉，其中的末段，曾感動了年輕時期的我，直到今日：

　　　是那樣萬般無奈的凝視
　　　渡口旁找不到一朵可以相送的花
　　　就把祝福別在襟上吧
　　　而明日
　　　明日又隔天涯

　　這段優美的詩句也讓你感受到什麼呢？也許是王功夕照又將我心的想望喚醒了。那濕地中的景象，像是如此熟悉！那天空和愛，以及周邊的風，都是我歡愉的根源。

　　還有港邊的街頭小吃「蚵仔嗲」和蚵仔湯等美食，將我的味蕾織入思念的情緒裡。我感受到這片暮雲的玫瑰色，感受到潮汐變化的滄桑，感受到交錯於時空和回憶之間，是那樣讓人心醉神迷……而我渴望遠眺那最遠的寂靜的大海水面，還有映照出童年歲月裡閃耀的光芒。

　　是的，我將會在未來一邊回憶、一邊敘說王功漁港的故事。並由衷地祈願，風兒會把緩緩的波浪吹向兒時的故鄉。那兒有濁水溪的河床和西螺大橋的紅色身影，讓我深深牢記著它。

　　我也祝禱遠方的友人，在往後的歲月裡，無論光陰匆逝，或面對未來人生旅程的困厄，我始終希望我們偶而也能像今日這樣，暫時停下腳步，在美麗的海邊小佇，直到夜暮降臨。

　　就像此刻，奇光下，若干個星子跋涉而過……無人回聲，大地是靜的，只有國際的戰事陰霾迴旋其中。但我寧可凡事只看到好的一面，寧可盡力使自己更專注於寫作，而不感到有什麼可以值得自豪。寧可祝福我的親友都能安睡一下，在那片夕陽照耀的海面映出你們的影像，而我只想知曉您們一切可安好？也願新的一年裡風調雨順。這是我至誠的祈禱。

－2023.12.13 作

3 島嶼國際／副刊　　馬祖日報2024.1.9日　　中華民國一一三年一月九日／星期二

## 交通部人事異動 交通部常務次長　林國顯升任

### 民航局長何淑萍　航政司長韓振華　1月16日3人同步上任

助力打造福馬「同城生活圈」

琅嶠黃皎 **小三通客運碼頭煥新亮相**

利用澎湖輪托運汽車運輸毒品　澎檢聲押2嫌

台南獲CNN評為2024最值得造訪地點

吃喝玩買！金門年貨大街賣家具、小吃挨毒

王功漁港冬思

◎文／圖：林明理

—刊臺灣《馬祖日報》副刊，2024.01.09，及林明理
畫作2幅，攝影2張（由同學提供）。

小女（MOLLY）畫作左：（甜睡中）、右：（星夜）

MOLLY 於美國科羅拉多大學留學照

# 60. 莫莉和她的畫

　　我的小女莫莉最近畢業於彰師大諮商心理研究所，目前爲集集國中特教班英文老師。她是一位極爲特別的，植根於鄉土與胸懷悲憫的老師，曾在大二那年，隻身前往美國科羅

拉多大學公費留學一年，勤奮有成，深受系上教授讚許及同學的歡迎。

作家林明理與魯蛟合照於 2015 年 11 月 6 日花蓮世界詩人大會後。

林明理畫作（飛吧，我的蜂鳥），此畫存藏於臺灣的「國圖」「當代名人手稿典藏系統」，台北市）

　　與許多英文老師不同的是，莫莉自幼就受到繪畫及書籍的啓發，童年時期曾代表高雄市參加日本世界兒童繪畫比賽獲得獎狀，長大後，她偶而帶回家的作品，包括靜物、花鳥和風景畫，既不像是抽象畫，也不具有學院派風格，但最引起我興趣的，是她的畫風與大自然有一定的關聯。

　　莫莉從小就喜愛將自己的觀察與想像躍然紙上，主題非常淺易，令我們讚賞。她的畫，有一種樸實的風格，不像時下許多複雜又奢華的感覺。她經常透過淺淡的色調，或者素描的圖案，就能描繪出自己的情感世界，還帶有安詳平和的氛圍。

莫莉在科羅拉多留學期間，也曾與室友到處旅遊。在參觀各地博物館、芝加哥建築及美國國家公園的雪景與陽光之後，返回臺灣擔任教師期間，繪畫出現的次數愈來愈頻繁，筆法也愈輕靈自然。其中，我最喜歡這幅水彩畫《睡夢中》，畫面沙發上的黃狗兒憨睡的模樣，映射出柔美的光影與色彩。另一幅油畫《星夜》，畫面上黑夜中的一棵大樹背景一道灼亮的光芒穿透整個浩瀚星空，最重要的莫過於抓住那「瞬間的美，即為永恆」的第一念頭及感染力。而這種第一念頭，就是她創作的意念，完全為其心靈所控制。

雖然莫莉並非藝術家，她所擁有的只是全憑記憶所及與想像延伸的東西，但美國心理學家威廉‧詹姆士（William James）曾說：「記憶就如同一種直接的感覺」（《現代藝術的故事》，諾伯特‧林頓著，楊松鋒譯），在莫莉記憶中浮現的影像都顯得可愛、溫馨，能從動物的觀察或研究中萌生出自己內心的感受。比如她剛完成一幅《蜂鳥》的畫作，利用電郵傳給我時，它就一直伴隨著我，讓我如同與她形影不離地棲息在同一片天空的雲朵上，瞬間，就在這充滿樸素與甜蜜的畫面中，我也寫了一首詩（飛吧，我的蜂鳥），讓這幅蜂鳥更趨向詩藝與靈巧雅緻。這首詩是這樣寫的：

　　飛吧，我的蜂鳥／爲了擁抱夢想／帶著堅強笑顏／穿著藍綠盛裝／飛向遠路盡處——／去找尋自己的巢

　　飛吧，我的蜂鳥／飛向雲彩或溪流／星星爲妳鋪床／花兒簇擁入懷／就像個森林公主…／…通往星辰的征途

　　飛吧，我的蜂鳥／天空何其浩瀚／大地是妳的舞臺／爲了擁抱夢想／在寂靜的遠方歌唱／也回到我的腦海

　　正寫到這裡，忽然郵差送來一封遠從臺北市作家魯蛟前輩的來信及其寄贈的書法墨寶，讓我感到意外的驚喜，也不禁笑了。是的，我深信，世間的親情、友情是神賜予我最重要的珍寶。在寧靜的寫作生涯中，只要有這些深愛與敬重的人的隻字片語或溫馨的問候，心中就無限歡愉！

　　　　　　　　　　　　　　　　　　－2023.09.18 作

—刊臺灣《更生日報》副刊，2024.01.11，及林明理畫作（飛吧，我的蜂鳥），謝宜廷畫作（星夜）、（甜睡中），攝影 2 張，作家魯蛟贈林明理墨寶〈快筆生輝〉1 幅。

林明理攝影：（介
達國小），畫作：
（山村）此畫作典
藏於臺灣的「國
圖」【當代名人手
稿典藏系統】，臺
北市。

# 61. 靜遊山村偶思

夜深了，多少往事不能忘卻。多少眷戀，就像繚繞指尖
的小提琴音樂……那麼動人，深化了思量。而我，只想在顧
盼裡做一個初老的人，靜默地垂釣時間。多少歲月過去了，
金峰鄉正興村的陶甕大街卻依然保留著古風、古韻，盡在山
海間。

　　那天，在天光發白之際，我在介達國小的操場裡聽著風兒喚我的聲音，一波又一波傳送到附近的山巒……彷彿昔日有些魯凱族人從霧台鄉翻過大武山，進入當地排灣族部落共同生活，之後，村裡的舊部落由深山遷徙到下游現址的流傳故事，依然以歌、陶藝或山海的節奏，向世界訴說，向我走來。

　　透過半個世紀的光陰，街上的花兒開得正盛，周遭陪伴著琉璃珠、青銅刀、陶藝、百步蛇圖騰的彩繪牆，讓整個山村看起來像是一座美術館。校園裡，也不時看見原住民孩子的笑容，榮譽榜上陳列學童多次參加全臺灣民族舞蹈比賽獲得大獎，和歌唱等殊榮並列。

　　我相信所有生命的起源皆由愛而生，無論是久已流逝的傳說，或淒美的故事總會閃著榮光，喚我去尋訪在記憶中感動的一瞬。就像宋代詩人蔣捷寫的一首（一剪梅•舟過吳江）最末一句：「流光容易把人拋，紅了櫻桃，綠了芭蕉。」在這初冬時分，也不由地想起自己的讀書時光。雖然已逾三十多年了，可懷念的情景仍很多。

　　我曾在研究所上課之餘，隨著同學去臺灣大學外文系選修過一年的「英文寫作」。現在回想起來，每當夜晚時分，天空為我們灑下光芒，傅園也透出一份莊嚴靜謐。多少個日子裡，我在這氤氳書香校園裡，開啟了閱讀與寫作之旅。那寬敞的椰林大道，一棟棟建築，洋溢著日式或現代化的剛柔相濟之美，總讓我把匆忙的腳步慢下來。

　　畢業後，同學們各奔東西，難得一聚。偶爾，我回到傅園，在牙買加咖啡館前露天座位的大樹下，找一個美麗的角落，一邊享受著檸檬汁的酸甜，一邊翻閱詩集。

　　多想用手指打開鏡頭，捕捉每一個難得的精采瞬間，讓花鳥的聲音與記憶東一筆、西一劃地抹著湖光瀲灩，落英繽紛。多想再次走訪每一條熟悉的小徑，像往常一樣，看花兒靜靜地綻放。讓老校長傅斯年無邊的寬厚與慈愛的光照過來，感動我，讓移動的時間記住醉月湖的盪漾……讓每一次回憶，都銘刻在心底。

　　當我從一張泛黃的照片裡看到同學的臉龐，記起了校園裡那些古色古香的建築和生命中的美好時光，也想起大夥兒和班長大口吃著麵食，純真又沒有一點距離感。當時光飛馳，而我沉緬於同窗溫書點滴，總給我一種美好的感覺，恰似在山村眺望大海，別有一番風味。畢竟，有回憶就有溫暖。

　　　　　　　　　　　　　　　　　－2023.12.08 作

青年日報　2024.1.14　中華民國113年1月14日　星期日　／副刊15

# 靜遊山村偶思

◎林明理

林明理畫作（山村）

夜深了，多少往事不能忘卻。多少春，就像纏繞指尖的小提琴聲樂……那動人，深化了思量。而我，只想在顏裡做一個初老的人，靜歇地望村時。

多少歲月過去了，金峰鄉正興村的雙大拍卻依然保留著古風、古韻、當山海觀。

那天，在天光曦白之際，我在介達鎮的漫溢裡騎著風兒呼喚我的聲音。——又一波傳遞到附近的山巒……彷彿聽有些幽浮旅人從喜臺灣響起過大武山，入當地排灣原居民共同生活之後，……

我相信所有生命的起緣由土地而生，無論是已流遍的傳說，或濃美的歌聲響會閃著晉光，映我去尋訪在記憶中啟動的一刹。就像古時詩人諸境寫的一首《一剪梅·舟過吳江》說末一句：「流光容易把人拋，紅了櫻桃，線了芭蕉。」在這初冬時分，也不由得想起自己兒時畫時光。雖然打造三十多年了，可懷念的情景仍很多。

我會在研究所上課之餘，隨著國學去臺灣大學外文系選修過一年的「英文寫作」。現在回想起來，每當夜闌時分，天空為我們灑下光芒，裡面也透出一份……

村裡的蔬都是由深山裡透出下游羽壯的流傳故事，依然以傳說、陶藝做山海的氛圍，向世界訴說，向我走來。

透過半世紀的光澤，街上的兒子孫得正盛，周遭都帶著訊樣床、南劍刀、陶罐、百步蛇圖騰的彩繪層，讓整山村都變得像是一座美術館。校務指也不時看見居民流浹的笑容，榮譽榜上陳列學童多次參加全臺灣民族與創比賽得大獎，和歌唱等榮樂並列。

我也聽所有生命的起源由土地而生，無論是已流遍的傳說，……

介達國小

# 放眼故園心茫茫

◎柴富澧

— 刊臺灣《青年日報》副刊，2024.01.14，
　及畫作（山村）1幅，攝影1張。

林明理攝影【紅葉橋】及畫作【山村曉色】，
此畫作存藏於「國圖」，臺北市

# 62. 紅葉部落懷思

　　前些時候，在隱身山林之中的紅葉部落（Dahdah）裡，
看到不少收藏在延平鄉紅葉少棒紀念館的史蹟，而那幅匾額
上的文字：「以石當球，以竹當棒，不怕烈日，／不怕狂風，
不懼暴雨，刻苦耐勞，／嚴守紀律，百折不撓的紅葉精神」，
與停留在記憶中的少棒選手文物，不禁讓人肅然起敬與感動。

　　五十多年來，我時而會緬懷一九六八那年，在黑白電視上所見紅葉少棒隊勇奪世界冠軍的光耀裡，從此那投手江萬行、游擊手古進炎等十三位球員的生平以及迄今只剩五人的境遇，合組成一幕幕鮮明的動畫，也讓我的心頭有了往復不已的牽掛。

　　走過百年歲月的紅葉國小的紅土棒球場旁，適巧看見一群學童和教練正在練球的畫面，極其欣慰。沿著莫蘭蒂風災後的組合屋碎步而行，雀躍的鳥群和背景的山林、一整排繽紛的紅葉，似乎都呼喚著我問候的心。恍惚中，有一種歌聲充溢著老布農族人情感在方圓百里的空間……跟著風兒逐漸蔓延開來。

　　我一回首就驚奇發現，這山村能讓歷史留下記憶的地方，似是擷自山野邊的花兒及紅葉、森林，如今那片被風災重創後崩塌的山地已長成深淺不一的綠，長滿青草與小灌木，使組合屋前的天空呈現淡淡的感傷。

　　然而每逢佳節或祈福的祭典來臨時，村裡的八部合音，讓所有的族人凝聚的心又溫暖起來，也說明這個歷久不衰的選手之村的生命傳奇，這也正是紅葉村令人激賞的主因。

　　清晨，我看到小選手們勤奮練球的背影，也看到教室旁的公告欄上貼著一幅幅小朋友的畫作。我凝視著其中一幅寫著：「我的爸爸是一棵為全家遮風擋雨的大樹」。突然，心中

升起一股甜蜜的顫動，就好像看到畫裡的一家人如此心貼心緊繫在一起，太陽歡笑，樹葉和群山都充滿著野鳥之歌……而畫裡盪鞦韆的小男孩微笑著，小小的願望也在他的心中萌芽。

　　自我有記憶起，昔日選手們的音容與典故逸事，就好像凝聚著陽光般的笑容與安慰，在過去與現今中，他們命中注定扮演著推展棒球村的幕後英雄，一生的榮耀與歡笑也盡在於此。

　　我愛這小山村，不僅因為它是紅葉少棒的發源地，而是我深深領會那小布農族人展現出他們堅毅與奮勇的辛酸感，與老族人遷徙飄泊的過程，是如此讓人感傷；而他們的子孫卻像是天邊勇毅的小鷹，無畏風雨，仍奮勇地踏上征程。

　　這使我憶起日籍詩人宮澤賢治生前寫過的一首詩，其中的詩句也曾鼓勵了我：「不輸給雨／不輸給風／也不輸給雪和夏天的酷熱」。我永遠會記得紅葉村的光芒。那群小選手獲得勝利時天真的笑容，恰似我剪不斷的，永恆對紅葉部落的思憶。

－2023.11.14 作

青年日報　2024.1.21　中華民國113年1月21日　星期日　副刊15

# 紅葉部落懷思

◎林明理

● 林明理畫作（山村曉色）

紅葉橋

## 山頭回首望霧臺

吟遊人生　◎蔡富澄

—刊臺灣《青年日報》副刊，2024.01.21，及
畫作【山村曉色】，攝影作【紅葉橋】。

林明理畫作：【親情】

# 63. 美和村行旅

　　大清早，從台九線出發，風從海裡來。一隻花斑鳩振翅了，在純樸的美和村田野。從高處眺望，曙光照耀著太麻里山巒，雲層之下的黃金海面霎時間有幾艘漁船隨著光影的流動，像發自海底小海豚的歌聲，斷斷續續，縈繞心房。

　　一條長長的巷道，綻放的八角梅多麼嬌柔！滿眼的釋迦樹、青山，還有白雲無盡的奔馳；而我的目光凝視著美和國小那片平整的紅土操場，漫無目的地步移……好奇的種子卻

在心底生根。

　　沿著司令臺望去，逾七十四年的校園，歷經幾度寒暑，從佈告欄上學童們學習書法、裱褙等教學，到校外競賽的榮譽榜、牆上趣味橫生的海底生物；再從當地人稱為「卡那索樂」的活動中心，到昔日阿美族人捕魚、拉網、射箭的壁畫，都一一記錄我的憶念。

　　就在眼瞼上浮現出一幅又一幅典型農村的景象之際，忽地，有位老人家從陽台向我招呼。我受了感動，便說，「您好，請問您住在這裡多久了？」她顯然記起許多事，便笑著說：「哦，好久好久了。」接著，有幸聽她話說當年。

　　原來，最早遷到此地的是馬蘭社、加路蘭社，後來又有池上及東河鄉的隆昌、都蘭等地的阿美族先人遷入，也有來自雲林、彰化等縣的閩南人遷徙而來，逐漸形成聚落，族群和諧。

　　老人家說，她年輕時種植釋迦，如今已高齡八十一。接下去，指著對街一座歷史悠久的教會說：「我們都在每週日廣場前練習打槌球，過年時，族人也都會回來，一起舉辦趣味競賽，很熱鬧呢。」我仔細聆聽她講述中的那些故事和心聲，並一再揮手道別。

　　不久，太陽已經高掛到對面的海面上，蜿蜒的省道旁只有靜寂的灣流。有隻白鷺鷥從岸邊飛起，瞬間，浪花有了節

奏。我便記起了兒時見過那些老舊的瓦房，村裡有大片田地和黃昏的那一抹斜陽，每逢春節前總會讓我有某種莫名的鄉愁。

　　也許正因為美和村它過於類似故鄉的某一處，當我回想的時候，也就更眷戀它一個又一個街巷永不消隱的地貌。恍惚中，已見風輕輕拂過油菜花田，一聲雞鳴，蟲聲點點；而今，車窗外只有寒風和零碎的車聲。

　　我也喜歡詩人辛笛的那首〈航〉詩裡寫的首段：「帆起了／帆向落日的去處／明淨與古老／風帆吻著暗色的水／有如黑蝶與白蝶」這或許是我在荒野部落裡聽到的那位老人家話語裡的含義。只有與族民緊密相依，才能在漫漫人生航程中獲得沉穩的憩息與生存。

　　這世界有很多傳統文化逐漸消失，世道到處崎驅艱難，唯有親情無價，最值得珍惜。讓我們忘記時間，在新的一年裡繼續向前；也願學童們平安且快樂的學習。這是我在歸途中最熱切的祝禱。

－2023.12.06 作

青年日報　2024.1.28日　　中華民國113年1月28日　星期日　／副刊 15

林明理畫作（親情）

# 美和村行旅
　　　　　　　　　　○林明理

吟遊人生　特約品

# 風光明媚岩板巷

責任條稿／黃一輔　編輯／江盈良　美術設計／周家

—刊臺灣《青年日報》副刊，2024.01.28，
　及畫作（親情）。

2015.11.06 林明理和
張騰蛟合照於花蓮世
界詩人大會。

林明理畫作：
【山水寄情】

# 64. 夜讀魯蛟詩

　　作爲臺灣詩壇一位具有廣泛影響力的作家，魯蛟（1930－）在新詩的創作方面格外令人敬仰。他是山東省高密縣人，本名張騰蛟，無論是出仕行政院新聞局主任秘書退休、隱居臺北市乃至抗戰動亂時期之後，處在何種生存狀態，都創作過詩作；其詩曾獲得文協文藝獎.章、文化建設詩教獎等殊榮，也具有教育意義的性質，是伴隨著不同階段的年齡而出現。他鍾情地創作新詩，除了擁有卓越的詩歌才華，還與他正直不阿與溫文儒雅並濟的獨特個性有著內在的聯繫。

　　魯蛟在八十六歲時曾說自己：「讀書大半生／只讀懂一個正字／／伊是字族中的菁英／其靈魂聖潔如星月／我爲孩子們啓蒙時／都拿它來當課本／／現在　衪是我家的庭規／將來　衪就是我留下的遺產／也是　我的遺言」（《正字訣》），也多次說自己喜歡閱讀。但實際上他喜歡獨處書寫只是他性格的一面，滿腔的熱忱、主張和平則是他性格的另一面。

　　同時，魯蛟也是一個至情孝順的人；他在生日時說過一

句特別的話:「生平不求別的,只想做個不讓父母挨罵受辱的人。」他對待家人及昔日同袍的深切關心,對待朋友的情深意厚,對社會的關懷,也都躍然紙上。這樣優秀的詩人作家,他的精神世界和詩歌領域的溝通共鳴,實值得我們頌揚探究。

　　日前,面對與自己志趣相投的魯蛟詩人,特別寄贈其書法墨寶及其喜愛的詩作,讓我更多地了解他對晚輩我的鼓勵和精神情感的溝通。比如在這首(清•翠玉白菜)詩中,語短而味深:

　　昨夜的清露還在/今晨的泥香猶存/即使再在時間裡埋上千百載/依然脆嫩/依然晶瑩//至於那猛猛饕餮著的螽斯和青蝗/還是不能去碰的/一碰　就會/跳/走

　　此詩向世人訴說自己在參觀故宮博物院珍藏的翠玉白菜後,讚詠工匠、以筆刻畫出其藝術的永恆之美,還包含了個人愉悅的情感體驗。又如(渴),此詩寫出詩人對國際戰火不斷的強烈厭棄與渴慕和平的心境:「戰爭站在遠方/槍砲們不斷的吶喊著//他把耳朵塞了起來/兩隻眼睛緊緊的盯著/藍天上的那群鴿子」

　　又如(詠兵篇),則表達了魯蛟對革命情感的同袍兄弟們

的深情厚誼，此詩的後半段裡截句如下：「戰壕是生活中的大
動脈／碉堡是你們溫暖的家／／前半輩子都在執干戈／後半
生坐在時間上嚼寂寞／身前攢下來的那些銀兩／不是被收進
了官府／就是遺愛了人間／／我的讚言和頌語／乃是來自肺
腑的深處／每一個行句／都可以刻在你的碑上／或是寫進你
的歷史」

夜讀此詩，心情莫名動容；因為魯蛟對同袍的關心與思
念，溢於言表，也表達對戰後的傷感。總之，於我而言，魯
蛟兼具退休官員、作家和詩人等多樣的身份，他還是個偏愛
清靜，又愛國深情的前輩。他把一己的悲憫才性與洞察時局
的深思結合起來，使他的散文與詩歌創作顯得那麼優美而令
人激賞。

－2024.01.09 作

　　－刊臺灣《馬祖日報》副刊，2024.02.02，及作者
合照1張，油畫作（山水寄情）1幅。

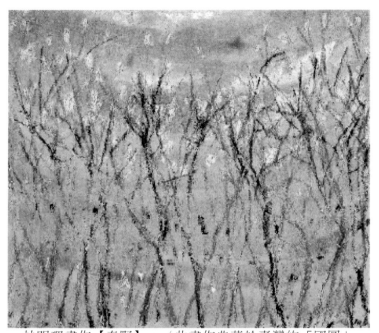

林明理畫作【春野】，（此畫作典藏於臺灣的「國圖」
「當代名人手稿典藏系統」，臺北市）

# 65. 立春思鄉

　　時至立春，雨帶著泥土的馥郁、萬木復甦，一派生機。
我不由得凝視窗外晨光，好想像隻白鷺，飛回故鄉的堤岸。
好想像一朵小白雲，乘著我的夢想飛回嘉南平原……那一個
靜謐、安詳又典型的小農村，時時留在我心中閃亮。

　　我的故鄉宛若一個古早的黑白膠片，瞬間便能投射出濁水溪畔的模樣，麻雀聲還在不遠處和平野的風追逐。廣闊的天空籠罩著春回大地、耕牛拉犁的沃土。新生的芒花泛著緋紅，開遍村野溪流……一切的一切，都捎給了我遐想。

　　撥開油菜花田，童年便向我慢慢靠近了。我可以朦朧望見空曠的田野，風如此甜美，雨如此親切！一棵棵木麻黃，猶如老朋友似的，站在三十多年前鄉路的兩側，對我展開雙臂，迎接我歸來。一條小巷道，通往公雞叫、母雞啼的家院。田裡，有母親栽種的甘薯、花生、紅鳳菜等，都在成長了。

　　像往常一樣，我快步地奔向益顯清晰的身影。那是父親的臉龐，帶著一抹微笑，眼裡閃著一種質樸恬淡的光。我永遠記得念大學二年級的那個立春，母親捲起衣袖，做著綠豆芽兒、香菜、花生糖粉、炒豆乾等製成的春餅和一桌子的佳肴。我說：「這可是等了好久的美味啊！」我還同他們講述很多趣事，直到夜幕徐徐漫過來，月兒偎依著樹梢，我還不肯乖乖睡覺。

　　而今，驀然回首，我站在島嶼一隅，大地仍是睡意綿長。遠遠的天邊，芒花的合唱，讓我停步，故鄉的月依然掩映於夜空和那片田水之中，父親卻已離世了。但我永遠都會記得那一條同樣的鄉路、寧謐的原野，曾有父親的慈愛照拂，也就能享受孤獨。

值此時刻，春意漸濃。我靜靜地走在自己的歲月中，才剛一轉身，往事就這樣撩起了面紗。我想起唐代詩人羅隱寫的一首古詩有云：「遠天歸雁拂雲飛，近水游魚迸冰去。」或許詩人也是孤獨的，但其筆下的景中寓情，卻有更多的意味。因為，沒有比暮色中一行返鄉的大雁，或是融冰時魚兒躍出水面的歡愉，更貼切地描繪出立春遠近的景色。

雖然節氣歌裡也有句：「二月立春雨水連」，它讓我想起那個曾經難忘的二月，視野所及，盡是鋪上金色的油菜花海波浪。而讓我最感動的是，在我故鄉，大部分正要準備春耕的農民和我的母親，多保持著隨遇而安、儉樸的個性。他們在春天來臨前，也會冀望當年的農作物豐收，祈求新的一年風調雨順、民康物阜。

我相信，不論身處何地，在每一思憶裡，故鄉仍以溫煦的目光凝視著我。當愉悅的思緒輕輕撩撥心田的時候，我以感動之心，回顧了那個迎接春節，闔家團聚傳遞幸福的喜悅，也更明白了與家人相處的每一刻，實屬珍貴。

－2023.12.12 作

－刊臺灣《青年日報》副刊，2024.02.04，
及畫作 1 幅【春野】。

林明理畫作：【家鄉】，（此畫作典藏於臺灣的
「國圖」「當代名人手稿典藏系統」，臺北市）

# 66. 初二回娘家憶趣

　　記得婚後初次回娘家的那一日，襁褓中的孩子大受歡
迎，尤其是父親甚是欣喜，頻頻誇讚她漂亮、白皙，不怯懦。
所有家人都包圍著她，又親又逗著孫子開心。剛滿月的小女
也樂得飄飄然，呵呵地笑，繼續吸吮奶嘴，烏溜溜的眼珠跟
著轉啊轉。

　　那天正好是返回南部與家人新春團聚之前，婆婆早已幫我備妥紅包、伴手禮，還特地買了亮麗的套裝、高跟鞋，並親自為我配戴珍珠項鍊。當時我真有一種受寵的喜悅。

　　如今，又是大年初二了，過往歲月的美好記憶仍烙印在心頭，不時喚回往日片斷的影像。就像今天，陽光特別暖和，車子循著臺東大學的方向徐徐前行。鏡心湖應是最優美、靜謐的校園之一，與大都會裡無以數計的繁華時尚有所不同，也就成了我踏青的勝地。

　　春天已至，再不見黑腹濱鷸的影子。忽然間，小女低聲地說道：「咦，那邊有隻烏龜，正在享受沐光浴！」果真，就看到牠慢慢地爬，似乎一點都不著急。湖邊是遼闊的體育場、校舍建築，還有圖書館、宿舍等……延伸到更遠處，便有綿延的山巒作為背景。

　　眼所及，有野鴨組成一小隊伍，時而潛水、時而來回划幾步，姿勢很優雅；還有黑水雞家族的叫聲，響得特別清脆。一隻蒼鷺凌空而上，飛往山的另一邊去了。這些畫面簡直妙不可喻！如果說，自然界的生物，通常是讓我們打開胸襟，感到快樂，這樣的讚譽，倒也很貼切。

　　在我所認識的城鎮與平靜的村落中，或許故鄉最不顯老。我又突然地想起讀過清朝詩人盧道悅的一首〈迎春〉：「律轉鴻鈞佳氣同，肩摩轂擊樂融融。不須迎向東郊去，春在千

門萬戶中。」這詩中含義微妙。

　　或許在春節期間，每個人都有想去哪兒踏青或探訪，且不盡然是隨興而發，或者定要尋得一片叫人驚嘆的美景。反倒是我，好像愈來愈近初老，便愈想在闔家團圓時，遠離吵雜的車輛轆轆聲及人群，讓大自然在我身邊長留，使我感覺是美好的相聚時刻。

　　我與娘家偶爾朝登山出發，或選擇在高雄市美術館漫步，自然也會品嘗當地美食。說起來，從我小時候，就經常看到年節時，村裡的人貼上菱形的「福」字春聯，街上充滿了喜氣，家家戶戶也有整潔、圍爐吃火鍋的面貌。最得意的是，可以穿上新衣拜年，把壓歲錢存入紅色小豬撲滿裡；所以，年年都期盼著春節早日到來。

　　當年節記憶熟悉浮現，我就更陶醉於唐代李華寫的〈春行即興〉詩：「芳樹無人花自落，春山一路鳥空啼。」恍惚中，詩人好像陪著我一起散步，在鳥鳴伴唱下吟詠詩詞。我慶幸能生活得平靜安穩，也至誠地祈願家母及親友平安健康。

－2024.01.03 作

外婆家過年旅記

⊙向素珍

初二回娘家憶趣

⊙林明理

林明理速寫〈家鄉〉

－刊臺灣《青年日報》副刊，2024.02.11，
及畫作（家鄉）1幅。

林明理攝影及畫作【山村】

# 67. 魯加卡斯遊思

當我初次走訪魯加卡斯部落，那一天，小雨飄在蔥綠的山巒、村落，宛如細雪紛飛。此候正是新春的一個清晨，一

個令人懷念、心弦撥動的時刻。遠方，只見山頭染上一抹鵝黃與淺紅……還可看到高處飄動著雲霧籠罩。

向前走約莫十分鐘，我一邊思忖這山村風情，一邊把腳步放緩，跟路過的族人點頭、打招呼。忽然，空中傳來花斑鳩的叫聲，方圓數里的空氣清新，野色如歌。

春天，就這樣靠近了。它讓我忘卻世間的紛紜與塵囂，卻不知不覺想起唐朝詩人韓愈寫的〈早春呈水部〉七言絕句，其中有兩句是這樣描寫的：「天街小雨潤如酥，草色遙看近卻無。」是啊，或許詩人比一般人更懂得超俗、灑脫吧。

值此一刻，我被一隻大白鷺吸引了！牠沉靜兀立，恍若從山谷來，從水中來，只留下深淺不一的足跡和一份很深的記憶，就好像這山村，也是這樣的靜美。哪怕是一棵棵九芎、活動中心、彩繪圖騰的街巷、老屋；或一座廢棄已久的國小建築，如今已變成文化健康站，都有著村民最深的愛戀。

相傳八十七年前，一場洪水災害，讓這裡的排灣族先人陸續由富山部落遷移至此。當時，此地種植許多九芎，先人遂而命名為「魯加卡斯」。九芎，自然也是魯加卡斯的根源了。它在大武鄉南興村族民的懷抱裡茁壯，每年春天便萌芽開花。

在魯加卡斯，有著水一般的寧靜，老人家多半仍過著儉

樸的日子。更讓我感動的是，部落裡流傳著一位瑞士籍的錫質平神父一生造福偏鄉的故事。多少年過去了，錫神父的虔誠早已滙入族人的血脈；晚年的他，更把癌末的醫療費捐出，修建了部落裡的籃球場。他的忠貞、守護族民的靈魂，伴隨著白冷會奉獻臺東的見證，讓我在他生前建立的南興天主堂門口，目光順著十字架上方的蒼穹，穿越了時空，也讓這段感人的歷史在我心靈永遠璀璨。

揮別魯加卡斯之際，太平洋的晨光承載著千古的聖潔，純淨而溫暖。鄉愁，也在靠近，在太平洋的海波中沉醉、融化。我也記起尖石鄉泰崗部落裡有位泰雅族獨臂青農張智海，他是五個孩子的單親爸爸；以種植水蜜桃爲生，一肩扛起家計。有一天，他問孩子：「神給你什麼禮物？」，他的孩子開心地回答：「祂給我們一個最好的爸爸！」。螢幕裡的他眼角略帶淚光，然後對著兒子說：「嗯，有堅定的心，才能讓你走向光明！」那畫面一直駐紮在我心底。

原來，只有親友，或者回鄉路上閃現的星光，在我們生命的路途中，注定要和我們相互思念。就像魯加卡斯部落，讓我一再記起九芎的氣味、記起錫神父，也讓我的心充滿感動。

－2024.01.03 作

－刊臺灣《青年日報》副刊，2024.02.18，
及畫作（山村）1幅，攝影1張。

林明理畫作【郊道】

# 68. 春日即景

　　當晨光掠過恆春半島西海岸，四處的山巒也煙嵐雲岫之時。眺望南灣沙灘，左方有白色風機轉啊轉。一座哨亭，像是飽經風霜的勇士，目光凝視遙遠的大海浪，終至與雲彩結合。

　　我不禁瞇著眼睛，讓春天也同我赤足踏浪。雖然我知道，從風中飄來微微的珊瑚礁氣味，甚至連眼睛也並不是能清楚

地看得見海底世界的模樣，但在我的感官之外，確實有浪花的聲響來回於二月風浪洶洶的海岸。

　　我喜歡春天的海洋，如同喜歡昔日漁夫使用地曳網捕魚，駕著小舢舨沿海床前進，連渡口兩旁的海燕都鼓動起歡愉的翅膀，在碼頭或燈塔旁嘀咕著。

　　坐在椰子樹下，眼所及，從繽紛的海灘陽傘、衝浪者、香蕉船，到孩童的笑聲，從商店街到無聲的雲彩，帆船一一流過去；是的，在動與靜之間，南灣在時光倒影中，彷若一幅懸著的仙境、繆斯的圖畫。

　　現在回想，身為一個作家，最能使我為之關注的，就是從大自然裡學會對自己誠實，加深思想和想像的力量。就好像在從未休歇的風中，似乎聽到了被浪花稍稍觸碰的淺灘近岸，那群燕子正在商討著什麼？

　　於是，我想起宋朝詩人蘇軾的〈定風波〉最末一段詩云：「料峭春風吹酒醒，微冷，山頭斜照卻相迎。回首向來蕭瑟處，歸去，也無風雨也無晴。」詩境表現的豁達超脫與氣魄，讓我在初老裡成為鼓足了勇氣認為自己該朝向夢想邁進的那一種人。

　　就這樣，在南灣進行了一場與海對話之後，我穿越朝氣蓬勃、綿延不盡的山樹，繼續駛向前，再次直抵雙流森林遊憩區。那兒的花木、草叢裡的紫斑蝶和溪流中的白鷺鷥，滿

園的鳥鳴、木香，讓我沿途所有的疲憊都得到了所需的期待與慰藉。

最讓我感動的，是回到雙流部落時，看到族人都已在過節後又專於農務的背影。我覺得坐落在楓港溪上游內文溪和達仁溪交匯的獅子鄉內，草埔村這一帶的排灣族民，真的是很不可思議的聚落。

不知為何？我在觀察這附近的部落歷經莫拉克風災後，林務局和重建團隊經過多年的努力，並在楓林國小、草埔國小、丹路國小等校深耕教育，如今，終於看到了在地原鄉部落孩童的生活中，已產生環境教育施行的豐碩成果。

在天氣舒爽的今日，我便沿山步道，經過吊橋，也瀏覽了多樣化的森林樣貌。事實上，教書以前的我，對於原民的森林智慧及高山動植物生成特性上，的確是學問淺薄。但就在參觀區內的「自然教育中心」後，當下著實讓我開心極了。

在這一帶森林茂盛的聚落之中，連風都是樸素的，自然而然就有一種尊敬大自然的心情。歸時，暮色已至，我才肯依戀地轉身離去。

－2024.01.13 作

－刊臺灣《青年日報》副刊，2024.02.25，
及畫作【郊道】。

詩人明理女士

興詩共舞

魯蛟

明理女士 芝勉

興作家

筆墨長春

張騰蛟

明理女士竹書寫生涯

談

煥華生輝

張騰蛟

2015.11.06 魯蛟和林明理於花蓮世詩會後。

清翠玉白菜

魯蛟

昨夜的清露還在
含羞的沈香猶存
即使再在此間褌
增上千萬載
依然嬌嫩
依然品瑩

玉枕叫雅之響聲者
約蒜斯和青珇
一碨花會 跳
是
送走石龍之語約
錄舊作以贈文友
林明理大作家

魯蛟

# 69. 魯蛟和他的墨寶

前些時，當門前響起郵差先生熟悉而嘹亮的聲音，我收到了資深作家魯蛟（1930－）寄贈的許多書法墨寶，恍惚中，我聽見他在電話裡溫柔的笑聲，記起來了他瘦長的身影。賞讀他的詩文，教人感受到無盡的歡愉，任由時間快速飛掠而去，分分秒秒都消失了……而我卻像隻白鷺鷥穿過蔚藍的蒼穹。

在這多變的國際社會裡，處處叫人憂心。只有真摯的友誼讓我感動：因為，一個九十多歲的老朋友，宛如一棵長青樹，正對我點頭微笑，那是表示他老人家仍善於閱讀和書寫，是臺灣作家之林的至寶。

當我因他的詩美而滿溢讚賞的詞彙，不覺又拿起電話筒，回撥給他致謝的一瞬。他答道，我在八十六歲時曾說自己：「讀書大半生／只讀懂一個正字／伊是字族中的菁英／其靈魂聖潔如星月／我為孩子們啟蒙時／都拿它來當課本／現在　牠是我家的庭規／將來　牠就是我留下的遺產／也是我的遺言」（《正字訣》），顯然白髮老顏的詩人魯蛟，還是有他深邃而正直的思想，也有聖潔的靈魂。他用寬容的態度來對世人，用愛以及其詩歌讓人們的心境得以不感孤獨或枯萎。

　　比如說，二十多年來，我偶爾會在世界詩人大會的會場中瞥見魯蛟的身影。無論是他曾經出仕過行政院新聞局主任秘書直到退休後隱居於臺北市，其詩曾獲諸多殊榮，但他一生未曾有過炫耀，卻渾身散發一股浩然正氣。

　　「生平不求別的，只想做個不讓父母挨罵受辱的人。」這是魯蛟在他生日時說過一句特別的話。我相信，他生命的甘美，精神富裕，皆源自他對社會的悲憫，對家人及昔日同袍的深切關心。而他的詩作之中（清・翠玉白菜），是我極為喜愛的，詩裡有著最動人的語言：

　　昨夜的清露還在／今晨的泥香猶存／即使再在時間裡埋上千百載／依然脆嫩／依然晶瑩／／至於那猛猛饕餮著的蚤斯和青蝗／還是不能去碰的／一碰　就會／跳／走

　　此時此刻，看到他親自寄贈的此詩墨寶，心中頗為寧靜，彷彿欣賞一幅充滿俊逸的詩畫般的和諧。也可能是夜深人靜，窗外黯黑一片，使這首詩作大放光采。他除了向世人讚詠清代的這個珍寶，映射藝術的永恆之美，還包含了詩人自己富於啟示的愉悅體驗。

　　在講述這位前輩作家的欣賞之際，不難猜測的是，他的書法惜墨如金、行雲流水，也可以和其詩作的純淨靈魂合而為一，細細品味。於我而言，魯蛟，本名張騰蛟，是個摯友，偏愛清靜，又是個愛國深情的前輩。「寫得這麼仔細，還是個九十三歲的老友，真獨特！」我自言自語，心情莫名動容。

－2023.10.26 作

魯蛟和他的墨寶　◎林明理

2015.11.6魯蛟和林明理於花蓮世詩會後。

投稿小啓　本報已進入數位化，紙本投遞的文稿已停止作業，來稿請以word文書檔，投稿至專用信箱。副干

－刊臺灣《更生日報》副刊，2024.02.27，
及魯蛟書法 3 幅，與作者合照 1 張。

林明理攝影

# 70. 首春感懷

　　一隻大冠鷲，翩翩地穿越溪邊的樹，飛進了星海的岸浪……在天地相接的盡頭，漁火隱隱，而我憶往的夢顯現了。霎時，春天的跫音已然響起。

　　不知不覺間，時光匆匆流逝，寒冷已遠離，期盼大地春回的心情，遍灑金光的春陽，是任何人都會雀躍的。

　　我喜愛漫步在黃昏的關山鎮親水公園的湖畔，或者驅往

鄰近的崁頂部落，捕捉一點春的信息；更喜歡憶及往事，讓甜蜜的記憶也相隨而至。就好像北宋詩人歐陽修所云：「造物無言卻有情，每於寒盡覺春生。」不管時光飛馳多快，抑或是沉緬於冥想，只要跟著風飄過那些印象中美好的時刻，我的心便會感到平靜祥和，如蓮盛開。

三十七年前，我曾在左營的眷村住過。那裡有不少懷舊的美食，比如湯包、燒雞、燒餅、槓子頭、酸菜白肉鍋等，而榮民伯伯多有著曲折又感人的故事，有的令人激賞，有的說來心酸卻毫無怨尤。

隨著韶光消逝，那眷村的明月光華輝耀，在我的每一思憶裡，猶如絲絲春雨，綿綿不絕。如今，有些眷村改建成社區，被懷念的老伯伯也多已老去，即便同是昔日之地，斑駁的牆面也殘存歲月滄桑的印記。

記得有一年接近年關的時候，我同家人攜手走向春秋閣。那綠瓦黃牆的樓閣，古色古香的塔影，有九曲橋相連的潭畔……如一首富詩意的小詩。我想起往昔左營的舊貌，那些歌詠緬懷的句子裡，從為紀念武聖關公而建築，換成今日的莊嚴耀眼的廟宇中，我的記憶停駐在平靜的水上，由小女帶著甜甜的笑容，慢慢引入春秋閣景物的輝煌；又如一朵雲，跟著風兒回到那個陽光燦爛的日子。

忽然，我看見朵朵蓮花以一種聖潔的目光，微笑著，把週遭的恬靜變成星空的穹頂、樓閣，把時間的皺紋變成令人

沉醉的頌歌，斷斷續續地在春天的邊上喚醒我。

　　雖然我不完全瞭解其中的語言，但是我在詩節中，倒是聽出了一種無法言喻的快樂。那是因為我與家人曾經一起在龍虎塔，閱讀每一篇令人嘖嘖稱奇的傳說。如今，我銘記那次奇妙之旅，又踏上黃昏。在山樹、鳥聲和微雨後的天空下，陽光怕是隱在山後了。

　　我也喜歡普希金（A.S. Pushkin）在詩裡寫的：「多麼幸福：又是夜，又是我們倆！／河水如鏡映照著繁星，／那端……妳抬頭望望吧：／那樣的幽深明淨在我們上方！」詩人筆下的浪漫與童心，亦是我所懷念的。

　　此刻，站在關山美麗的彩繪稻田前，短短十多分鐘，但要將心中似憶似想的往事，隨感而記，正是在這東岸春節過後的今日。若能留得住時間，我真希望把時間折疊，擺回到那一個與家人相聚的時刻……那潭畔風情也永駐我心中。

　　　　　　　　　　　　　　　　　　－2024.01.19 作

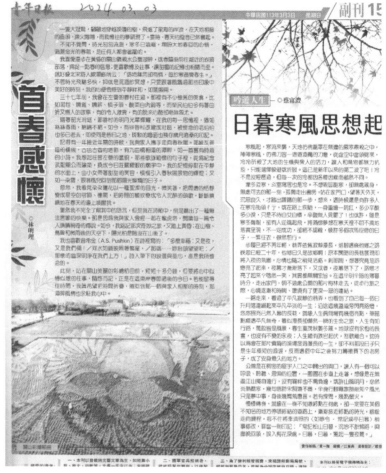

－刊臺灣《青年日報》副刊，2024.03.03，
及攝影 1 張。

攝影及畫作：林明理（此二畫存藏於臺北市「國圖」，
「當代名人手稿典藏系統」）

# 71. 靜夜回想

今夜，昏黃的街燈，像個寂寞的小孩；只有一隻剛離開窩巢的夜鷺靜靜地待在門外，像一尊思想者雕塑，讓我深深為之吸引。

我悄悄地披了件薄外套，帶著打包整齊的垃圾出門去。遂想起小時候愛上故鄉那幽僻的路上，總會傳來陣陣如夢似幻的名曲，伴隨著垃圾車孤獨遠去的身影和我小小的夢。於是，我想起小巷裡的月光，是深情的……空氣中還有淡淡的丹桂飄香。

記得童年住在農村，只要聽到收垃圾車的音樂聲，就會隔著馬路東瞧西望，看著它進進出出。當時年幼的我，只覺得我們之間的距離長到用我瘦弱的小腳，根本走不到那路口。

五十多年過去了，我從住慣的都市大廈搬遷到後山的小城，總算可以看到清潔隊員迎面而來的樣子。我常小跑幾步，首先，朝著坐在前座的駕駛員敬個禮，再跟後面的那位清潔隊員先生大聲地說：「謝謝！」然後，才帶著愉快的步伐回家去，並且樂此不疲。

垃圾車走後，深灰色的暮色溶入那清潔隊員的背影，讓我感動了。瞧，它又駛過了另一個大街小巷，給每個牆角等候收垃圾的人日復一日的期待，而這個背影，無論驟雨或刮風，也隨著靜夜輕輕地落在我的心頭。

　　我也想起了近日收到一位來自澎湖的友人晨鴻的問候，數年未見，他已成家立業，又喜獲千金，著實令我欣喜。不由得想起七年前錄製《飛閱文學地景》節目時，初次看到他認眞負責的模樣。

　　晨鴻在臺灣藝術大學讀了碩士，也了解對攝影、剪接、影像美學等學習與研究的重要性。對一個青年來說，他算是知識份子之中愛鄉土、思想像天空一樣藍，且正直無私的。他曾經應邀返回故鄉協助澎湖科技大學教學計畫的推展，擔任社區影像美學工作坊講師，似乎永不知疲倦，且頗受好評；也將澎湖之美呈現在其表現出富有純樸而詩意的畫面之中。

　　經過時間的粹煉，他已在臺北擔任廣告編導，拍攝的作品也陸續榮獲二〇一八年金鐘獎創節目入圍、交通部觀光局的冠軍微電影，及獲邀於淡江大學、佛光山南台別院人間大學臺南分院等校有關快速剪輯、音效概論等專題演講等殊榮。當我了解了他的近況，發現他的作品經常把親情、大自然、文學結合在一起，藉以呈現出愛與美的畫面。這點，是我最爲欣佩的。

　　對我來說，能四次應邀參與《飛閱文學地景》影片中的吟詩製作，因而認識了執行導演晨鴻，是一段愉快的記憶。此刻，月光在一片濃密的小葉欖仁樹後面灑落到淡綠色的院子。我輕輕推開百葉窗，彷彿看到城裡的天空、密集的高樓大廈、閃爍的街燈，以及忙碌了一天已下班的所有友人。在此祝福大家平安喜樂！　　　　　　－2024.02.02 作

—刊臺灣《馬祖日報》副刊，2024.03.05，
及畫作 2 幅，合照 1 張。

攝影：林明理

# 72. 三月的思念

　　三月的杜鵑在臺東史前文化博物館的廣場前開得絢麗，微雨後的蜜蜂愛上了茶花，在花叢間穿梭，環繞著它久久不捨飛離。

　　風，是極爲靜默的，如同一波波的記憶復甦，從海的那邊飄來，恰似南宋詩人張嵲的詩：「日暮風吹古原樹，杜鵑啼遍滿林花」。詩句意味深遠，那淺淺清唱的憂思與思鄉之音，盪人心弦。周遭靜寂，只有春天的眼睛從花木裡向外探望，那是我緩步流連在取景框的一隅。

　　在這裡，所有的臺灣史前文化及原住民族的文物收藏、

考古遺址、生態公園、富有設計感的建築，好比是一幅幅別具匠心的油畫。宏偉的景觀，把南島廳傑出的動畫呈現在獲得德國「iF 設計獎」動畫類的殊榮之後，彷若偌大的史前館在去年重新開幕，便打開與流動的空間為主題的概念已獲得了功成名就。

　　每次參觀史前館重要的原住民祖先遺留下來的文化遺產與脈絡化的過程，就像是史前館也在審視我，讓我肅穆而立。而最能激起我童心的，是在探索遊戲區裡，看到了一些以故事和互動體驗的趣味途徑，讓許多前來參與的孩童都能從中汲取新知識。

　　那些原住民歷史的敘述與圖像，就在群山與海波之間產生漣漪，也成了大自然的迴響……迎來了朝陽和星辰，連樹林都側耳傾聽。而我也在這裡慢慢學會了放下自己，珍藏大地之神留給我們的許多恩賜與生命中的美好回憶。

　　徜徉在噴泉廣場時，我聽得見簇簇清風的話語，還有鳥雀的歡快聲。這裡的藝術氣息，樸實無華，恰如我夢中摯愛的家鄉。恍惚間，我聽到了時光慢下來的腳步，也看見了故鄉耕種時節，重重疊疊的村景。這次，再想起童年的光景，竟是五十多年前極為溫馨的日子了。

　　我記起當年母親告訴我的一則小故事。在我父親四十五歲生下我時，據說，曾抱著襁褓中的我，激動地向我的祖母高喊：「お母さん！お母さん！快來看，我有女兒了。」然後，他就激動地落淚了！應該像極了我出嫁時幫我蓋頭紗的那一瞬。

　　在鄉下擔任四十多年土地代書的先父，曾是我文學啟蒙的良師。平日，他教我識字讀書、為人要正直、凡事樂觀以待；最重要的，是要學會懷有感恩的心。晚年的他，一邊享受含飴弄孫之樂，一邊為鄉民服務，直到七十九歲病逝時，我才深切地體悟出「知足常樂」的道理。

　　如今，回顧與父親走過的人生與他給予我無私的愛，我只有抬頭向天上的父親說著：「爸，您在天堂好嗎？我會照顧好家人跟自己，您放心吧！」是的，父親留給我的，是他用心栽培我的勇氣與慈愛！他永遠是我的偶像，也是我最尊敬的人，願吾父永遠安息。

　　－2024.01.26 作

　　－刊臺灣《青年日報》副刊，2024.03.10，
　　及攝影 2 張。

攝影及畫作【富里
鄉野】：林明理

# 73. 富里鄉野記趣

高蹺鴴飛來了，歇在富里鄉野的田水間。

牠們用好奇的眼睛來看這周遭，才看出它的美都在不言中。或者說，牠們沉默地站著，有的遠遠退到水邊，像個隱士，沉浸在風兒吹拂的芒花旁，靠幾畝田覓食餬口。或者這麼說，牠們憑著勇氣，挺過風雨，來到了這不大的地方，不光是守住了飄泊遷徙的本性，也超越了世俗。那孤獨淡泊的身影，把這片大地框於金色背景上。

當車彎進了一座溪橋。「那裡有捕魚的！」我驚喜叫道，一對老族人正專注地撒網。「有收穫了嗎？」我也好興奮。「還沒有，只捕到一隻清道夫魚！」他尷尬地看了我，然後哈哈大笑，顯然是當地人，不失原有的豪爽。

我拿起相機，迅速拍攝入鏡裡，又示於他說：「祝福您們啦！」揮手告別時，行囊裡塞滿了一路上點點滴滴的回憶。富里農會碾米加工廠前黑猩猩的新春裝置藝術、高掛在農會賣場前一大片五顏六色的傘、街道裡的新舊建築、公埔文化館、富里教會、舊戲院和各種其他景物。都是些記憶裡比什麼都珍貴的田野，還保留些童年嘉南平原的記憶。

歸途，不經意地看到附近有一個用手指前方的稻草人，

我一回頭就驚喜發現一個達蘭埠部落。那是一個富有甜蜜魔力的小村，活動中心前的牆壁，標榜著「金針花的故鄉」的盛名。

站立於田邊，滿眼是良善與純樸。停滿紅鳩的電線桿和野鳥歌唱的田野間，又是跳躍，又是叫，只有與白雲遊戲的陽光隱隱約約在漫步的所有小路上。在發亮的大溝渠旁，有位中年的族人正以無毒農法的方式耕作中，我怕打擾他，就平靜地朝部落的街巷走去。

這裡的教堂特別地溫馨，長者和兒童都向我微笑……就好像冬天化成了三月，我的心也溫暖了起來。據說，這裡的阿美族祖先多自秀姑巒溪的樂合、安通、屋拉力等社遷徙而來；教會與族民關係密不可分。每年部落的豐年節也改成感恩節，一起用友好的牽手，歌聲或舞蹈，讓福音種子發芽、茁壯。

最使我難忘的，是當地的牧師帶領著族人一起做有機農業，一步一步走過來，成為花蓮之光。他們開朗的個性，當然也漸漸感染了我，讓我學會他們以追求「友善土地」為目標的那一份毅力。

恍惚中，我看到了有些族人仍堅持往返於部落之間，艱難地在山坡上耕種金針花、香菇等農作物。對於族人來說，他們曾獲得瑞士生態市場協會頒贈過「有機金針國際認證書」，那是部落裡最感自豪的。

　　我由衷感謝上帝，這裡的山水是如此青碧。是啊，世間最美好的景物，是大自然。可富里鄉在我心中，有天空，也有諸神的祝禱，讓我無盡的思念。　　－2023.11.10 作

－刊臺灣《更生日報》副刊，2024.03.12，
及畫作 1 幅，攝影 7 張。

林明理攝影及畫作【村景】

# 74. 遊部落憶童年

　　驚蟄將至，春耕的田野，無論在鹿野鄉的什麼地方，總是能看到許多老農的背影，鳥兒雀躍地掠過倒影的山巒⋯⋯

幾隻白鷺從田水唧起餘光。

車彎進瑞隆村二層坪水橋，正巧趕上波斯菊遍地盛開，著實太美了。我看到了昔日族民曾以人力挑土墊高水路，進而由政府重建水橋的故事；這段開鑿水圳史是何等的氣魄，也將族群和諧的力量化為博大與永恆。

即便是擋土牆上以陶板記載了客家山歌的浮雕文字，以及與阿美族先人挑土的彩繪，都已一一詳述了這段水圳歷經改造的辛勤過程，只要繼續尋根究底，總能在重建後的今日，找到一種久違的返樸歸真與它存在的原由。

當我繞道鄉間，遠遠看見普悠瑪火車從鹿野轉向臺東市直駛而去時，不禁笑了。因為，我能感受到一點點春天的清涼，詩的意境……而風拂動了風景，也讓我把握住邂逅的幸福的一瞬。

在這裡，總是想要靜靜地走上一小段路程，聽著鳥聲、水聲，看著漣漪，讓自己獲得彌足珍貴的冥思。水橋下，望見戴著頭巾，躬身勞動的農夫或婦人，沿路還有原始農耕的壁畫，它們已挺過許多個年，卻讓我的目光折射出昔日阿美族與客家先民唱著山歌、齊力打造浮圳的榮耀。

隨後，走進了鄰近的一個以阿美族居多的卡拿吾部部落（kanaopu），這是個客、閩以及阿美族和諧生活的聚落。令人難以置信的，是沿路直走到盡頭，可以眺望到紅色磚牆水

橋的壯麗身影。就像詩人李白所說的:「仍憐故鄉水,萬里送行舟。」我大約也就在這一刻,慢慢地遙想起自己的童年了。

故里的油菜花田,綠野平疇的夕陽,田埂的蛙鳴,朗朗的夜月,還有那北斗七星下的農村圍圃,謙卑地耕作的鄉民⋯⋯那些畫面也都在走訪這部落裡的每一巷弄,成為陪襯的記憶。

因為聚落裡的屋宇大多是平瓦屋舍,無論從任何一方,院裡、院外,都聽得見鳥的啼唱。除了老人家、孩童向我善意地點點頭,一隻小花貓偶爾走過,再也沒有任何外人往來走動。世界的任何騷動,似乎都無法擾亂這裡的片刻安寧。一切就好像那麼自然地讓我看到這農家莊純樸的景致。

正要轉身離開前,忽見一家老雜貨店,老闆正專心洗刷著門窗。許久以來,我對這種傳統的柑仔店都懷著感念的興致,因為,它總能喚起我走進童年。

在灰藍的天底下,忽然就下了幾滴毛毛雨,不多時,便索性下起雨來了。是的,我可以感覺到,這部落正像是隱藏得深厚、真實和靜謐的小聚落。無論是今天和明天,它都將在我心底。我不禁微嘆地自言自語地說:「它和我的故鄉一樣,在我心裡折射著陽光般的溫暖。」

－2024.01.31 作

青年日報

2024.3.17

中華民國113年3月17日　星期日　／副刊1

浮雕的彩繪牆

# 遊部落憶童年 ○林明理

林明理畫作《村景》

## 吟遊人生 ○蔡富澧

## 江色連天碧琉璃

－刊臺灣《青年日報》副刊，2024.03.17，
及畫作（村景）1幅，攝影1張。

林明理攝影及畫作（客家庄）
（此畫典藏於臺灣的「國圖」「當
代名人手稿典藏系統」，臺北市）

# 75. 行經六堆旅記

　　一座梁屋菸樓，靜坐在時光裡，臉上有著無垢的光芒。
多少歲月匆匆、紅塵的人來人往，在它清澈的眼眸裡，彷彿
綴滿詩意的星子……周遭一片寧靜祥和。

　　闊別十餘載，再次來到六堆客家文化園區的一個黃昏，我便不斷地收藏那一頁頁形態各異的美好畫面。那開基三百餘年的「六堆」，從聚落邊界、農耕的水圳、客家建築的遺韻、浣衣婦女的歌謠以及時代變遷已不再悲慟的史實，忽而一起湧上心頭，令我一再思量，也逐漸走向園區的遼闊與綠色，走向文化傳承的永繼與願景。

　　由六座傘架聚落式的大建築成全了這座園區的命名，也的確是名建築的代表，它藏滿許多過往的歷史，讓每一段六堆的史實都歷歷在目。恍惚中，一片池水的天空下，客家圳區的紅嘴黑鵯、蜻蜓、小雨蛙和蝴蝶，用初昏的時刻決定與我相遇。

　　一片波斯菊花海，映出田園地景的特色。一棟傘架的客家聚落區，開啟領略精緻的剪紙、圖紋、紙傘、胡弦等八音樂器。一座木炭藝術館、客家伙房的角角落落或祖堂，都能窺見往昔市井人家的歲月情景、耕讀傳家與民俗風情。

　　在這霞光普照的春日，涼風襲來，彷彿翻動著「六堆」的一頁頁史詩，使人不由得記起自康熙年間朱一貴事件時，客家各庄組成鄉勇組織；乾隆年間的林爽文事件，六堆進而成為常設性組織。至甲午戰後，六堆義勇軍再次英勇抗日以及曾為反美濃水庫而發聲的鄉民，都在時光中透出其濃郁的保鄉衛土的精神……而這些史實，就是六堆文化之魂，也是記載了其先人由開墾、聚落的形成，到現代的傳承的一個民

族的榮光。

隨後進入我視野的，是穿著捕獲獸皮等裝飾的兩個大頭目合照，顯出神秘莫測和英武的神態。還有排灣族許春美藝師操作傳統地機織布的展示，而在這些族群交匯的藝術作品之間，也萌動著這些祖先傳奇文化的智慧與交融。當我走近逐一凝視時，就好像他們也驕傲地向我打招呼，歡迎我的到來。

歸途，枝上的鳥兒仍在重復悅耳的啼鳴，彷彿隔著時空，滾滾紅塵的史事也都在回首與沉思中得到釋放了。而我樂於誇耀這座園區附有客家人與原住民藝術的濃烈氣息，也爲這些歷史與人文並未消失的記憶所產生的建設，而感受到其光芒中透著思古幽情的靜好。

除此之外，車過左堆副總理的故居，看到了它仍煥發著老宅的神采。我慶幸來到內埔鄉，在透明的風中，讓我的心中充滿柔情，就像一棵小樹般，身上布滿了新芽的喜悅。不禁想起韓愈的詩裡有一句：「最是一年春好處，絕勝煙柳滿皇都。」豈非六堆文化園區的畫面？也是我今年春天旅遊的第一個驚喜。

－2024.02.13 作

－刊臺灣《青年日報》副刊，2024.03.24，
　　及畫作1幅（客家庄），攝影1張。

攝影及畫作【山水情】：林明理

# 76. 再別達魯瑪克

歲月再次傾聽達魯瑪克的祝禱。

有兩邊土地相望地連著，恰如兩隻悠悠地翱翔的鷹，為

生命而飛，中間只有一條安靜的利嘉溪將它們分隔。在比利良橋下漸漸清晰的……是一隻佇立在倒映著雲天的溪水中的白鷺。

霎時，我看見大南圳黃金色的溪床，從橋對面的林蔭和空氣中，眾鳥鳴啼，宛若森林交織的鳴禽交響曲。蝴蝶翩翩，蟲鳴鳥叫；新生的小米穗，滿含露珠，讓我心也跟著生出了喜悅。

有老人家曾對族人說：「進到山裡，你們就能找回自己。」而屬於卑南鄉東興村內，由農委會林務局出品的紀錄片《尋找達魯瑪克》，榮獲「紐約電影獎當月最佳紀錄片」等殊榮，猶在部落迴響。

風兒說，魯凱族先人約在三百多年前落腳於東興村上游，但因一場大火，讓舊部落受重創。那些歷史的斷片，歷經多次遷徙的足音，撩撥我的思古，也輕輕地牽引我走過部落的廣場及屋宇。幸運的是，他們迄今仍凝聚向心力，最近也復育了小米。

越過溪橋，眼所及的山谷生滿茂密的樹木，在清明的風中，珍禽鳥獸、獼猴也偶有出沒。我就像風塵僕僕的遊子，緩緩地循著彎曲的山路前行。在那片沉思的樹冠中，我想向它們伸出擁抱的雙臂，就在許多蜻蜓跟隨而來，如此美好的時刻，我忽然覺得很感恩。

　　因為，在部落裡看到了小米在種苗區滋長著，像以往一樣茁壯。這是一件勇士的工作，對族人來說，是最值得欣慰的。雖然他們在育苗種植時，曾遭逢小犬颱風襲擊，但最後復育成功；彷彿有光充滿了宇宙，照亮原生植物，也帶來了大南國小學童們新生的希望，光明而且幸福。

　　在經過東興村的路上，我看見一位老族人，正獨自吃力地推著輪椅，駛入週日正在佈道中的教會。我被那一瞬的奇妙感覺所牽引，不禁沉思了一會兒。然後又瞧見牆上寫著聖經上的字句：「我們愛，因為神先愛我們！」是啊，我見過，佈滿風霜而平和的魯凱族的臉龐，也見過孩童的純真歡欣。

　　恍惚中，我看到族人在慶典上圍成大圓圈唱歌，像雄鷹自由安詳。在達魯瑪克文化園區與其山水之中，有一種不同凡響的詮釋，恍若聽見部落的歌裡流動著水鳥的聲音，生命又充滿活力之源。

　　路經大南國小，公告欄上貼著柔道隊學童們的優秀事蹟。我深知，這項榮譽不是孩童們夢想的終點，而是嶄新的開始；而在我憶及重遊的機遇裡，大南圳、小米區、學童依次浮現在心頭。

　　我由衷感謝美國學者衛恩•福格博士、張松彬教授以及這裡的族民為小米復育的所有努力，也讓我在那綴滿水花的溪谷中，感受到東興村正極為堅強的茁壯，處處盡是柔美的春天。

－2023.11.24 作

　－刊臺灣《更生日報》副刊，2024.03.28，
　及畫作1幅（山水情），攝影7張。

攝影：林明理

# 77. 四林部落詠懷

　　在我尋訪的山村中，當屬牡丹鄉的四林村最能讓我感受到一種古樸厚實的氣息，並始終懷有一絲莫名的動容。

　　我沿著恆春續行而來，鳥聲起伏，田野上飛出了白鷺，映照著天空一片澄藍、幾朵雲彩。登高的四林格山環顧中無處不在的海景、山脈與谷地，是恆春半島的最佳瞭望臺，更蘊含了四林村的神秘感。

　　村裡的後方山區有著五百餘年歷史的南排灣族石板屋遺址，還有一座高達三十餘公尺的大石板瀑布，在夕陽下閃爍清澈無比的物語，時而隱現在奇花的溪澗，最令人放懷於天地外。

　　當我步入牡林國小旁的文化聚會所，適巧遇見當地排灣族藝術家謝文德（阿放）夫婦，對於一個特別喜好原住民彩繪的人來說，真是幸運極了。聽聞阿放曾是身手敏捷的軍人，在某次出任務時，不幸受傷導致右腿截肢，也因而開創了自己的藝術人生。他也是位熱心、勇於付出的模範父親。

　　閱讀阿放的故事彌合著四林村（draki）裡的先人英勇捍衛部落的精神，就像歷史鏡面徐徐晃開的史實，讓我逐漸了解牡丹鄉鄉公所設立的「四林格事件紀念碑」的意義，也由衷對阿放心生佩服。

　　比起其他藝術創作者來，阿放的彩繪牆似乎要粗獷浪漫些，也具有教育性。「這座小學彩繪得真美，是你們倆的母校吧？」說著，我便專注拍攝了他倆的合照。她嫣然一笑，說：「是的，這裡的足球隊頗有名氣喔！明天有場球賽，我們負責製作一個別出心裁的頒獎臺。」

　　道別後，我繼續徜徉於生態豐富的四林村。除了理解村裡的小球員曾遠赴泰國參加國際分齡足球賽摘金帶來的榮譽、率真與教練無私的奉獻，頓時，也轉為四林村溫馨感人、

迭宕相連的一景。

　　恍惚中，我聽到小球手及師長、親友們在操場上的鼓掌與歡笑聲。在這樣靜謐的山中，除了山間落泉，村人凝聚的溫馨聲響，再沒有外界的煩囂干擾了。

　　過去，在諸神的庇護下，我幸得以平安無慮，也學會捨得。如今，我看到四林村的師長、教練就這樣孕育一己之力，默默為偏鄉學童付出，深深攫住我的目光，也讓我的心靈安靜下來，然後重新思考，四林村與其他村落迥然有別之處。

　　於是，我想起那些看過的山林、泉水，還有鳥獸和野牡丹……它們已與這裡的族人生活與排灣族的勇性吻合。它們聽風、沐雨，走過數百年的荏苒光陰，內心仍存著族人間固有的團結與安適。

　　這天的旅遊是我新春中最感恩的時光，就像北宋詩人邵雍所寫的那樣愉悅：「一去二三里，煙村四五家。亭台六七座，八九十枝花。」我漸漸地想起了四林村的一切，而它的特殊風情，亦將交給了星空大地與百鳥迴響。

　　　　　　　　　　　　　　　　　　　－2024.02.20 作

—臺灣《青年日報》副刊，2024.03.31，
及攝影 1 張。

攝影：林明理

# 78. 多納部落漫影

曾經，我漫步在濁泉溪南方、京大山北麓最深處的臺地，有個少數擁有傳統禮俗的多納部落（Kungadavane），日據時期譯成「屯子」，居民則稱為「古納達旺」。

在神秘幽深的山谷，那無限溫存的風輕微地在我的耳畔吹拂……於是，我聽到了流水、白鶺鴒的叫聲，在春櫻花開時節，一隻鷹在高空盤旋，牠飛過龍頭山的水波……而我無法言說的欣喜和多重景物在「多納高吊橋」互相映襯、激盪。

相傳很久以前，有個獵人到深山打獵，之後與其他數個

小部落相繼遷入、匯集而成今日的多納村。時至今日，每年十一月，在茂林區內多納部落的魯凱族，仍保存其獨有的「黑米祭」，在秋收後舉辦勇士舞、搗米、盪鞦韆等活動。

而那黑小米故事，是源於一位多納婦女，因農忙而將孩子放在水潭邊，以聽見哇哇哭聲來辨別孩子的安全；但某日卻沒有聽見哭聲，焦急的母親在一次夢中，聽見水神告訴她，因不忍其孩子哭泣，便將他帶走並代為扶養直到長大，但希望族人能種植黑小米以謝神。

當我聽聞這些古老的故事，看到「屯子役古戰場」石碑聳立在入村的隘口處，而我立在亭臺下，緬懷昔日奮勇擊退士兵的多納勇士……這時，鷹在呼叫，風中的野百合放出了清香，林中充滿了野鳥的歌唱。

隨之走過部落裡傳統的石板屋、精緻的石雕壁畫、活動中心和圖書館，品嚐洛神花愛玉凍、布丁等部落美食。走過蘊藏著歷史軌跡及人才濟濟的多納國小、勇士步道。瞧著有舉重金牌的族人董秉誠、十大傑出原住民青年的卓瑞賢和參加魯凱族語的學童們的榮譽榜，也開始想像當地的情侶，最愛以紅、黃、綠三色毛線紮起的小米代表愛意的浪漫。忽地，有戶正在院子裡燒烤的人家，高聲向我招呼。

「嗨，您從哪裡來的？」有位族人好奇地問。

「從臺東站來的。可以幫你們拍照嗎？」我不禁回頭一看。

「可以！」他們熱情地邀我走過去，為我講了許許多多的歷史故事。這真是個重大的發現，原來他們的祖先都是三百多年前自東邊中央山脈及茂林鄉南方等部落遷徙至此。其中有個族人還能把當年的屯子古戰場從頭講到尾，而且他們個個都面善又風趣。

寫到這裡，我不禁微笑了，宛如還置身於遙遠的、真實的多納山麓之中。倘若我的夢飛向部落與尚未遺忘的歌聲相擁，我願此刻擺脫所有的煩囂，重聽那黑米謝神的故事。倘若我釋放的靈魂，能再度隨風穿越紫斑蝶的河谷……那麼，我將與族人牽手圍舞，並學習感恩、分享喜悅和榮耀。但如今所有湧現的畫面和相聚的歡笑，恐將消隱於那遠路盡處、淡藍的夜霧中。

－2024.02.22 作

－刊臺灣《青年日報》副刊，2024.04.06，
及攝影 2 張。

攝影於大王國小彩繪牆：林明理

# 79. 大王村巡禮

凜冬過後，行至台九線看日出，那流動的海水、低語的浪花向我頻頻問候，給了我迎接新春的好心情。

我喜歡漫步山中，回顧大王村的遷徙故事，也會移步到一座逾一百二十年的國小。就像今晨，風兒為我帶來沁涼、帶點溫婉的感覺，彷若親吻我臉上的髮絲，如此友善地在我的心上駐留。

　　這座老學校被一群關心偏鄉教育的大學生守護者，連續八年來，由馬偕醫學院院長帶動學生在暑期舉辦的「閱讀成長營」，更加提昇孩童們的學習興趣，讓他們的夢想在陽光中飛翔。

　　當我繼續在大王國中瀏覽著學生們屢獲佳績等公告，一邊像小鳥般眷戀著校園的花木，以及排灣族所繪的圖騰多幀、建築裝修。恍惚中，有些古老的傳說，從空曠的高原、雲霧的瀑布深處，反射出一道奪目的金光……而歲月中走過的年華與滄桑，卻像蝸牛般緩緩地爬過，像我極目所至，感動的眼睛一樣。

　　早春帶著稀微的小雨點兒，凝固在街道上。我走過司令臺，百鳥在樹梢啼叫。彩繪牆上，有光耀的太陽、山川瀑布、野百合；也有百步蛇、老鷹、野豬、陶甕，以及帶有排灣族勇士射箭的雄姿。這些畫面，在我腦海紛至沓來。

　　事實上，早在千年前就有族人到太麻里鄉開荒闢地；之後，陸續有排灣族、卑南族、阿美族移墾於此地，亦有閩客族群等遷移而來定居。當地排灣族人以母語命名為「Ja.Bau.Li」，意指日升的地方。

　　在這依山傍海的村裡，也有一塊寫著「大王聚會所」的

石碑，活動中心設有卑南族的巴拉冠、莊嚴的祖靈屋。我走訪過許多純淨的部落和善良的族群，但這座大部份由大麻里、加拉班、利里武三個部落組成的大聚落，常見的是族群融合的味道。

或許在這樣的日子，街道充滿了喜慶氛圍，塵世的喧嘩不會妨礙我。我可以在早餐店前點杯熱咖啡，聽走過的老人家用母語在圖書館的樹下聊天，就像悅耳的音樂聲音，而他們好奇的目光單純而正直。

雖然我不曾親睹他們每年七月的聯合豐年祭，但可以想像，他們穿戴了傳統服飾，攜手舞蹈的歡悅。今日，最最愉快的時光，就是看到族人集聚在村裡的老教堂吟唱聖詩，一切都像我童年與家父一起上教會般親切熟悉。

一眼望去，從天穹到最遙遠的山邊。當我坐在時光裡最光亮的時候，感受到心裡莫名感動的那些瞬間，在這村落裡，我似乎察覺不到唐朝詩人賀知章所描摹的「二月春風似剪刀」的氣味，卻開始滿懷期待了。

因為，我深信春天，已將藍色的大海喚醒，而大王村也在我的眼裡閃爍著。只要保持信心，很容易就聽到了大海合奏所傳來的樂音，群山也將為它見證。

－2023.12.23 作

# 大王村巡禮　◎林明理

—刊臺灣《青年日報》副刊，2024.04.14，
及攝影 1 張。

攝影：　林明理

# 80. 萬山部落遊蹤

　　「旅行的目的是『看』」，這是古希臘雅典詩人梭倫（Solon）的名言。當我初次經過茂林谷的伊拉呢橋，步入茂林區萬頭蘭山北側，有座全臺灣唯一的岩雕考古遺址的村落……我注目環視，靜穆充溢了我的心。這有著「小瑞士」美譽、當地魯凱族人稱為「歐布諾伙」（Oponoho）的萬山部落，竟擁有多樣特色的文化。

據我所知，還沒有海外的探險家深度地研究它，然而它在淡藍色霧氣裊裊上升的山谷中，看似與世無爭的景物，最能讓我感到莫名的動容。因為，從入口到派出所，直到活動中心附近，就只有古老的岩雕砌牆、廣場大樹下的石板屋及目不暇給的彩繪牆和樹木，但它傳說的故事和神祕的萬山岩雕群，絕不遜於其他部落的姿色。

相傳，在太古元的萬山村原聚落，有個頭目的長子娶了北方布農族的公主荷絲為妻。婚後，當荷絲被婆家發現她將百步蛇混入飯中烹煮而食，十分不諒解。因百步蛇在魯凱族文化中，是族人的神物。之後，荷絲主動要求離開。傷心的她一邊走到一塊巨岩上，一邊翹首盼著她的夫婿能及時趕來。但她失望了，於是，將藏在身上的蛇肉取出充飢，而丟棄的蛇骨卻都變成了百步蛇。

途中，荷絲在岩塊上留下了自己深深的足印，以及她在趴下休息時印出的人形……她也用手指畫了許多只有自己懂的紋路圖案，終於走回到她桃源鄉的故里。

而今，她所繪出的人、蛇和不可思議的紋樣，都成了萬山岩雕的史蹟之一。在深山裡，仍保有舊石板屋聚落和岩雕群，又被稱為「孤巴察額的愛情故事」。話說回來，現今部落裡的魯凱族，因其祖先曾經與布農族、南鄒族聯姻，所以

族人與其他地域的魯凱族語多有不同；在民國四十五年間，族人才遷移到茂林區萬林村現址。

部落的東方不遠處，有座美麗的瀑布，終年水質清澈，下方有一水潭，是族人親水之處。每年的勇士祭典來臨，耆老仍會帶領族人前往運動廣場，穿著傳統服飾，全村都參與活動，並由競賽中推選出英雄，以證明自己還是部落的守護者。

視野所及，整個萬山村山坡上的屋宇，面積都不大，但都還算簡樸舒適。和其他部落有所不同的是，這裡的族人利用復育的油芒及岩雕的特別圖紋，分別製作出肥皂、麵包等美食及飾品，以維護部落的生態、觀光休憩以及文化傳承。

當我沿著村裡的廣場眺望遠方層巒疊嶂的山影，我便開始想像，這裡的族民就聚在這裡跳著勇士舞、親友歡聚的模樣……那是我繼續探尋自己為什麼喜歡部落的根由。當我弄清楚，原來自己也喜歡從大自然的智慧中學習時，就不禁開懷地笑了。

－2024.03.09 作

－刊臺灣《青年日報》副刊，2024.04.21，
及攝影 1 張。

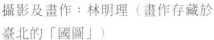

攝影及畫作：林明理（畫作存藏於
臺北的「國圖」）

# 81. 漫遊關山鎮

　　每逢春天，我總喜愛到關山鎮沿著田野、湖畔，或是綠蔭
步道，看鷺鷥群掠過柔波，棲息在枝頭或綠意盎然的密林……
彷若飛落的雪花點點。

　　一方湖水，增添了詩意的氛圍，讓南宋詩人楊萬里寫下了一段：「絕憐疏雨微雲裡，點綴湖山分外清。」而這畫面恍若也留在親水公園的湖畔，重現陳舊的好時光。

　　多少次，從關山車站後方新武呂溪畔抵達已逾二十七年的臺灣首座以空污防治所建立的親水公園，在周圍三十二公頃之內，我把心靜下來，在人工濕地的林樹下沉思。

　　多想像隻翠鳥停在曲橋、樹林，或者像蜻蜓棲息在水茄冬的花序上……而寂靜的湖面划出了一條野鴨潛水的波光，時隱時顯的蛙聲、紅尾伯鳥、烏頭翁等蟲鳴，在周遭鳴叫，與水為伍，與蝴蝶為朋。

　　興許這都不是幻覺，而是這原本只是一處河川砂礫地，但經過了多年的四季更迭，以及人工整治、鋪設，才能讓旅人前來賞鳥區觀賞到這群遠方飛來的嬌客。更讓人欣喜的，不是路經原住民廣場前的那片大草地的明淨陽光，而是來自船型吊橋旁的大水車，在紅千層飄動的風中，時光便穿越了這園區的蒼茫與遼闊，又回到新的一年萬象更新的天穹裡。

　　一隻松鼠一路跳躍，把迎春的喜樂留在我頻頻回眸的笑聲裡。沿著步道，走進遊客中心時，兩邊種著成排的大樹，有噴泉的錦鯉雕塑，輝映出色彩鮮明、金字塔造形的棚架……空氣像牛奶般那樣香醇。

　　「我去年也是這時候來的，麻煩妳再次幫我包裝這三瓶辣椒醬和兩盒紅豆羊羹。」我同店長開開玩笑。「我自己也愛吃辣椒，拌乾麵時，加一些試試！」她的臉上堆滿了笑容，又補充道。

　　「當然，好吃極了！」我接過便說。有幾個孩童，適巧也聊著有趣的話題，笑著。之後，在天后宮前，有各式各樣美食，還見到了一對賣傳統小吃的父子。小男孩用雙手遞給我一大袋做好的爆米香。「很好吃哦！」他說，「謝謝您，慢走。」我便合掌同他們倆告別了。

　　歸途，遠山黛綠，彷彿還聽得見街上伴隨而來的樂聲。忽然體會這難以言說的，一種踏青時自由自在的滿足感；而這般輕鬆，應是來自關山鎮的寧靜與富足。就像在親水公園，或者在田間瀏覽一幅以稻葉的顏色所鋪展的大地藝術，呈現雙喜鵲展翅的祝福。我深信，這畫面在往後的每一回憶中，那一縷思念瀰散開來，心底必然升起緬懷和期待。

　　對我來說，眼前幸福的淵源，似乎就應該這樣；能與家人騰出寧靜的時間來，找個山色清新之地遊遊晃晃。或者走訪村落的靜，看看其交織的人文薈萃，或看看家鄉留下的溫暖與依靠；總會讓我有莫名的歡喜，日子就更充滿希望了。

　　　　　　　　　　　　　　　　　　　　　－2024.1.10 作

—刊臺灣《更生日報》副刊，2024.04.24，
及畫作1幅，攝影6張。

攝影：林明理

# 82. 遠山的跫音

　　當車遶過蜿蜒的小路，抵達高士國小門口，我很迅速地下了車。一個肩扛著穀物、腰幹配帶短刀的勇士銅像就亮晃晃地映入眼眸……而那一面長長的高士部落遷移史的彩繪牆，也融入雄偉而遼闊的山谷中。

　　在這片綠林深處發出抑揚頓挫的蟬鳴、鳥聲，難以掩飾心頭愉悅的時候，遠遠看過去，就看到一群學童正在舉行一場球賽。他們進攻的動作，煞是可愛。我問一個村裡的老人：「請問可以參觀校內嗎？」他回頭說：嗯，可以。」顯然他不願高談闊論，但對我這陌生人一點也不感到驚訝。他比其他族人略矮，但有著親切的笑容。

　　雖然我知道，若是邁向野牡丹神社公園的小山頭，我可以鳥瞰滿山遍野的花兒，它就是這部落有著「南排灣的紅寶石」美名的由來；也可以從那裡的瞭望臺眺望到更遠的八瑤灣、太平洋海岸。還有一座純白色的日式鳥居，就佇立在前往日據時期的神社遺址路上。

　　而我選擇從高士村的古道步行，還可遙想數百年前，這裡的舊部落先人往返於耕地與聚落之間山路陡峭的記憶。因為我想先清楚瞭解村裡的景象與發展，所以我在暮色來臨前，快步地巡迴而行。

　　風兒經過我的左邊，悄悄說許多話，就從教會的頂端飄到山上去了。於是我知道了這座將近六百多年歷史的古老部落，擁有豐富的史蹟和時代變遷的歷史。他們被外界視為強悍而勇敢的排灣族人。如今，是牡丹社事件的第一百五十年

後，這裡的村民多以種植香菇、販售蜂蜜、山雞等營生；也有捨醫返鄉，加入地方創生行列，愛鄉土的女族人，堅持將部落發展起來，發揮「團結、榮譽」的高士精神。

而今，我清晰地回想起走過族人的舊路，真的是不可思議。不知為何，我自然而然就泛起一種神聖而莊嚴的心情。我也想低聲祈禱：「我的天父，請祢讓我牢記在心。我的思維已飄舞起來，飛向牡丹鄉輕拂過來的雲霧下，那片山腳的大地和高士族人歡聚的氣氛。孩童們的歌聲，何其單純、質樸，如同山谷清泉，既廣闊且清甜。」

我記得有位校長曾蘊含「旅人學苑」夢想。她讓醫師、學者等旅人，都懷抱著協助偏鄉學童的意念，讓他們住在校內，教導孩子們學習電腦、英語等。這是多麼難得的創舉。

在滿眼翠綠的群山中，我目睹了一座高士村，滿懷希望之歌，加上來自各界旅人與社區的精英之輩，都將這一個潛藏在深山恍若具備世外桃源而期待新生的部落，與廣闊的天宇相接，便孕育了一股清新的湧泉之氣……而我也陶醉於山林中野牡丹混雜的香氣，在極美的初夏裡。

－2024.03.18 作

青年日報　2024.4.28　中華民國113年4月28日　星期日　副刊15

# 遠山的跫音

○林明理

跨遊人生 ○紫禽澄

# 彷彿先知一燈塔

排灣族勇士塑像

—刊臺灣《青年日報》副刊，2024.04.28，以及攝影1張。

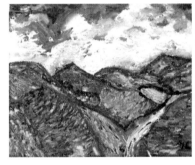
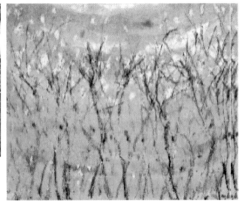

攝影及畫作：林明理

【郊道】此畫存藏於臺灣的「國圖」，臺北市　（海韻）：此畫存藏於臺灣的「國圖」（當代名人手稿典藏系統），臺北市。

# 83. 南灣遐思

　　當恆春的海岸藉著相隨而至的涼意，把多次來訪南灣的記憶藏進風浪淊淊的沙灘上。枝上歇滿鳥聲的等待情緒，與雲彩下緩緩拉出浪花光影，讓我能逐一看清浩瀚汪洋的模

樣。恍惚中，我能聽到大海深處的歌聲……眼睛卻在晨光中盪漾一種莫名驚喜的光。

這座來自古時候稱爲大板埒的南灣，有著弧線優美的海灘，直到悠遠背景下的哨亭和山巒，恬淡而靜謐。它時時銘記著昔日漁民使用地曳網（俗稱牽罟）的歲月，也把一片闢建爲遊憩區的湛藍海景，交給今天。

我喜愛這種看海的心境。興許是幼年起就熟悉田野，直到初老的現在，依然喜愛親近大自然。就像明朝詩人楊慎寫的（出郊）和吟詠的那樣：

高田如樓梯，平田如棋局。白鷺忽飛來，點破秧針綠。

每當讀了類似的詩歌，腦海中故里的模樣就會浮現於眼簾。這次，重回恆春，思緒上蘊涵著一種難以言喻的喜悅。因爲，夏天已一步步靠近。今年恐怕也與往年相似，山裡的野花、杜鵑，也開始著花了。我深信，大海、天色和山林的姿容，都在各自等待四季的洗禮，這也使我懷起新的期待。

歸途，路經恆春最大的漁港「後壁湖」，天空突然明亮了。兩座對望的燈塔，看上去，一派矗立威武的勇者之姿。許多燕子迴轉在恆春漁會大樓前，大片的珊瑚沙灘，有閒置的水上摩托車、一兩艘香蕉船。海洋保護示範區深處，想必有熱帶魚群吧！風機，漁船，半潛艇，還有退潮時呈現的潟湖……它們聽風、聽雨，跟著日月流雲，透著一片安適景象。

　　不愧是恆春最大的遊艇碼頭，沙地間夾雜著一塊塊珊瑚礁岩，仍歷久不衰。清澈的海水心懷當地民眾自發的保育活動之夢，岸邊的漁夫靠著返航卸下魚貨為生。

　　在動與靜，雲彩與夕陽，潮汐與波浪間，天空是最美的背景。南灣和後壁湖，悄然給我帶來想像與沉思。原來，希望無所不在。只要用心守護，裸石下的水世界，在山海的懷抱裡，便會久久地盪漾開來。只要用心體會，大海的聲音就是恆春世代漁民的傳唱。

　　夜宿南灣時，我戀著遠方浪花追逐著浪花，戀著那忽閃忽滅的漁光，戀著那些曾經沉浸在山海之中所有幸福的時間。我甚至可以想像，月下的南灣商店街，也有光影的美、輕音樂，或者遊客們歡聲笑語，但一切終將在夜深人靜裡歸於沉寂。

　　我在遐思中划動夢想的小船。這次旅遊之中最美好的部分，應是在南灣沙灘上漫步，讓時光慢下來，裝滿與家人之間繚繞的歡笑。而我是幸福的人，因為大自然給了我如此多的回憶和饋贈，讓我學會感激。

－2024.3.28 作

3 島嶼國際/副刊　馬祖日報 2024.5.1日　中華民國一一三年五月一日/星期三

# 立院 59:50 通過提案　決議凍漲電價

韓國瑜宣讀裁示，並要求政院責成相關部會，檢討能源政策，提出因應及配套措施

**訴說福州**　樓重新亮燈

主計總處：全國貧富差距飆破 66 倍

北港媽祖

**金門超大雪**　道水淹成河

米場个一樣的堰島之脈　重機騎士揪團登船前進澎湖

## 南灣邏思

○文/圖：林明理

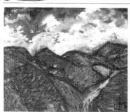

## 不想勉強

○洪金鳳

　　　　　—刊臺灣《馬祖日報》副刊，2024.05.01，
　　　　　及畫作 2 幅，攝影 2 張。

書名:《美奈田之森　延平林道的美麗與哀愁》,林務局臺東林區管理處出版,發行人:吳昌祐,印刷:國碩印前科技,2021。

# 84. 夜讀《美奈田之森》

　　日前林務局吳昌祐博士及友人田理事長來訪,並以此書相贈,十分欣喜。翻閱完全書,美奈田森林的發展脈絡就清晰地浮現在眼前了。書名《美奈田之森　延平林道的美麗與哀愁》,不僅寫了百年來開闢林道的滄桑變化,反映了所有訪談人物生活變遷中的種種感悟,字句眞切感人,也激起了我尋幽的好奇心。

　　於是我決定徒步走訪一趟延平鄉林道,發現美奈田主

山，步道起點在紅葉村紅谷路岔口，沿途村民樸實無華，蟬鳴鳥叫，山水綠意盎然。唯因莫蘭蒂颱風襲擊，引發紅葉村部落上方土石坍方，以致延平林道上毀損之處，暫以產業道路銜接。

最後爲了表達對出版此書的敬意，即興賦詩一首（寫給美奈田的歌）。對廣大的森林愛好者來說，此書無疑是最有益的啓示：

啊，美麗的美奈田
綿延起伏的高山
那來自森林的音符
化作露水的晶瑩
灑滿萬里蒼穹
也長成布農族民的心事
在心靈深處
永不遺忘

春天的眼睛，斟滿
高山杜鵑的殷紅
夢中的數十棵苔蘚蔓延的
巨木群
還有無數動物的腳印
默默走過歲月
走過前人留下的
淚水和歡笑

是陽光和雨露
把它塑成風骨峭峻的巨人
挺立在山脊
當它溫柔的歌聲唱起
古道
鐫刻下前人吟唱的足跡
心頭
閃亮起伐木跡地的記憶

那望穿大海的孤獨身軀
立在千年清澈的溪流上
透過星辰
就看得見
卑南大溪出海口
推開心窗
就聽得見
林班人唱出思鄉的曲調

啊，美麗的美奈田
風采依舊
永遠歌唱森林
歌聲醒了一片大地
唱得月亮目光盈動
只要用心諦聽
它就永遠年輕
將我凝視的目光浸濕　　　－2023.07.20 作

152 ● 笠詩刊第360期

### 夜讀《美奈田之森》

◎ 林明理

日前林務局吳昌祐博士及友人田理事長來訪，並以此書相贈，十分欣喜，翻閱完全書，美奈田森林的發展經歷就清晰地浮現在眼前了。書名《美奈田之森 延平林道的美麗與玄想》，不僅寫了百年來開闢林道的滄桑變化，反映了所有防族人物生活變遷中的種種圖像，辛句真切感人，也激起了我尋幽的好奇心。

於是我決定徒步走訪，趁延平鄉林道，發現美奈田主山，步道起點在紅葉村起汀落谷口，沿建村民橫貫無華，鄉場成山／山水綠意盎然。唯丙莫蘭葛颱風驟驟，引發紅葉村部落上方上石坍方，以致延平林道上罗揭之遍，卿以產業道路銜接。

最後為了表達對出版此書的敬意，田興就給一首《寫給美奈田之歌》，對廣大的森林愛好者來說，此書願望足以激昂歌訴：

　刊・美麗的美奈田
　綿延起伏的高山
　那來自森林的音符
　化作露水的晶瑩
　瀰滿萬里芬芳
　也長成布農族民的心事
　在心靈深處
　永不遺忘

　春天的眼睛，斟滿
　高山杜鵑的殷紅

專欄・評論・翻譯・隨筆 ● 153

　夢中的數十課苔蘚蔓延的
　巨木群
　退有無數動物的腳印
　默默走過歲月
　走過前人留下的
　淚水和歡笑

　是陽光和雨露
　把它塑成風骨峭峻的巨人
　挺立在山脊
　當它溫柔的歌聲唱起
　古道
　鐫刻下前人吟唱的足跡
　心頭
　閃亮起很未踏地的記憶

　眺望著大海的孤獨身軀
　立在千年清澈的溪流上
　透過星辰
　就看得見
　卑南大溪出海口
　推開心窗
　就聽得見
　林班人唱出思鄉的曲調

　刊・美麗的美奈田
　風采依舊
　永遠歌唱森林
　歌聲醒了一片大地
　唱得月亮日光盈動
　只要用心諦聽
　它就永遠年輕
　群我銀鄉的日光凝滿

－刊臺灣《笠詩刊》，第360期，
2024.04，頁152－153。

攝影：林明理

# 85. 走讀竹坑村旅記

　　猶如作夢般，步入獅子鄉西南端竹坑村的一棟純白色建築時，閃亮的眼睛便跟著走向草坡的大樹旁，而那片寧靜的海，便佇立在眼前，讓我相信奇蹟的美的存在。

　　我凝視著它，不禁任自己的想像馳騁，疾如飛鷹。又有誰知道？這地方恰巧是南排灣族與北排灣族群的融合處。如果這是上主的恩典，賦予了當地族人擁有上山狩獵或下海捕撈，像雄鷹般的勇氣與技能，我就會完全理解爲何竹坑部落（Tjuruguai）有著獨特的人文風情與族群和睦的源由所在了。

　　因爲在我眼所能及的山海，是一個神奇的世界！在黃昏瑰麗的雲彩下，這個世界具有一切生物的美好和渺小的我的動容，是一時無法言喻的。然而，我看見了那清風般透亮的山樹，還有更遠處美麗的山壑圍住的小小屋宇、聚落、夕陽餘暉，都正消溶在即將幽暗的海中，不見了⋯⋯

　　直到翌日清晨，大地一切尚在酣睡，而我隱約感到大海的氣息時，我又走出戶外，走過每一戶部落裡的大街小巷、教會，走到文化聚會所前的彩繪牆⋯⋯感覺眼前的大海，更像一粒晶瑩的露珠，那樣明淨透亮！

　　「這裡住的大都是排灣族吧？」我對著一位穿著排灣族圖騰的服務員說。「我是啦，妳有好眼力哦！」他回敬我。

　　「我們部落裡的歲時祭，每年都很熱鬧。」他說，「耆老會用詩歌帶動大家舞蹈歡慶。」「那真是太棒了！」我很快地吃完豐盛的早餐，並一口氣把冰柳橙汁喝下，笑著向他點頭。

　　收拾了行囊，再度看到晨光在海上橫向移動時，一陣輕風拂過，樹葉便婆娑起舞了。然而，歸途的倒數已開始，我揮別了在山海之間的竹坑村。聽那位族人說，在村民中，也包含我曾經造訪過的瑪家鄉北葉村北排灣族的後代，仍保留自己的傳統文化。

　　這讓我愈發想像，這村裡的學童得以吸收更多的陽光和雨露，也能長成茁壯的模樣。而那浩淼、無垠的海，我眷戀地回首眺望著，並暗自忖度，是啊，每個人都必須為了生存而必須履行自己的職責與工作。但竹坑村已走過許多個春秋與風雨，如今，村民仍上下一心，還能挺得住並團結如昔；而且年復一年地屹立在里龍山山腳下。

　　村裡有座廢校的楓林國小竹坑分班，已在時間長河的記憶中。但獅子鄉楓林國小，雖然是一座迷你的偏鄉學校，其小手球隊員卻有著高度的榮譽感，也不怕吃苦，更榮獲過全臺灣亞軍。

　　這些排灣族小勇士，他們上臺領獎時，讓校內不少學童跟師長、教練都紅了眼眶……他們小小的身影，亦將屹立在我的窗前，恰似無懈可擊的勇者、勇渡海域的沙鷗，個個擁有熱愛飛翔的精神。

－2024.03.19 作

－刊臺灣《青年日報》副刊，2024.05.05，
及攝影 2 張。

林明理畫作：【思念】（此畫存藏於臺灣的「國圖」
「當代名人手稿典藏系統」，臺北市。）

# 86. 母親的背影

　　每年五月，是橙紅、淡紫的康乃馨花開最盛的季節，也
是負笈他鄉的遊子最思念的時刻，總會在眉宇間溢露誠摯的
祝福和對自己母親的讚咏或永遠的追懷。

　　在我的回顧中，自幼母親就教我一定要學會誠實面對自

己、善待他人，勇於開闢一個開朗的人生，才能擁抱生命裡的春天。我總愛跟著母親到田裡忙活，那遍地是咸豐草、酢漿草的花，彷若從濁水溪橋下飛出的白蝶，飛向阡陌縱橫錯落、無垠的田疇，飛向和悅清澈的水圳。

忽地，一隻落單的白鷺飛進我的愁緒，而母親的笑顏仍留在故鄉似遠似近……鄉景的光華，靜謐如秋。

我經常想起，為什麼母親給予我這樣多的回憶，而回憶總能讓我勇於夢想。直到現在，我的夢長大了，它仍會跟著我，飛回故鄉的胸膛……那兒有母親栽種的番薯，飽滿香甜，金黃稻穗低垂，就是感恩大地的時刻。而我年近初老，仍喜歡做夢。

任誰都無法忘懷母親的叮嚀聲，或者她專注著勞動、永不知疲憊的眼神，和無法完全被取代的親情慈恩。我時而會想起那蟬嘶的童年，閃耀的蔗田、懷舊的小巷，有星子從銀河的北面奔向南方。是誰驅趕著我，曠野的呼喊、鄉愁的悸動？或源自母親駐留於心底使我感到血脈相連的重要？

是的，母親的身影已棲息在我靈魂中，尤以那埋首認真為子女縫補衣褲，輕踩著老縫紉機的背影，在星夜中倍感敬意。那曾經日夜相隨的畫面，已幻成合掌的真誠，隨著暮色、海風，喜悅地飛翔……母親的愛，沒有時空之距離，的確是最甜蜜的記憶。

　　記得有一回，我請母親爲我縫製一套要參加班級比賽跳舞的碎花布衣褲。

　　「過來，妳來試試，合不合身？」母親帶著期待而率直口氣說著。我立即把它穿上，那一瞬，禁不住感到很驕傲。

　　我也想起北宋詩人歐陽修所云：「造物無言卻有情，每於寒盡覺春生。」在這春江水暖的一個涼爽的黃昏，我特別想起昔日的一鄉一景，而母親溫柔的叮嚀，是我的精神至寶。她確實是獨一無二的，就像個巨人，能把我的夢想匯集而成爲生命中偉大的力量。母親也像是遠方點亮的一座燈塔，雖然我們都已長大，外面不再有誰讓她在燈下等候的。但我仍會感受到，她對子女仍是如此期望，叮嚀我們要外出小心，照顧好家人，絲毫不妨礙她已高齡與其堅強的信念。

　　今夜，繁星閃爍。我一邊想著母親和她那戴老花眼鏡的慈顏，以及仍在客廳裁縫些什麼的背影⋯⋯那是我所熟悉的，也是我最深的思念。而母親長繭的手心，以及爲我親手裁製或修補好的衣物、眼神的支持，全納入我心靈深處，也就更驅使我邁向光明的一步。

－2024.2.28 作

青年日報　2024.5.12　中華民國113年5月12日　星期日　／副刊 15

跨遊人生　◎蔡富澧

# 萱堂倚望似當年

（思念）　林明理畫作

## 母親的背影

◎林明理

—刊臺灣《青年日報》副刊，2024.05.12，
及畫作1幅。

林明理畫作：此畫存藏於臺灣的「國圖」「當代
名人手稿典藏系統」，臺北市

# 87. 五月的思念

　　強震過後，把起伏升沉的情緒全都整理完畢，就會感到
五月母親節到來的那種望鄉的心情日益迫切。一年中，就屬
這時期的天氣最為古怪。實際上，本島北部正被突如其來的
大雨襲擊，而東部的天空正呈現天雨欲來兮的灰色。

　　此刻，我從書房望去，只見一棵紅楓和另一棵金色桂花

樹枝上長出了新芽。我忽然記起自己的幼年是在濁水溪旁的小村度過，門前也有棵白楊樹迄今仍兀立著；而母親勤於耕種或縫製衣裳的背影，也始終存在我心深處。

回想起在今年四月初旅行回來，深刻感受到地震的不可預料，並臨時改變行程觀賞山海的靜美。那天，駐立在太平洋公園南濱段眺望遠方的花蓮港燈塔、大輪船，我放慢了腳步……頓時，身心都鬆弛了下來。儘管是地震後的翌日清晨，仍蘊涵著一種無可言喻的美，也具有一種無限愛的自然力量。據說，這裡曾是早年客家人拓墾花蓮的登岸之處。

在這深邃的大海面前，風從遠方吹來了！彷彿遇見舊友般親切，也消弭了我載滿不安的心。我看到火紅的太陽仍從海面冉冉升起，便使我興起一種期待，一種想要大聲說出：「天佑花蓮！」的由衷之言。

就在同一天下午，我也感受到舞鶴村一帶沒受到地震破壞的慶幸。我望見牧場上一群乳牛悠閒地覓食，一隻駝鳥時而露出長脖子來，時而又飛快地跑了回去。

也正在暮色即將輕盈漫過草皮、揮別瑞穗鄉之時，我的眼前浮現出，在家鄉國小的校園運動會參加賽跑的情景。看來，歲月太匆匆，一眼即過，不只撩起了感傷，也增添了甜蜜的回憶。

然而，家鄉的稻穗在成熟前，總是要經受些風雨的考驗。

不只是嘉南一帶，花東的農村也是如此。我想起昨日打電話回老家，與母親親切地交談，也憶及往事。她說，「還好你們一家都平安。」她用極為溫柔的口吻說道。

　　我笑了笑，然後對母親大聲說：「謝謝媽媽。您也依然平安無事。現在——我知道了，不論如何，平安就是福！」我眼裡閃著一絲激動的光。

　　今夜，愈想重拾對母親的記憶。我在書架上找到了唐朝詩人李商隱《送母回鄉》的末句：「母愛無所報，人生更何求！」想起了母親過去常以嚴肅的口吻，不忘叮嚀我。如今，她已是一位八十八的老人，但依然擁有堅強而有力的心智。

　　我的母親的記憶力超群，二十歲出嫁後，在我父親的鼓勵之下，學會讀報紙和寫漢字，一生克勤克儉。可讓我最感動的是她用極大的勇氣來承受癌症末期的治療，並奇蹟似地康復了。所以，我好想在母親節這一天跟她說：「謝謝媽媽！」我感恩的心，是真摯的。

　　　　　　　　　　　　　　　　　　　　－2024.04.19 作

－刊臺灣《金門日報》副刊，2024.05.12，
　及畫作 1 幅。

林明理畫作：【鄉景】此畫存藏於臺灣的「國圖」
「當代名人手稿典藏系統」，臺北市

# 88. 日出壽豐鄉

　　強震過後的翌日，我首次進入壽豐鄉光榮村，是在今年
的四月四日。所有人應驚愕未定，而我懷著沉重的心，步入

一片靜寂的街道，離我不遠的原住民文物館就位在吉卡曙岸部落內。

然而，館內蘊藏豐富的七腳川歷史文物，以及典藏的阿美族魚筌、背簍、米籃等手工農具、編織等，卻因連假而未能逐一瀏覽。所以，方圓數里以內，便成了我關注所在。

當我向部落望過去，活動中心的建築比其他的屋宇高出了許多。太陽已升起，而村裡仍幽深寧靜，首先進入我視野的是美麗的彩繪牆。它們有的是頭目圖騰、昔日阿美族婦女耕種的模樣，也有先人塑像，多能顯出英武和充滿和善的神態……周圍正萌動著一種神聖的光芒。

佇立在圓柱群的廣場，恍惚中，我能夠由這裡看到每年的豐年祭慶典，有傳統竹炮炮聲劃破天空，有耆老高聲唱頌，有戴上傳統大羽冠的頭目，有穿著傳統服飾的阿美族人圍繞著熊熊的火堆，手拉手，跳著千百年流傳下來的舞蹈。

就這樣，在那裡，遠離了所有的恐懼與憂心忡忡……就好像可以從這裡，聽到日出之時發出的音樂，而花蓮人仍可以迎向未來，因為，沉靜的生活是這樣可貴的。

車經鯉魚潭，看著那僅反映天與山巒的潭面蕩起了水紋，周遭沒有任何騷動；只有停靠的許多小船占據了一些視野。我正要轉身，一個年輕的族人走過來，「您們要坐船嗎？」他親切地問，沒敢多打擾。

「還是下次吧。今天辛苦你了。」我沉吟了一下，便放下手中的相機。

「不要緊的，那您們慢走了。」倒是他神情有些尷尬，但依然面帶微笑。我謝了他，但感覺來這裡能靜下來，心情舒坦多了。

我想起強震當天七點多，車過東華大學校牆，見上課鐘聲尚未開始，正想再次探望這座美麗的校園。但因還有北上行程，不得不收攏心思，繼續行駛，卻僥倖沒有發生意外。當螢幕出現許多令人驚駭不已的畫面，而我也看到東華大學等校的震災，心中不免悵然。

在音樂詩人李歐納・柯恩（Leonard Cohen）生前，我曾讀過他寫的這樣一段話：「萬事萬物皆有裂痕，那是光照進來的契機。」我心想，在苦難中確實有悲憫與愛之物。對於居住在花蓮的人來說，任何時間也不比現在更為珍貴；因為，他們和臺灣所有的同胞一樣，唯一渴求的是平安。

未來，不論重建的路走得快或慢，我都會心懷感恩那些及時伸手救援的人，並向他們默默致敬。離開壽豐鄉前，車子穿越了村野，百年的豐裡國小、豐田移民村、客家生活館、碧蓮寺等等……彷彿一隻鷹俯瞰整個壽豐鄉，也帶著我的祝禱，願福爾摩沙平安。

－2024.4.12 作

－刊臺灣《青年日報》副刊，2024.05.19，
　及畫作（鄉景）1幅。

攝影：林明理

# 89. 花蓮港邊的回想

　　印象中的花蓮之夜，我不必引頸翹望，繁星的天空就能激起我久久的凝視與興味。我不必等待朗朗雲天，因爲美崙溪尙志橋下的秀麗景色，總能讓我時不時地駐足片刻，看那

展翅的紅鳩等水鳥從林間穿梭飛上了天空……而晨光瀉在青翠蔥蘢的山巒與植物間，是布滿樸實無華的花蓮旅遊中最詩意的回想。

從鄰近海濱的那條好看的綠蔭小徑上，把港邊的燈塔牽掛漾開，把太平洋的相思填滿……我便有被滿懷的期待飛抵花蓮的熱情。就像此時此刻，從南濱到北濱公園，從曙光橋到花蓮港，一路相隨的陽光，以最柔美的方式帶給我感受著花蓮港的神奇之處。

雖然沒有遇見許多早起的運動者，可是園區內有可愛的裝置藝術、孩童的遊憩區，還可遠眺大型船隻的通行。恍惚中，有首古老的歌謠由海面而來，飄過泛著水的美崙溪，飄向碧藍如黛的遠山……不息的浪花綴滿一片流動的珍珠。有光落在碼頭、堤岸，還有一整排常綠喬木、溪流中的蜻蜓和草海桐的果實上，閃爍著。

這不是夢中的場景，而是一座於一九六三年開放的國際商港。徜徉在港埠時，從太平洋那兒飄來的縷縷清風，是最令我心動的部分。不知不覺中，又經過文化中心石雕公園，我望見了園區令人激賞的石雕和一座有故事的紀念碑。

於是，我認真地細讀碑文上的故事。原來，在一九六三年三月十一日，海軍 808 艇為了拖救一艘在花蓮港口航道擱淺的商輪，導致余文愛、施珍藏、梁國宏和王天隆等四員戰士殉職罹難，因而塑造紀念碑於現址。

　　那一瞬，我可以感覺到這座「海軍殉難四戰士紀念碑」與園區之間存在著一種溫暖的聯結性關係。我靜肅地看著，對我而言，他們的英勇故事，也恰如這個清晨——從雲縫裡透射出陽光的閃爍。

　　我抬起頭來，環視這座美麗的石雕園區，不禁想起波特萊爾的詩集《惡之華》，裡面有首詩的最後一段寫著：「幸福的 唯有思想如雲雀悠閒，／在早晨衝飛到長空，沒有掛礙，／－－翱翔在人世之上，輕易地了解／那花枝和無言的萬物的語言！」我喜歡詩裡的莊嚴與熱情、意志與和諧，很自然地讓我心中聯結成一幅自由又暢快的畫面。而這畫面恰恰與我的感動同在，就好像這些詩句也飛躍到我心房，與我立在碑前，輕聲默禱。

　　就這樣，我默默在花蓮港的身邊，我心所向是珍貴的記憶而非昂貴的奢侈品。也只有在靜默中，時間好似不存在了一般，無所擔憂周遭的一切，只剩下讓想像的翅膀自由馳騁。

　　是啊，沒有誰能夠羈留時間，但誰都可以享受重返心的安寧。大海總能深情刻畫旅人漂泊的心情，而花蓮港邊，即是停泊在我心中永恆的愛。

　　　　　　　　　　　　　　　　　　－2024.02.01 作

—刊臺灣《更生日報》副刊，2024.05.20，
及攝影 8 張。

林明理畫作:【山水之間】

# 90. 《華痕碎影》中蘊含的
# 魯迅審美思維

## 一、前言

　　《華痕碎影　上海魯迅紀念館藏魯迅先生手跡、藏品擷珍》一書令人耳目一新的魯迅書藝等珍藏作品和觀點,從宏觀層面來說,魯迅,這個如此熱愛祖國、爲大地而爲奮鬥而

生的賢者，他爲無數的千萬人民點燃那盞希望之燈，深耕文學土壤。他的手跡、版畫、明信片、藏書、箋紙、書法等六大類的藏品擷珍，成爲稀世的寶藏。他將整個生命投入，無論是創作或翻譯，詩書畫或評論，都在近代文學史中成爲不朽。這些永恆的珍寶，如今收編成書，對魯迅研究的美學內涵作了重要的補充，也是一種知識或魯迅美學價值觀的傳承的一種方式，已變成令人陶醉的讚頌。

## 二、魯迅審美思維面面觀

　　該書涉及魯迅博古通今的美學觀及橫跨中西美學思想的不同範式之間的共同規律，在在表現了魯迅對蒐藏品的愛好及其反思性的思考。茲舉幾例：首先，魯迅對美的感知是其與生俱有的能力，也是其文學涵養的潛在反映；一方面在珍藏作品中體認審美對象的藝術價值、風格及其創作的寓意，一方面在審美欣賞中領悟文化或人文精神等不同層面的影響。

　　例如，在魯迅精心編印十二種版畫圖冊中，不僅主張打破中西藝術思維的隔閡，擇取中國的美學思想，也要採用西方藝術的良規，中西合璧，促使將來的作品有藝術內涵的豐富性。此外，他在 1934 年間，精選五十八幅青年木刻家的作品，赴法國巴黎展覽，使萌芽期的中國新興木刻藝術水平得到提高。書裡的一幅木刻畫《失業者》，精雕細琢、維妙維肖地表現出失業者的共同遭遇，也映射著當年中國木刻版畫的技巧發展與藝術風格演化的軌跡。再如《出路》，畫中的男子

面臨貧困中生死抉擇的痛苦，當然也有魯迅運用悲憫底層人物的文化視角來觀照。

而木刻家陳煙橋的《耕耘》，著實表現出勞動者在土地上努力求生存的意象，與成爲永恆經典的法國畫家弗朗索瓦·米勒筆下的《拾穗者》，都有著反映貧苦人以求溫飽的寓意。凡此等等，收藏的版畫內容都不乏有著魯迅的現實主義美學思想的核心，主要是爲悲憫底層勞動者的心聲爲出發，而這一個深心，是從對人生與中國文藝發展的反思而發出的；原來，「用藝術涵養魯迅的靈魂」，才是其獨特的審美思維，引領讀者對其珍藏的木刻畫產生精神上的愉悅感受，也就跟著產生了美的聯想，及現實世界中各種覺醒或隨機的社會命題思考。

在魯迅生前，明信片也曾作爲一種回禮品，有許多珍藏品可能來源於友人或委託收集後眞實的收藏體驗。在微觀內容上，也不乏有著魯迅眉批的獨特價值。或許，魯迅將每一種西方人物的繪圖視爲無比精彩的文化傳承，運用藝術的思維和文化多元性驅動未來，逐漸形成普遍而共同的中西藝術交流。

其他諸如魯迅酷愛收藏中外文學書籍的癖好，尤以日本譯本小說等書、文學期刊，或學刊讀物、藝術月刊等，不難看出魯迅對文學藝術的感知都十分出色。而在箋紙的題款、遺存的詩書畫作品中，或花卉，或植物、昆蟲，或人物、山水，都頗有雅趣，有一種禪的「歡喜自在」，讓人不覺莞爾。

　　在魯迅親筆書寫的全部文字，就規模而言，已經出版的魯迅手跡，尚稱可觀，並且涵蓋其主要創作年代；除了書稿稿件、題字、日記、信札等墨跡中，可窺視其書法行書優美生動、典雅清麗的特殊風格，也帶有將其所思所想，力注於筆端。除此之外，魯迅縱橫中西藝術的獨特眼光、通古博今的美學觀，亦是將西方文藝引入中國的先驅者之一。

# 三、結　語

　　該書成功之處，大致歸功於編委精選圖文，加以分類和對資料採擷內容的深度，有一定的美感度，致使該書在魯迅研究中成為重要的一個成果。誠如俄國學者羅素諾索夫在他的《修辭學》書中所述，聯想是「那種和一件已有概念的事物一起能夠想像出和它有關的其它事物來的稟賦。」（註）當我心中想到魯迅的書畫及其美學思想，想到他對審美文藝所提供的獨特情感，想到他超脫了名利得失的生活美學，想到在他細緻觀察景物後得出的書畫作品。儘管這些聯想是對觀賞魯迅書畫等手稿或珍藏事物的聯想所引起的審美體驗，而該書的確能夠進行更充分地闡述，使其存在的魯迅美學內涵再獲得重要的補充。

　　書中的圖解，與審美聯想相契合的，含有三個方向，推動魯迅美學研究的發展、預示魯迅成為了推動中國對西方美學交流的重要推手身份、暗示魯迅的非凡經歷跟其審美思維的豐富性。這是因魯迅重視精神、捨棄物質，也崇尚美學，故而，研究書裡的魯迅的手跡、藏品，總能伴隨著愉悅，確

有其意義的。

　　註. 童慶炳著,《中國古代心理詩學與美學》,台北,
　　　萬卷樓出版,1994 年初版,頁 138。

　　　　　　　　　　　　　－2024.03.28 作

　　　　　－刊臺灣《中華日報》副刊,2024.05.21,
　　　　　　及林明理畫作(山水之間)1 幅。

攝影：〈勝利星村〉：林明理

# 91. 緬懷舊時光

闊別十年歸來，旗山老街的各個落彷彿伸手招呼我，進入享受片刻相聚與久違重逢的溫馨。

沿著巴洛克式街屋，一條閱盡滄桑但殘存溫暖的路，一幅古樸然而不曾消逝的掛圖，一座距今三百餘年的天后宮，千萬次的護持淨土……這裡位居高雄市中央，我依循著前人的足跡淡然而行。

　　相傳「旗山」原為西拉雅族支族馬卡道族「大傑嶺社」（Taburian）的所在地，清康熙末年居住於鳳山的漳州墾民從福建汀州招募佃人向大傑嶺社人租耕土地，由於墾民在此搭建竹寮並種植番薯，於是便有了「番薯寮」之稱。它曾是日據時期的製糖重鎮，臺灣光復後，也曾是香蕉王國；而旗山站為臺糖旗尾線的鐵路車站，如今新名為「糖鐵故事館」，擁有百大美景的盛名。

　　之後，驅車前往不遠處的孔廟山門，那五開牌坊、朱紅色櫸柱、琉璃瓦等，係遵循宋代建築樣式而建，面積開闊又莊嚴。此際，一個已不再年輕的夢以及那些驟然消逝的時光，忽而湧上心頭，讓我一時忘記身在何處。

　　在離開這居住近三十年的高雄之前，我凝視著，就這樣，我歸來的訊息傳遍了曾在左營眷村、大樓及楠梓住過的街道、公園的樹葉，鳥兒也依然歌唱著昨日的歌，彷彿我離開後什麼變化也未曾發生……而我眼前的旗山則顯出和善的神態，天空一樣是純藍的，是我心靈深處懷念的記憶與周遭萌動著的風和林木所產生的香味，都是我想望的幸福。

　　歸返臺東之前，路經勝利新村。它原為屏東飛行場日本陸軍崇蘭官舍，戰後接收作為軍官眷村聚落，繼而與鄰近的眷舍空間結合為歷史建築，並命名為「勝利星村創意生活園區」，原眷戶包括軍界將官等。而我讚嘆它仍發出意味著昔日所在的空間，並煥發著令人懷舊的神采。

　　我看到每戶都帶著動人的嚴肅神情挺立在每個角落，它們沉靜的眼神像在鄙視世俗的輕浮與奢華，且各自盡力發出自己的一份榮光！當我攫取了這園區裡的和風，用心體會昔日眷村裡的同袍之愛，以及臺灣人民已落實自由民主的時候，那些離去的軍魂，像在點頭似地跟我揮了揮手。他們看起來就像是我在眷村居住時，經常在一起聊天的老榮民所擁有的那種親切的表情。

　　當風從園區的四面八方吹來，這裡是無籬的廣場，一直伸到我的眼眸。

　　我專注地站在一棟白色將軍屋的紅門前，稀疏的陽光從一棵大樹的葉縫間灑落。我的心靈則充滿了新的願望，祈願所有的英靈都得以榮歸天主的懷抱，而一旁的風也唱起純真的歌。

　　這是一次神奇的回顧之旅，也是夏日的第一個驚喜。

　　－2024.04.02 作

青年日報　2024.5.26　中華民國113年5月26日　星期日　／副刊15

# 緬懷舊時光

◎林明理

跨遊人生 ◎蔡富澄

## 而今象鼻不復見

勝利星村

象鼻岩

—刊臺灣《青年日報》副刊，2024.05.26，
及攝影1張。

攝影：林明理

# 92. 黃昏的社頂部落

　　乍雨過後，當我們重返社頂公園高點，眺望迷人的天空，就在這一瞬，心中頓時湧起十年前初次到訪的歡愉，遠方依然呈現大海的波光和顏色。

　　我俯瞰著，佇立不動，感到一種難以言喻的鬆懈。可是周遭的一切，不論是曾經走過的蝴蝶群聚步道，還是奇特的樹、各種不知名的鳥聲，甚至山壁的獼猴身影和高大的雀榕，無不生機勃勃。

又逛了一大圈，才回到滿是綠樹環繞的廣場。鄰近公園有座以排灣族爲主，閩南、客家、阿美等族群移入的「社頂部落」。它的舊稱「龜仔用社」（Kuraluts），或「龜角六」等音譯，像是以一種澄澈的聲音歌唱著……在我心靈中。

據說，現居墾丁社頂的排灣族，大多是「羅妹號事件」後，被美軍形容爲「紅面戰士」的後裔。如今，有的擔任生態解說員，有的負責巡守，防止盜獵以及監測社頂的樣貌；有的過著簡單樸實的生活，保存與活化傳統文化。

我向來喜歡安靜的黃昏。眾鳥在暮色的光影中穿梭，卻一點也不感到喧嘩。漫步在部落小路，有一種遠離俗世的快感。不久，夜暮低垂，浩瀚的天空只剩下繁星閃爍，車子也很快地駛進下榻的飯店了。

今天稍早，參觀了「竹田驛園」的舊車站，還有一座爲了紀念日據時期愛鄉民的軍醫池上一朗博士的紀念館。那些懷舊的百年木造建築、站長的文物，像回望歷史的動畫片，一幕幕呈現，宛如昨日。

原來，竹田一帶最早的人是平埔族下淡水社的故地，舊稱「頓物」，所以，「竹田站」，日據時期，原名是「頓物驛」，迄今，也有一百一十五年歷史，它曾是出口農產品的鐵路重

鎮。清朝康熙年間，有客家移民到竹田開墾，所以，是六堆中最早發展的鄉鎮。而座落於田野中，有個叫「番仔角」之地，原是平埔族人的放牧草地，令人遐想到那遼遠的年代。

我夢想有一天再回到那裡，看看他們扎根於自己傳統文化的老家鄉。我也記得午後登上「落山風風景特定區」，面對大海的時候，四面的風，濛濛的雨和寂靜……讓我的視野延伸到核三廠的大風車和圓頂。海灣上水面無聲，淺藍的山使海水暗淡下來。而車過另一座鵝鑾鼻白色燈塔，則燈光明亮，令人入迷。

晚安，美麗的海啊，我要為這一天參訪的風景寫首牧歌。我願所有的族民都能在節慶時齊聲高歌，仍然那麼莊嚴地、勇敢地面對未來。

我願能清楚地記起那些青山，那使人夢想的澄澈的藍；因為，大自然的教益，使我感到謙卑。還有那些樸素的族民也都能安逸，生活靜好。

－2024.03.26 作

**青年日報**　　中華民國113年6月2日　星期日　／副刊 15

2024. 6. 2

### 我見青山多嫵媚

吟遊人生　◎蔡富澧

### 黃昏的社頂部落　◎林明理

—刊臺灣《青年日報》副刊，2024.06.02，
及攝影 1 張。

林明理畫作(左)：
〈山谷流泉〉、〈老
樹〉（此幅畫作存
藏於臺灣的「國
圖」「當代名人手
稿典藏系統」，臺
北市）及攝影

# 93. 穿過舊時光的公園

　　一個靜謐的清晨，我站在老樹下，像是前來造訪的雀鳥，
棲在高枝看周遭的風景。一群野鴿聚在拱形橋畔，不是咕咕

地叫，就是疾飛而過……而我又見到了烏龜家族昂首閒晃的身影。

沿著涼亭和防空洞的池邊徐徐而行。老人家早已指明，屏東古稱「阿猴」，世世代代生活在這裡的人，都知道這裡的歷史。原來，明朝嘉靖年間，曾有海盜被明軍追捕，潛逃到高雄，並占據了馬卡道族人居地，族人遂遷徙到今日的屏東，又稱「阿猴社」。

這段無法隱瞞的歷史還留下些許遺址，不是現今僅存在公園的「朝陽門」，就是涼亭亭身原本是「末廣稻荷社」的圓型地坪，或是原日據時期的「忠魂碑」，如今已鐫刻上「光復紀念碑」的名字。

而時常漫步於此的老人、玩耍的孩子，有時偶然停在國父雕像下聊聊天，有時在噴泉、或二二八紀念碑前慢慢把時光留下來。往往，我會順著這座前身為日據時期的「阿猴公園」，經過熟悉且時常走過的，被隔離了人車熙攘的「九仞宮牆」，使我感受到古色古香的屏東孔廟，是寧靜美的，而我的世界就不再侷限於林園之中。

我更可以看望到公園另一端的聖十字堂，它比另一端的演武場、美術館，或是林立的百貨公司，更顯得質樸莊嚴。據說，近年來每逢耶誕節，這座公園就常舉辦音樂節盛事，被打造成一個奪目的繽紛世界。

　　但對於喜歡寧靜的我，我早已有了自己的小小世界，以及廣闊的山海和星空。除了在四季裡，偶爾會從一個村到另一個地方走走，多半時間都在埋首寫作。就像德國大文豪歌德說的，「每個人都是生活的參與者，生活就是這麼簡單、寫實，卻又讓人嚮往。」我深信，穿過舊時光的公園、建築，或回顧歷史的片斷，通常會有點感慨。

　　但是，任何人處於大自然或令人愉悅的風景中，通常是快樂大於傷感的。對於喜歡冥思的我而言，不經風浪，生命就不會豐盛了。今天，我領受屏東公園和風的沐浴，最使我驚奇的是，我在公園旁聚集的小攤販中發現，他們大多來自多元文化的族群，十分和善親切。至今仍想起，那個賣小番茄的老婆婆，很開朗健談。

　　「請問這一大袋是一百元嗎？」我說。
　　「沒有，」她答道，接著說，「是五十。」

　　「哇，好便宜哦，謝謝！」我感嘆道。她點頭稱是，便笑了。我打包時，也點點頭。歸途，坐上車時心想，即使屏東在舊時曾是排灣族、平埔族群馬卡道族的領土，但如今沿途有各種山海美景和農作物紛呈眼前，城內一片祥和。而我也看到了一個有歷史的公園，懷上了一種綿綿的眷戀。

－2024.03.31 作

3 島嶼國際／副刊　　馬祖日報 2024.6.4日　　中華民國一一三年六月四日／星期二

# 4大學 7月底 停辦　教育部：月底前完成學生安置

## 協助大同、東方、環球及明道4校共728名正式學籍生轉至他校繼續就讀

### 洞江湖龍舟競賽　感受長樂獨有特色文化

### 經濟部核定補助金門金湖公有市場改善計畫

### 勞動部預估明年最低工資至少調4%

**「僑港服務費」即起可至超商繳納　每筆手續費8元**

## 穿過舊時光的公園

文／圖：林明理

老樹

朝聖門

山谷流泉

### 我懷念的小學畢典

蔡威

　　　—刊臺灣《馬祖日報》副刊，2024.06.04，
　　　及畫作2幅，攝影3張（含報紙網路）。

攝影及畫作【春在花蓮】：林明理（此
幅畫作存藏於臺灣的「國圖」「當代名
人手稿典藏系統」，臺北市）

# 94. 漫遊新社村

　　一個怡人的黃昏，我剛踏進下榻的二樓陽台，豐濱鄉閃
爍發光的黃金海、濤聲，眾鳥一一掠過，清風不斷輕拂著香
蕉樹、椰樹，畫面頓時鮮活起來……周遭山野澄淨，恍惚中，

那翠影落霞，已與孤鶩齊飛。

當天空出現星雲般神聖，與我見過最亮最顯眼的星空全然不同時，它是如此靜謐，讓我的思念如此悠遠。直至黎明，烏頭翁在窗外頻頻呼喚，人語聲也愈來愈近了。

我慢慢踏步而行，直至全臺灣最大的臨海梯田，在友善耕作的新社村裡，即使像素樸的裝置藝術稻草人那般手舞足蹈，也不足以表達我內心的激動。因為，我看到巴特虹岸海灘上，有一大片瓦藍色寬大的天幕，綠野芳茵，在晨光下清澈明朗。

當風兒親吻了我，俏皮的稻草人、耀眼的編織工藝坊等畫面總是那樣精巧地落入我的眼眸時……我感到眼前的水梯田已孕育出希望，彷彿要把那東北季風的呼喚仔細咀嚼，再獻給春天。

就這樣，綠和各種顏色的藍，在海灣前交織、靜默，在鳥聲啁啾中延伸。還有梯田上的裝置藝術，以及夾於太平洋與海岸山脈之間的新社部落，顯現出一幅幅噶瑪蘭族工藝技術與美學的圖騰，盡在海梯田周遭，在噶瑪蘭聖山的拉拉板山守護裡，一派安然。

而我眼底的新社村，不只有保存最多的噶瑪蘭語言以及文化的族民，還有創造「香蕉絲織布」技藝卓越的專家；拉拉板山，是陪伴他們走過漂泊歲月、保護族人的殿堂。

　　在噶瑪蘭文化中心後方一棵大榕樹下，保存了迄今二千多年的岩棺，是新社村的鎮山之寶；還有「新社香蕉絲工坊」，是寶貴的文化遺產，正繼續被發揚光大。值得欣慰的是，有一群熱血的青年，積極種植有機稻米等農作物，也有定期淨灘的志工、認真工作的族民。

　　據說，部落裡有數百個人，大多是「加禮宛事件」後遷來的噶瑪蘭族人，他們的祖先經歷不少磨難，迫遷至花東海岸；花蓮縣的新社部落是噶瑪蘭人較具規模的部落。

　　返家前，我帶著滿心的感動；幸福的稻穗在一大片金黃稻浪的海岸旁搖晃，輕輕地伸向天空。我多麼希望聽到拉拉板山腳下的族人，傳來傳統民歌的回音……就像那茫茫黑夜裡，太平洋的低語飄然來到我的耳畔。

　　我願空氣裡輕輕傳來的歌聲，能帶給新社村民的土地生長、豐收，就像「新社」的噶瑪蘭語，是「萬物養生之地」之意，勇敢地迎向從海面上吹來的水汽滋養。

　　我願村裡的孩童們在這片土地成長、茁壯、愈趨堅強。謝謝新社村的美麗山海，謝謝新社部落以及海梯田給了我鮮明、欣欣向榮的印象。

－2024.02.27 作

－刊臺灣《更生日報》副刊，2024.06.07，
　及畫作 1 幅（春在花蓮），攝影 5 張。

攝影及畫作（鄉野情）：林明
理（此畫存藏於臺灣的「國圖」
「當代名人手稿典藏系統」，
臺北市）

# 95. 織羅部落札記

織羅部落（Ceroh）是大師齊柏林生前空拍紀錄片《看見
台灣》時，在東部花蓮縣春日里發現「大腳印」的故鄉，大
家都這麼公認。它是農村的楷模，是玉里鎮山色田野的畫廊，
也是阿美族先人在這片土地上開墾、播種，讓後代子孫源源
不斷的冀望，更是一個凝聚著互助合作的純樸聚落。

「天祐花蓮，」我一路祈禱，坐在車內歷經四月三日強

震之後三小時，我初次來到春日驛站旁的織羅部落（Ceroh）。當我看到有五六個老人家坐在一起剝著金多兒筍的殼，但一時不知該如何表達，她們卻溫暖地對我笑了笑。

這部落位於玉里鎮，秀姑巒溪與其支流匯流處，四周都帶有稻香的氣味，讓我感覺就像鳥兒想飛起來，像齊柏林當年俯瞰這美麗的田野那般感動！

循著一條沙質的小路往前走，有葛鬱金在光輝的田水間開花，有許多蜻蜓在稻浪間飛舞……在清新的空氣中，一群紅嘴黑鵯、烏頭翁等野鳥的叫聲，宛如最純真的大合奏。夜裡，也有黑翅鳶、領角鴞、褐鷹鴞等動物出沒，生態豐富多彩。

在這裡，客家、閩南、阿美族等族民相處融洽是一大特色，他們的先人開闢田地，播種收穫，過著平凡、與世無爭的生活。最早移住的是來自拔仔社的阿美族、之後還有奇美、加納納社人遷入。

如今，有一群小農團隊堅持以有機和友善環境來耕種，社區裡有部落廚房、文創教室、農產品販售展示區、活動中心、教堂等，並將稻田中的「大腳印」標誌，作為部落的地景。

　　每年十月稻穗成熟前，族民齊力割稻作畫，讓空拍的「大腳印」重現。也可由族人帶隊作文化導覽、或品嘗餐飲，或實地體驗採收葛鬱金。實地走一圈，才知生活在部落中，單純又令人適意。據說，鄰近的春日國小有位文武全才又孝順的原住民學童幸智琳，家中雖是低收入戶，但榮獲臺灣的「總統教育獎」。

　　「她從未被家庭環境擊倒。」該校的梁校長說。我記得兩年前，九一八強震，教學大樓走廊曾崩塌；而今，當我在學校東走走西瞧瞧，發現已修繕了。這是一所充滿人情味的小學，曾經有位謝明賢老師，把一生都奉獻給學生，獲史懷哲優良教師獎；在他二十七年的教職生涯中，他盡心盡力，卻不幸車禍身亡。觀看其生前影片時，不免心酸又令人感佩。

　　現在我可以說，學會愛，對所有人來說，是人生的一種學習的過程。大多數的人雖然都是平凡的，但只要看到自己同胞受苦時，仍會想對他們給予協助，或是祝禱。因為，這就是出於愛的本身。也願大家彼此在人生旅途上都能互相幫助，就像織羅部落裡可親又善良的族民。

－2024.04.17 作

青年日報　2024.6.9日　中華民國113年6月9日　星期日　副刊 15

織羅部落（Ceroh）是大陸青柏林生態藝術紀錄片《看見台灣》時，在奧屯花蓮春日發現「大腳印」的故鄉，大家趕起聽公園。它是奧村的桃樹，是玉里鎮山色田野的團影，也是阿美族先人走過片土地上舞蹈、播種，還繁代子孫游遊不斷的實享，更是一幅嫣嫣著互助合作的溫馨畫卷。

「天站花蓮，」我一路新奇，坐在車內歷經四月三日強震之後三小時，我初灾來到春日轉站旁的織羅部落（Ceroh）。當我看到有五六個老人家坐在一起前著全各兒身的殷，和一的不知該如何表達，他們卻熱誠地對我哭了笑。

遇站啞位於玉里鎮，美談戀樂與其交流進示局。四周羅帶有稻香的氣息，讓我感覺就像兒時相見而來，像青柏林當年再親遇美麗的田野郁動。

循著一條沙黃的小路住前走，看司聲金在光彩的庄水潤潤花，有許多辟窟在荷頁閒飛舞……在清新的空氣中，一群紅嘴黑鵲、鳥溪發寺鳥鳴的小溪，宛如最親美的大合奏。沒者，也有黑翅鳶、黃角鶯、視鵲鵲等勤窟也發，生態麗豐多彩。

在這裡，客家、閩南、阿美族等族民相處是一大特色，他們的先人開闢田地，盛種衣糧，過著不凡、與世無爭的生活。是早移住的是來自核杜的阿美族，後來還有含美、知向斷往人遷入。

如今，有一泰小養種廠堅持以有機和友善穀質耕植，社區裡有原漢澎流、又創教堂、農產品販集種示回、社區中心、教室等，並將稻田中的「大腳印」照諸作稻田藝的建場。

每年十月稻穗成熟前，民氏齊力勤的作業，課深的若「大腳印」羅現。也因由族人帶施作文化導覽，品吃穀餐飲，讓實地體驗深感驚豐盛。實地走一圈，才知生活在阜原中，單知又令人雀躍，像哀，離莎到春口疊小有位文武全才又孝順的原低民學壽幸智黑，家中還是低負入戶、經榮養「織綜教農樓」。

「姑姑天疲家庭還過聲器，」羅校的染校長旅。我記得兩平前，九一八張雲，教學大橋走蛤管崩塌；而

今，當我在學校果走圧西邊緣，發現已修騰了。還是一的芽羨人情深的小羅，當羅有位歸朝顏的，把一生都基業終學生、當業績哲嫂長歉感濃；在地二十七年的教蘇生活中，她認他出能力，卻不牵抽報恩心。觀賓新生的影所，不免令人心驚又感銘。

現在我心出版，學務學，制作有人來脫，是人生的一樓學習的過程。大多數的人雖然都是平凡的，但只要看到自己的同學習管同時，小會想給予他們面訊的鼓勵，因為這就是也能快的本身，也顯大家彼忆在人生路的上都能互相勉勵，就學歷臨部落裡可親又喜負的族民。

### 山中石磴別有天

吟遊人生　○蔡富澄

拌林磨石磴里，如果沒有人安排，我雖說是不會逃訪的，也就沒有遇過的秘境之行了。

「磴」本義是採螺的訊息，清代惠鄉詩人所遊的《嬻寓通志稱、食買志續篇》引《黨巖圖稱》說：「穴以納入醇之磴，赤巖之磴，淺岩以才而，深者以里甲。」而石磴地名的由來，的咽嬷所無窮。根據紀載，遠光和年（西元一七八二年），向黨金菜等十八個安徽人來此臨閉種地聽極，各到流根此地的北勢操，築底有石，形狀若臨，就以「石磴」為地名。

當年的石磴位置茶不及考察了，現在皆名石磴里是一個位於山谷的聚落，從拌林廣車道更十最分鐘。來趕我們的郁黨啟，猶郁一看前，看到一個鴿著「保國寺王」的牌種就在下走。「石磴曲山、車廠外看到山谷底下有部房子，我們以為就是這裡了，沒想到叉開了幾公尺，單子才修在路邊一塊豌解稀石的空地上。安裝靠派行裡的遭學展長者鋪鋪距離，這些厂是一隻養緊，讓我們停下來看。望著俗間高儇的郁子樹，身過過未長戒的茶山，大衆地說就當；原來，還是剛鈺老家對此比股野稀傘的地方。

再年朗不遠，朝雀築者我們走下一遍短短十尺，紀是胆幽的斜度，送到一間回遭澤埭快慶施的臨下，遭裡就是昔的老家。到了屋程，我忘不及地問他啟：「你們小時候上學校是鴫走到學校需要多久？」我以為自己小聲後」學走到國小要半小時工哥就遭了，看來最段距更運。

也說，小時候沒五點就得起床，吃完稀飯番瓜，全村要多數孩子就集合一起出門，走一條長到上面等公哩，第一遍六顆鑽各車，沒程上認到也走回十幾分鐘跑路的學校。「公哩到學校是不過分呀！有時候是我門在學校玩遭了！」他啟。山里的孩子面對顏芭的憧境，保滿分。能配芭，還揖好英美。想到我們小時候，也是通嫣鞭烦身充的孩子吃芭早餐一起出門，煮菜碎石欣菜坡芭當石地提起，這些邊玩，讓先七敗蟾毒到校早自習山村和就有其義不足。

望著遠處鴫尊的山徑，腦海中不禁浮進一幅孩子穩昂著力興山四地上行走的動出。

稿在楼緣／蔡志和　藍贈／江美嬪　美刷設計／廖

刊臺灣《青年日報》副刊，2024.06.09，
及畫作【鄉野情】1幅，攝影1張。

林明理
攝影

# 96. 新白楊部落旅思

　　從強震剛剛過去的花蓮之旅後，回顧四月三日那個陽光明媚的早晨，車過光復鄉的田野，遠處的青山蔥鬱蒼莽。突然一陣響動，一聲聲手機急促的警報掠過我的耳邊。剎那間，地震來了！就在這一秒之內。

　　「但願沒事吧！」我猛一回神，開始神傷揪心，也有點難以相信。因為，全臺灣正有不少人跟我一樣驚愕。從畫面中，我看到有人受傷與死亡、建物傾倒或毀損，但我們也沒有忘記仍有救難英雄、軍人、消防、醫護人員、慈善團體等，

他們立即加入救援行動。這些善心人士身影是美麗的，且心存仁愛。

當下，驅車改往萬榮鄉見晴村一個百餘戶的小部落。站在國小司令臺前，仰望那蔚藍的晴空，仍是那麼澄澈！有各種野鳥飛翔，以及三位小朋友豪氣地闊步走過，對我來說都是值得欣慰的。因為，他們仍是那樣自在地挺起腰桿，而樹縫間的陽光正暖著我的臉頰。

「咦，您在拍攝什麼啊？」其中一個長髮小女孩好奇地問。

「我在拍你們的彩繪牆、勇士圖騰，畫得都很精緻！」我笑著回答。

「小心地震喔！」其中一個小男孩一本正經地說。

「你們也小心。」我補充地說道。

「我們不怕！」忽然他們三個都同時齊聲回答，並揮手致意。他們純真的話語浮游於近午的陽光下，似乎讓周遭都生氣蓬勃了起來。不管我凝視的是他們小小的背影，還是注目那活動中心前，有老族人正在耕種的稻田、花生或玉米等農作物，一切都是那麼美好！這是因為在這樣一個特別的日子，我以感恩的心去參觀這座小村落時，才能體會到的。

　　據說，新白楊部落（Gibayang）的祖先是來自百里外中央山脈群中的「古白楊」。他們在一九一四年的太魯閣戰役中，曾以兩千餘人力抗二萬日軍，長達三個月。近幾年，有一群返鄉尋根的族人冒雨挺進，他們鑽過芒草洞、經過茂密的叢林，果眞有過人的膽識、強悍無畏的個性。

　　這村子雖小，但人才濟濟。男子多會弓箭，女子多會編織；而學童的清歌曼舞，更是享譽全縣，有位退休的賴校長則熱衷於畫出太魯閣的萬千景色。

　　如今，村裡的三百餘太魯閣人仍與莊嚴的星辰、淳樸的田野一起生活著。他們一點一滴，用心地勾勒出其祖先生活輪廓的畫面。確實，我站在村裡的視線是有限的，但我心靈的世界卻不感到擁擠或受限制。

　　我察覺生活在這裡而具有勇氣的太魯閣人，不可能有太多的憂慮。即使有強烈的暴風雨，他們也會把恐懼留在背後了。在見晴天主堂前，我祈禱天祐花蓮，因爲堅強又有韌性的花蓮人，該是被許多人祝福的。

－2024.04.08 作

新白楊部落旅思

◎林明理

吟遊人生－⑨樂富溪

觀山親水沿溪行

－刊臺灣《青年日報》副刊，2024.06.23。

林明理畫作【靜夜】
照片：姿錦（左）
與明理（右）

# 97. 永遠的摯友

在我心中，一直有個知心的朋友。她像個姐姐，善解人

意、個性開朗，讓我打心眼裡喜歡同她說說話。還是個學童時，她就同我一起上課，讓我特別安心。

後來我負笈他鄉求學，每當暑假返家，總會到村上去看望她。有一回，她一邊燒菜，一邊要我快過去嚐嚐她的菜。我經常坐在她的床邊，一刻不停地互訴衷腸。

才二十出頭，她卻罹患一種怪病，在家整整休養兩年；後來病情好轉，就結婚了。等我大學畢業，她已經成為母親。我到現在還感覺得到，她把幸福掛在臉上的模樣。

當我研究所一年級結婚，她成了我唯一的伴娘，還幫我打點禮服和上妝。後來我南下到屏東師範學院教書，庸庸碌碌的過著日子。直到父喪返回老家，才得知她已病逝。母親在我離開前，講述她病痛的經歷。我聽著聽著，心都痛了。上車時，不覺簌簌淚下。

今夜，我特別想念時間之流中與姿錦相聚的每一刻……我總喜歡編織未來的夢。我曾問她：「是不是只要有一天我能寫出一本書，就可以當上作家了？」

她對我這突如其來的問題並不感到驚訝，反而笑了起來，說：「當然，妳常演講比賽，說不定還可以教書呢！」大概從那一刻起，我打心底裡就夢想著願望能實現。

當灼灼星光在夜空璀璨，而多情的風帶引著我，回到故

鄉那熟悉的小路上。我們靜坐在莿桐國小校園的老樹下，手
牽手，談笑著。

　　啊，這涼風的氣息，竟也喚起一種鄉愁，吹過我倆少年
的年華，吹過一條長長的老街，吹過兩邊的小鋪面……來到
她家門前。我信步走進去。我心中的友人啊，還是那麼熱情，
以殷勤語調說話。

　　假如我有一雙翅膀，像諾亞的鴿子，飛向蔚藍的海上。
我願啣上橄欖枝，繞過村裡的大街小巷，隨著風繼續前進，
在風中找尋童年消失了的聲音。

　　我知道，離別是苦，世間無常。可在這番回憶裡，就算
只有一瞬，友人的音容，仍讓我難以忘懷。泰戈爾在《漂鳥
集》詩裡的一句又在我心中迴響了：

　　我們的生命是被賜予的。我們惟有奉獻生命，才能贏得
生命。

　　如今，我已步入初老但仍學習不輟。與年輕時相比，我
得以在寧靜空間裡寫作。每次回想起童年，總能喚醒我的純
真歲月，和那些最親切的聲音，以及綿綿的眷念。

－2024.5.27 作

攝影：林明理

# 98. 屏東鄉野紀事

　　當夏蟬鳴響山谷遍野，從我的書房望去，在小葉欖仁樹的樹蔭下，確實有提神的作用……一隻俏皮的小松鼠一如往常，又跑往對街的大樟樹找朋友閒聊。在我記憶裡，有些村子裡的雜貨店、老屋、百年校舍，或那些農人和巷道裡的孩童們，就像藏寶圖一樣，總有一段鮮為人知卻特別有印象的故事。

　　就像初次踏著晨光，看一群白鷺鷥驀地飛起成隊，從屏東縣新埤鄉的田野到公園，從向日葵花海到國小校園。我沿

著一條伏流水小路徘徊，看見大地安然地在藍天下甦醒。我生在農村，在小村裡長大，如今也只有在這蟲聲唧唧、鳥鳴的地方，回味一下童年的記憶。

忽然，一聲雞啼劃破了寂靜。這片與家鄉一樣以農立鄉的村莊，有廣大的良田，盛產紅龍果、木瓜、蓮霧等農產品，也有藍得敞亮熱情的天空！尤其是除了客家人占有一半居民之外，當地也是平埔族馬卡道族人的重要聚落，族群極為和諧。

據說明清時期，有客家移民遷入新埤頭這一帶拓墾，其先民大多來自廣東，至今已發展成有特色的農村。我隨即參觀當地一百五十七年的三山國王廟，屋頂上的古蹟、柱子的字跡都各有一段歷史故事，也是當地客家人歷史的一部分，不由得產生敬意。這一切在各鄉野間就是那麼相近，大地母親也依然哺育萬物。

之後，駐足於滿州鄉境內的八瑤部落，這是一個排灣族部落。多想化成老鷹翱翔，讓乘風之翼回應著從教會中傳唱詩班動人的歌謠。有時我可以俯瞰這深僻部落，看看族人面對謀生不易的艱難。有時我想繼續盤旋，記下每一段用文字擦亮被遺忘的故事……而周遭萬物似乎都是寧靜的，只有有些孩童因其母親大多在外地工作，只能將心中母親的影子點亮。

在活動中心旁，我還看到排灣族勇士銅像，讓我不禁投

以尊敬的目光。惟這村子因緊鄰港口溪、紅土溪，每逢大風災，就被滿州鄉公所列為風災的危險區域。

　　雖然走過許多村鎮，族民都有各自的風土人情，但對我來說，情誼是無形的寶貝，再多的錢也買不到。特別是當我的思想在巨大的空間飄遊時，我反而更想把貧苦中的溫馨畫面記錄下來，並由衷希望八瑤村民和我心中都點亮了希望，能勇敢走過風雨和黑暗。

　　此刻，我想起黎巴嫩詩人卡里•紀伯倫的一首〈歸去〉詩裡說的：「我們是生命力頑強的種子，當我們的心成熟飽滿時，就會獻給風，隨其飛散。」我常把這段文字當成智慧的語錄。也但願每個孩童在清晨醒來的時候，心中都有了光明。

　　　　　　　　　　　　　　　　　　　－2024.05.19 作

—刊臺灣《青年日報》副刊，2024.06.30，
及攝影 2 張。

林明理攝影：【親水公園】

# 99. 夏日回憶閃耀

　　我無法飽覽九五峰步道之美，或站在巨岩上遠眺臺北市容及山景，但是近日由友人魯蛟寄來的一首詩裡觀察到登上南港山系的峰頂，是如何讓一個老作家時刻這樣惦念著，彷彿有意讓我的想像力馳騁，跟著詩人的步履自由享受林木飄香，沁入我心田。

　　「名字響亮的九五峰／懷著菩薩般的心腸／擎托著花草樹木和山崖／釀造出甜美的風景　然後／用風景營養熱愛山林的眾生」當九十五歲的詩人魯蛟發表在《文訊》今年三

月號（九五峰和九五翁）的首段中這樣說。我深深感受到長
居於北市東區四獸山腳下的他，其札根於土地的情懷和九五
峰最吸引我的藍鵲、五色鳥、大冠鷲，以及大自然的各種美
妙聲音，也就與我更近了一些。

而我所住的地方正像所有繁星閃爍的許多純樸區域一
樣，我也喜歡遠離了煩囂與都會，來到靜謐且又恬適、接近
我故鄉的地方。比如，今年夏至之晨，在關山鎮親水公園湖
畔，一對紅鳩在枝椏間咕咕低語，一隻單飛的白鷺鷥悄悄地
飛翔掠過。我早早起身，來到林間，空氣裡散發出雲水之間
淡淡的青草氣味。

約莫一小時後，車經電光大橋，只見稻田裡結滿金黃稻
穗，有種令我十分懷舊的芳香。沿著溪橋旁的一條長長小路，
在青山和田野的交接線，出現了一座超迷你的小學；有座成
立逾六十八年的電光聖若瑟天主堂，是部落族人的信仰中心。

據說，近年來電光里結合多半來自「恆春阿美群」的耆
老與族民協同帶動社區發展。其中，推廣的竹炮體驗、編織、
打擊樂器等有特色的技藝及課程，讓電光國小躍升為十大經
典特色學校，社區也因而獲得低碳永續家園成果的銀級認
證，委實令人激賞。

在這清晨或短暫雨歇後，融合著陽光的雨絲，也能帶給我許多愉悅的慰藉。遂而想起童年的某一天，我在客廳溫書時，不知不覺中打瞌睡了。等我搖頭晃腦醒過來時，只見父親仍掛著老花眼鏡端坐在桌前，孜孜不倦地挑燈工作中。父親溫儒的影像，教我時時縈念，他也讓我學會誠實面對自己與勇敢向前，迄今仍是我精神上最大的動力。

自從父親往生後，除了教學，我也開啓了文學寫作之路。我常在大自然中潛心思索，如今，總算明白對自己而言，什麼才是最重要的。

啊，在我故鄉的田野，就像這座電光部落一樣，寧靜又富足，這是我能體會到的最真實的幸福。對我來說，親情與永恆的友誼才是這世上最值得珍惜的。至於財富或功名利祿，又算得了什麼呢？

－2024.06.05.

青年日報　2024.7.14日　中華民國113年7月14日　星期日　副刊15

**吟遊人生** ◎蔡富澧

# 夢幻泡影見茶道

—刊臺灣《青年日報》副刊，2024.07.14，及攝影1張。

林明理攝影　左：【阿美族彩繪牆】、右：【花蓮光復糖廠】

# 100. 苓雅部落遊記

不僅僅是在今年夏季，我仍會常常想起那個陽光絢麗的清晨，在秀姑巒溪與苓雅溪匯流處，有一個依附在河階上的苓雅部落。任歲月流轉，田野中依舊充滿清爽的稻香，白雲正不斷飛馳在溪橋的澄藍天空……大地仍一片生機盎然。

適巧有一輛小貨車從部落之中緩緩駛來，一個農夫乘坐其上。「這座耕牛拉車的雕塑好美！」我不禁喃喃自語，心底有些好奇，更想知道個究竟。

「先生，能請問一下，由這裡是進入苓雅部落嗎？」我

問道,「是啊!」他面帶微笑,向我點點頭,便行將遠去。現在總算有了初步了解,於是我信步走向陽光覆蓋之下的德武國小,只見校園花木扶疏,有阿美族人與海洋生物的彩繪牆,諧趣又美麗。

據說,部落的先人多從富源的拔仔社、奇美山區的阿美族遷徙而來。值得欣喜的是,校方今年以部落特有的七罈酒祭儀為主,參與族語教育學習環境評鑑中,榮獲優等獎。

當風兒領我沿著校園的盡頭、活動中心、教會,直到田裡引水的族民,一路上都能清晰地聽見野鳥頻繁地叫,在街巷,在溪邊,便已喚起我許許多多的遐想,正如童年的我躡腳走在田埂上釣青蛙那樣快樂。

然而,這種純淨的美、鳥雀的歡聲,以及淳樸的風情,老族人的樂觀天性與面對困難的智慧……這一切,恰如我轉過身去看到一個動人的全景映象。而每年八月,部落裡的頭目和老人家也總會翹盼著年輕人回家慶祝豐年祭,那嘹亮的歌聲想必充滿了純樸和希望,且回響良久。

歸途前,車經光復糖廠,正值日正當空,在高聳的中央山脈山影背景下,我把從糖廠店鋪裡買來的許多食物及冰棒

打開，每次到訪這裡休憩時，我們都保留這一習慣。

想當年，也曾跟著哥哥到斗六糖廠探訪他的同學，當時，他就讀嘉義高中。我們還能參觀園區內的火車頭、工場大煙囪、日式宿舍，以及一起吃……那時的景物跟這座光復糖廠有點類似，都令我覺得回到了童年。

童年像什麼？我千般揣測。或許童年就像旭日初升，在半天雲裡，充滿朝氣又帶著令人嚮往的夢想、靈魂的純真。我最常憶及的恰恰是與親友在故鄉這個心愛的地方，那片廣闊的田野的鮮綠與金黃，珍貴如金。而今每每在時空最奇異的境地裡回首眷戀，卻難以再次走過那天真無慮的歲月了。

正因探訪苓雅部落，令我心中一直保留著美好的思念；直至此刻，我但願所有學習中的孩童也能永遠延續著夢想。因為，夢想能讓我們縱目遠方，也能從中累積莫大的動力，邁向未來。

－2024.05.31 作

—刊臺灣《青年日報》副刊，2024.07.21
及攝影 2 張。

# 二、附錄 *appendix*

## 1. 探索中西詩藝的追夢者

### 筆端所觸　如霜天下一朵綻放的白梅

林明理撰文／編輯部
簡介、詩作及自序／林明理提供

林明理左照攝於 2019.09.29，台東大武金龍湖，
右照於大學教書期間

# 林明理小檔案

　　林明理〈1961-〉，台灣雲林縣人，中國文化大學大陸問題研究所法學碩士，美國世界文化藝術學院榮譽文學博士。曾任屏東師範學院講師、北京「國際漢語詩歌協會」理事，現任臺灣「中國文藝協會」理事、中華民國新詩學會理事，詩人，詩歌評論家。2012 年人間衛視『知道』節目專訪播出於第 110 集「以詩與畫追夢的心—林明理」，2013 年獲台灣第 54 屆「中國文藝獎章」文學類「詩歌創作獎」。民視『飛越文學地景』播放其四首詩作錄影〈寫給蘭嶼之歌〉、〈歌飛阿里山森林〉、〈白冷圳之戀〉、〈淡水紅毛城之歌〉。

　　著有《秋收的黃昏》、《夜櫻 — 詩畫集》、《新詩的意象與內涵--當代詩家作品賞析》、《藝術與自然的融合--當代詩文評論集》、《湧動著一泓清泉—現代詩文評論》、《用詩藝開拓美—林明理談詩》、《林明理報刊評論》、《行走中的歌者—林明理談詩》、《海頌—林明理詩文集》、《林明理散文集》、《名家現代詩賞析》、《現代詩賞析》、《思念在彼方 散文暨新詩》、《甜蜜的記憶（散文暨新詩）》。以及詩集《山楂樹》、《回憶的沙漏》（中英對照）、《清雨塘》、（中英對照）、《山居歲月》（中英對照）、《夏之吟》（中英法對照）、《默喚》（中英法對照〉、《我的歌》（中法對照）、《諦聽》（中英對照）、《原野之聲》（中英對照）。她的詩畫被收錄編於山西大學新詩研究所 2015 年編著《當代著名漢語詩人詩書畫檔案》，畫作百幅存藏於台灣的國圖「當代名人手稿典藏系統」；詩作六首被收錄

於《雲林縣青少年臺灣文學讀本》,詩歌評論作品被碩士生研究引用數十篇論文,作品包括詩畫、散文與評論散見於海內外學刊及詩刊、報紙等。中國學報刊物包括有《南京師範大學文學院學報》、《青島師範學院學報》、等三十多篇,臺灣的國圖刊物《全國新書資訊月刊》二十六篇,還有在中國大陸的詩刊報紙多達五十種刊物發表,如《天津文學》、《安徽文學》、《香港文學》等。在臺灣《青年日報》、《人間福報》、《笠詩刊》,《秋水詩刊》等海內外發表的詩藝與詩歌評論作品已達千篇以上。

認識林明理已逾十三年了。當年她因病,提早從大學教職轉為專職寫作時,猶如詩壇萌發的新芽,能詩能畫,自稱是愛追夢的人。時至今日,她努力開闢,在海內外各種詩的園地耕耘,用清淨的心、彩繪的筆,在寫她生命的記事、旅遊遐思,或閱讀詩集的評論,娓娓道來,不刻意晦澀深奧,也未流於淺俗,筆端所觸,如霜天下一朵綻放的白梅,讓人很容易就融入她敘述的美景與希望。而詩歌評論的文筆更是精闢而優雅,深獲海內外一致的讚許。

她曾在《一個愛追夢的人》的自序中提及:

「……我自幼家中生活窘迫,從有記憶開始,父親的肺癆就一直是時好時壞;到入國中前,家境才逐漸好轉。初中起,我在北市崇光女中開始住校生活。好不容易等到聯考完畢,我打包行李,扛上火車;回家之途,便覺得興奮而快活。到站後,父親牽著腳踏車,馱著行李,開始滔滔不絕地對我說一切的一切,我從來沒看見父親笑得那麼開心過。我選擇

白天考入農民銀行服務,當我半工半讀地以夜專第一名成績畢業,隨即插班大學時,我已無須再不休不止的工作來維持生計;懷抱著一分欣喜,刻苦奮鬥,終於以自信的笑容,踏入大學之門。大學時代該是人生中最值得追憶的時光吧!尤其是當年住校的我們,八個女生同擠在一間簡單的小斗室,總會留下許多同甘共苦的生活的片斷。

我以優異成績大學畢業的同年,又順利地攻讀法學碩士。自大陸所法學碩士畢業,我南下得到的第一份工作,是國科會的專案研究,計畫主持人是中山大學資管系的黃慶祥教授。他待人十分誠懇、很懂得包容,嚴格中也有慈祥的一面。在黃教授的推薦下,我鼓足了勇氣,毅然於民國七十八年(1989年)報考了東吳大學經濟研究所博士班,雖然是備取第一名,但我還是很感激有此機遇;2008年,繼續努力以赴,獲佛光大學文學博士班初試通過。

在我的求學過程中,我是一個愛追夢的人,而且勇於接受挑戰,每一個階段的求學,都有不同的際遇與心得,甚而造就了我的自信心,因而在不同時期的不同職場上,都帶給我不同的經驗,以及往前接受新挑戰的信心。從小到大,我一直都有良師在一旁督導、幫襯著我;之後,雖然順利地在屏東師範學院、高雄海洋技術學院等校任教,但那一年的學術研究,過得充實又愉快。對我而言,它激起了一種上進的喜悅,這是最值得我珍惜的。我也深悟到,惟有繼續研究,才能提高鑽研學問的興趣,才能加大學習的動力。

　　記得在高雄海專執教時，第一次對寫作發生興味，是系聯代表要我提供系刊的稿件。我義不容辭，憑藉一股熱情在心頭滾流，連夜寫下「窗外依然有藍天」一文。從那時起直到往後幾年裡，又轉入他校教書後，我經常配合寫些時事，來激發學生關心社會的興趣。我在報社從事於專欄寫稿，刊載三百多篇文章後，因工作過度，緊接而來的，是身體跟著每況愈下，只好被迫離職在家休養，筆耕於文學寫作與詩歌研究。雖然現在的我，喬遷到台東市深居罕出，日子倒是過得很舒適平淡，但有一股求知的動力，深化著我對文學領域的審美情緒。對於文學領域的深奧，最能激起我認真學習的動機；我期在未來能寫出文學風格和特有的作品來，讓自己的生命更加圓融充實！」

　　由上所述，使讀者對她的創作歷程有了更多感性的了解。

## 一、獨樹一格的詩歌與評論

　　我為明理在其早期創作的《夜櫻》詩集中為序，當時她從事詩創作年齡不長，卻能寫下這樣的詩句：

　　　　當夜敲著故鄉的門
　　　　小樓的風鈴就傳開了
　　　　那海河的橄欖林
　　　　在銀色的石徑裡醒來
　　　　被風起的流光
　　　　點出滿身晶瑩的背影

　　在這首（夜航）的早期詩作裡，你可以讀到她清澈而流暢的美。我原本只是期盼她能以《夜櫻》這絢麗的開始，營造更上一層樓的境界，創作出更美好的作品，達成她對詩的夢想，這是身為長者的我的祝福。沒想到短短十多年來，就陸續從海外聽到她寫的詩歌評論風評不錯的佳音。讀她的詩，有身臨大自然的山林逸趣，也富有詩的理趣，往往能達到詩的意象之美。一如她在 2018 年夏天曾創作這樣的詩畫（在愉悅夏夜的深邃處），並發表在《人間福報》：

　　　　從未忘記。
　　　　風雨摧蝕的
　　　　　　山海灣，
　　　　迎接耳語的浪花，
　　　　我們並肩跑往
　　　　　　遼闊的星野。

　　　　背後的風
　　　　古老漁村的想像——
　　　　　　恰如一個夢，
　　　　這路徑，錯落的腳印
　　　　　　和笑聲。

　　　　而今
　　　　在記憶中逐漸抹去的，
　　　　　　不是你逐浪的身影，
　　　　而是小小的思愁

　　隨波成藍色……
　　忽遠，又靠近了。

－2018.08.09 作

　　明理是個勤奮的歌者，自從大都市高雄喬遷到台東市定居後，她寫作更為專注，且詩藝作品及文學評論產量驚人。不到十三年時間，又即將出版她的第二十四本專著，這是她這些年來持之以恆的成就，也是一個勇於探索中西詩藝的追夢者。

## 二、從詩藝交融激發文學視界的歷程

　　據我所悉，明理由商學學士、法學碩士，成長為詩人和詩評家之因，是有一次她參加了佛光山舉辦的翰林學人的研討會，下山以後，不知不覺寫出第一篇散文《聽雨·僧廬》。從那以後的十三年中，陸陸續續寫了二十三本書。所以我覺得，她會走上文學這條道路是一個偶然，但也是必然的。因為，她從小最喜歡的學科，就是文學。因為，明理詩家也是台灣的文協理事之一，前些年來，常接觸到許多遠自大陸來訪的詩人或學者交流。比如古遠清教授就為其書序的標題裡寫著〈對藝術真締孜孜不倦的求索 —— 評林明理《藝術與自然的融合》〉，而山東大學吳開晉教授也為其書序為〈以詩為文　妙筆探幽〉，莊偉傑教授更對其詩集寫出一篇名為〈詩情畫意的天籟清音 —— 讀臺灣女詩人林明理詩畫集《夜櫻》〉的評論，還有葉繼宗教授為她寫的書評〈夢想作筆　妙筆生花 —— 初讀明理老師的詩〉，林林總總的評論，也體現了她詩人兼詩評家的道理。

　　她為人直率，勤於創作，從其作品，也可看出她較深的藝術修養。她告訴了我，她先是投稿到臺灣及國際各種詩歌刊物，發表後，受到了重視，而被多次邀請參加文藝協會的各種詩會演講，因而獲得了更多的學習機會。此外，她也參加國際詩會，比如在世界詩人大會上，她曾兩次上台發表英文譯詩朗讀，以及短短幾分鐘的英文詩論演說，並因而認識了世界詩人大會主席。還有 1985 年諾貝爾和平獎的卡翰（Prof. Ernesto kahan）教授，後來，明理也在 2013 年馬來西亞獲得世界詩人大會頒發給她美國「世界文化藝術學院榮譽文學博士」的殊榮。而身為文藝協會理事長的我認為，她已在國際文界向人們顯示出她對於寫作的熱忱與努力，有此成就，自然也是台灣文協之光了。

　　在一次從大陸來台收集詩歌研究的專訪中，研究生王覓就曾問過明理一個問題，這問題，也是許多人想問的，自然引起我的好奇。王覓曾問：「您是詩人，又是學者，詩人的感性和學者的理性是否有矛盾，是相互促進，還是相互影響？」

　　明理是這樣回答的：「真正的詩美，深藏在天地間，至真的關懷之中。寫詩，讓青春記憶甦醒且期待生命的重生。寫作，讓整個人精神都篤定起來了。比起學者這名銜，我更喜歡詩人這頭銜。但學者也可以是個感性的詩人，而詩人卻絕對不是在理性下寫詩的。真正的詩人是可以讓後人牽掛與尊重的。大自然的雨露凝成了詩的精華，詩的天空明澈無比，引人遐思，引人探索，引人沉思。所以，無論是當詩人或是

學者，都是相對而言的，是有互助的。當我完成想寫的論文，想發表於大陸的學報或台灣的詩刊物的時候，我自認為，自己是學者；而當我想捕捉靈光閃現的剎那感動時，我樂於當個詩人。」

正因為詩歌或評論，有時是偏重於主觀表現，有時也是現實生活中每個獨特的詩人腦海中反映的產物。我始終這麼覺得，明理的每篇詩評，標題都獨樹一格。印象深刻的是，她最近為我寫的一篇（智慧與詩意的塑像——析綠蒂《十八・八十》），文中最後一段論述：「我始終這麼認為，綠蒂除了思想上具有崇尚自然的智慧外，也在詩歌創作與推展上取得了顯著的成就。縱然他的一生不是一帆風順的，但他仍勇於剖露了自己真摯的情懷。他借助於大自然的力量，把藝術的觸角及自然界的山川秀色、四季的晨昏與雲霧等獨特的形象納入詩中，也抒發了對家鄉的愛。他像是一座富有詩意的山，擁有寬闊的胸懷；因此能創作出富有生命力的語言，意象煩瑣而感人至深。」又如她為詩友寫的「一隻優雅昂起的九色鹿－讀梅爾的詩」，或「清靜淡泊的詩音－秦立彥詩歌的另類讀法」等等，在她已出版的七本詩歌評論專著、數百篇文學評論裡，多有表達了她對詩美的詮釋與讚美，讀後令人驚喜。身為她在台灣詩壇的引航舵手的我，在其友情的照射下，也為她的努力與近年來在兩岸文壇又閃出了新的光彩，而感到欣慰了。

## 三、林明理：詩情畫意的作家

林明理的詩歌語言同她的散文或評論一樣，畫作或攝影

作品，常搭配刊登在報刊物，給人以新奇感，也是很有特色
的。她曾在 2012 年人間衛視『知道』節目專訪播出於第 110
集「以詩與畫追夢的心—林明理」後，翌年，獲台灣第 54
屆「中國文藝獎章」文學類「詩歌創作獎」的殊榮。前幾年，
也獲邀於民視『飛越文學地景』播放其四首詩作錄影〈寫給
蘭嶼之歌〉、〈歌飛阿里山森林〉、〈白冷圳之戀〉、〈淡水紅毛
城之歌〉。其間，也陸續在法國巴黎出版法語譯詩集，也有山
東大學外語系吳鈞教授及美國非馬博士為她翻譯了數本英譯
詩集，這無疑是對其詩藝創作的肯定，當然，也提供給讀者
更多有益的讀本閱讀與思考。

　　首先，明理是個感情豐沛的詩人、作家，在她的文筆下
喚出的詩篇，往往以抒情詩居多，她的心聲，也正是許多讀
者的心聲。比如她曾發表過的一首〈遠方的思念〉，抒發內
心對友人的敬慕之情：

　　　　我想寄給你，寫在潔淨的
　　　　白雲輕靈的翅膀上
　　　　在這不是飄雪紛飛的冬天

　　　　我想寄給你
　　　　豪邁而無形式的歌
　　　　以及充滿友情的琴聲

　　　　雖然祝福在心中，天涯太遙遠
　　　　當你的眼睛逮住這朵雲
　　　　你將懂得我唱出的秘密

　　這又把她身為詩人的主體形象體現出來了。最近她告訴了我，勤於寫散文，且已出版三本專著，發表數百篇，當然寫得也是清新且有趣味。其它如詩歌評論等嚴肅文學，經過了一小段時間的沉寂後，近兩年多來，又開始以新的面貌呈現於台灣各詩刊及讀者面前。今年夏季，還要繼續出版第二十四本新書《詩河》，兼具詩歌評論、散文及詩作的合集，就是其中一例。作為詩友，我期待她繼續為創作和詩學研究上放出異彩，這無疑比之於十三年前創作初期的她，已明顯向前跨進一大步，確實為一位「詩情畫意的作家」。

－2022.02.23 作

探索中西詩藝的追夢者

筆端所觸　如畫天下一条瑰麗的白绸　林明理 撰文／編輯部

圖片、簡介、詩作及自序／林明理提供

（林明理左照攝於 2019.09.29，台東大武金龍湖。右照於大學教書期間）

林明理小檔案

林明理（1961-），台灣雲林縣人。中國文化大學大陸問題研究所法學碩士，美國世界文化「國際漢語詩歌協會」理事。現任臺灣「中國文藝協會」理事，中華民國新詩學會理事，詩人，詩歌評論家。2012年人間衛視「知道」節目曾錄影於第110集「以詩與畫追夢的人—林明理」。2013年獲台灣第54屆「中國文藝獎章」文學類「詩歌創作獎」。民視「飛越文學地景」播放其四首詩作錄影〈寫給蘭嶼之歌〉、〈歡迎里山森林〉、〈白冷圳之戀〉、〈淡

水紅毛城之歌〉。

著有《秋收的黃昏》、《夜櫻—詩畫集》、《新詩的意象與內涵—當代詩家作品賞析》、《藝術與自然的融合—當代詩文評論集》、《清逸著一泓清泉—現代詩文評論集》、《用詩藝開拓美—林明理談詩》、《林明理報刊評論》、《行走中的歌者—林明理談詩》、《海頌—林明理詩文集》、《林明理散文集》、《名家現代詩賞析》、《現代詩賞析》、《思念在彼方 散文暨新詩》、《甜蜜的記憶（散文暨新詩）》。以及詩集《山楂樹》、《回憶的沙漏》（中英對照）、

　　－刊臺灣《秋水詩刊》，第 192 期，2022.07，頁 25-31。
（全文由林明理撰文，《秋水詩刊》發行人綠蒂老師審核）

# 2　2023.10 意大利喬凡尼出版，《和平選集》

《和平選集》收錄林明理英詩（Bring peace back），頁 57，非馬譯，中文詩（把和平帶回來），頁 174，及封底林明理照。封面 3 林明理封底名字 LIN MINGLI。

€ 19,90    ISBN: 9788899803773

## 把和平帶回來

林明理

一切都很安靜
直到砲彈來襲
建築、作物和牲畜
　被無情催毀
天空
　眼睜睜瞪著獨裁者的私慾
大地
　哭訴著侵略者的罪行
一隻白鴿
在黃昏中悲鳴
對著眼前無盡的道路
只有明月
用溫存的手撫恩著難民

林明理，1961年生，臺灣雲林縣人，中國文化
大學大陸問題研究所法學碩士，美國世界文化
藝術學院榮譽文學博士，詩人，詩評家。

173

184

# 林明理
## Dr. Lin Ming-Li

　　林明理，1961 年生，臺灣雲林縣人，中國文化大學大陸問題研究所法學碩士，美國世界文化藝術學院榮譽文學博士。詩人，詩評家。

　　Dr. Lin Ming-Li was born in 1961 in Yunlin, Taiwan. She holds a Master's Degree in Law and lectured at Pingtung Normal College. A poetry critic, she is currently serving as a director of the Chinese Literature and Art Association. Poet, Poetry Critic.

# 把和平帶回來

*林明理

一切都很安靜
直到砲彈來襲
建築、作物和牲畜
　　被無情催毀
天空
　　眼睜睜瞪著獨裁者的私慾
大地
　　哭訴著侵略者的罪行
一隻白鴿
在黃昏中悲鳴
對著眼前無盡的道路
只有明月
用溫存的手撫慰著難民

# Bring peace back

* Dr. Lin Ming-Li

Everything is quiet
Until the shells hit

The buildings, crops and livestocks
    Ruthlessly destroy everything
The sky
    Watches helplessly the dictator's lust
The earth
Weeps for the crime of the aggressors
A white pigeon
Cries in the dusk
Against the endless road ahead
Only the moon
Reassure MAILs the refugees with a tender hand

Translator：Dr. William Marr

*2022 年 4 月 18 日 週一 於 下午 5:53MAIL
Hi Ming-Li,

Thank you for your beautiful peace poem you sent me.

I have put it in the anthology both in Chinese and in English and, as soon as I can, I will do the translation into Italian and also insert that in the anthology. I also put your photo in the anthology.

All of us here hope and pray every day for world peace.

I wish you well and see you soon.

Greetings

Giovanni

*意大利出版家詩人喬凡尼 2023.09.22 MAIL

Ciao Mingli,
invio il PDF dell'antologia per la pace, dove c'è la tua poesia anche in cinese.
Un caro saluto
Giovanni

嗨，明理，
我正在發送《和平選集》的 PDF 版本，其中你的詩也是中文的。
此致
喬凡尼

*2023 年 10 月 8 日 週日 於 上午 1:12
Te quiero mucho Mingli
Ernesto
*2023 年 10 月 7 日起爆發嚴重的以阿戰爭，我以電郵致上最關切之意，收到 Prof. Ernesto Kahan Mail 回覆時，感動不已。

*2023 年 10 月 8 日週日 於 下午 4:09 MAIL
Eres un ángel, te quiero mucho
Ernesto

# 3　2023.11 義大利合集，義英雙語三部曲《和平》詩集合著

## 《和平》詩集合著收錄林明理詩作 10 首

*林明理的專書（合著）於 2023 年 11 月義大利出版，
（PEACE 和平）英義雙語三部曲詩集合著 Trilogy-Salam S
Lin Mingli-林明理 Copertina，封面畫作：
　　（Greetings 問候）林明理畫作。

ISBN: 9788809803797

1ª EDIZIONE: novembre 2023
Autori: Ernesto Kahan, Sara Ciampi, Lin Mingli
Titolo in arabo e ebraico: Salam, Shalom
Titolo in inglese e italiano: Peace Pace
In copertina: dipinto di Lin Mingli
"Greetings"
Curatore: Giovanni Campisi, Althea Romeo Mark
Traduzioni dal cinese in inglese di
William Marr e Zhang Zhizhong
Traduzioni dallo spagnolo in inglese
e dall'inglese all'italiano
di Giovanni Campisi

Stampa digitale

Copyright © 2023 by Edizioni Universum
Sede Legale: Via Giovanni Pedrotti 2 - 38121 Trento
Sede Amministrativa: Via Italia 6 - 98070 Capri Leone (ME)
E-mail: edizioni.universum@hotmail.it Tel. 0039 331 844 4673
Proprietà letteraria riservata – Printed in Italy

2

**Lin Mingli**

Dr. **Lin Mingli** (1961) poetess and scholar, born in Yunlin County, Taiwan, Master of Law, honorary Ph. D. in literature. She is a former university teacher. She is a poetry critic, painter and photographer. Dr. Mingli is the author of 28 literary books, including collections of poetry, prose, and poetry reviews. She has also co-authored a collection of translated poems published in Italy. Her poems have been translated into French, Spanish, Italian, Russian and English, etc., and over 2,000 poems and articles have been published in newspapers and academic journals.

Many of her poems and paintings are collected in *A Collection of Poetry, Calligraphy and Painting by Contemporary Famous Chinese Poets*, compiled in 2015 by New Poetry Research Institute of Shanxi University. Six of her poems are included in *Taiwanese Literary Textbook for the Youth of Yunlin County*. Her review articles have been cited in theses by many graduate students.

**Lin Mingli**

La dottoressa Lin Mingli (1961), poetessa e studiosa, è nata nella Contea di Yunlin, Taiwan, si è laureata in giurisprudenza, ha un dottorato onorario in letteratura, ha insegnato all'università, è un apprezzato critico di poesia, eccelle nella pittura e nella fotografia. È autrice di 28 libri letterari, tra cui raccolte di poesie, prosa e recensioni di poesie, nonché una raccolta di poesie tradotte di cui è coautrice e pubblicate in Italia. Le sue poesie sono state tradotte in francese, spagnolo, italiano, russo e inglese, ecc. Oltre duemila poesie e articoli sono stati pubblicati su giornali e riviste accademiche.

Molte delle sue poesie e dipinti sono raccolti nella *Collezione di Poesia, di Calligrafia e di Pittura dei Poeti Famosi Contemporanei Cinesi*, compilata nel 2015 dall'Istituto di Ricerca della Nuova Poesia dell'Università dello Shanxi. Sei delle sue poesie sono incluse nel *Libro di testo Letterario Taiwanese per Giovani della Contea di Yunlin*, articoli di revisione sono stati citati nelle tesi di molti studenti laureati.

60　　　　　　　　　　　　　　　　　　　　61

# Author profile

Dr. Lin Mingli (1961) poet and scholar, born in Yunlin County, Taiwan, Master of Law, honorary Ph. D. in literature. She is a former university teacher. She is a poetry critic, painter and photographer. Dr. Mingli is the author of 28 literary books, including collections of poetry, prose, and poetry reviews. She has also co-authored a collection of translated poems published in Italy. Her poems have been translated into French, Spanish, Italian, Russian and English, etc., and over 2,000 poems and articles have been published in newspapers and academic journals. Many of her poems and paintings are collected in A Collection of Poetry, Calligraphy and Painting by Contemporary Famous Chinese Poets, compiled in 2015 by New Poetry Research Institute of Shanxi University. Six of her poems are included in Taiwanese Literary Textbook for the Youth of Yunlin County. Her review articles have been cited in theses by many graduate students.

## Profilo dell'autore

La dottoressa Lin Mingli (1961), poetessa e studiosa, è nata nella Contea di Yunlin, Taiwan, si è laureata in giurisprudenza, ha un dottorato onorario in letteratura, ha insegnato all'università, è un apprezzato critico di poesia, eccelle nella pittura e nella fotografia. È autrice di 28 libri letterari, tra cui raccolte di poesie, prosa e recensioni di poesie, nonché una raccolta di poesie tradotte di cui è coautrice e pubblicate in Italia. Le sue poesie sono state tradotte in francese, spagnolo, italiano, russo e inglese, ecc. Oltre duemila poesie e articoli sono stati pubblicati su giornali e riviste accademiche. Molte delle sue poesie e dipintisono raccolti nella Collezione di Poesia, di Calligrafia e di Pittura dei Poeti Famosi Contemporanei Cinesi, compilata nel 2015 dall'Istituto di Ricerca della Nuova Poesia dell'Università dello Shanxi. Sei delle sue poesie sono incluse nel Libro di testo Letterario Taiwanese per Giovani della Contea di Yunlin, articoli di revisione sono stati citati nelle tesi di molti studenti laureati.

## 1. We share your grief

◎Lin Mingli

We share your grief.
War foretells
The beginning of destruction.

This is my prayer:
"Lord! Please wipe away
Bereaved family members'
Wounds. "

That's it, I'm glad to be able
in the echo of time
To look for you, towards freedom...

We share your grief.
In the future, I have no doubt,
There must be light.

**Note**. On October 7, 2023, Israel and Palestine were at war. My dear friend Prof. Ernesto Kahan was trapped in his hometown in Israel, which made me worry and think about him.

**We Share Your Grief** [3]

We share your grief.
War foretells
The beginning of destruction.

This is my prayer:
"Lord! Please wipe away
Bereaved family members'
Wounds. "

That's it, I'm glad to be able
in the echo of time
To look for you, towards freedom...

We share your grief.
In the future, I have no doubt,
There must be light.

**Condividiamo il tuo dolore** [4]

Condividiamo il tuo dolore.
La guerra preannuncia
l'inizio della distruzione.

Questa è la mia preghiera:
"Signore! Per favore, asciuga le lacrime
dei familiari in lutto
e cura i feriti."

Questo è tutto!
Sono felice di poterlo fare nell'eco del tempo
e guardando a te, verso la libertà...

Condividiamo il tuo dolore.
Per il futuro, non ho dubbi:
ci deve essere luce.

[3] Note. On October 7, 2023, Israel and Palestine were at war. My dear friend Prof. Ernesto Kahan was trapped in his hometown in Israel, which made me worry and think about him.

[4] Nota: Il 7 ottobre 2023 Israele e Palestina sono entrati in guerra. Il mio caro amico Prof. Ernesto Kahan è intrappolato nella sua città natale in Israele, il che mi ha fatto preoccupare e pensare a lui.

## 2. Thoughts fly silently like snowflakes

Lin Mingli

Thoughts fly silently like snowflakes
from the other side of the earth
along a straight line
Through long mountains and rivers
back and forth
lead me to look forward to
and welcome them into my door and window

I am a tiny drop of water
self-indulged
in a vast sky
when I shake slowly
In the snowy night
ah I want to cheer
there is nothing like your strong soul
and that radiant light

**Thoughts Fly Silently Like Snowflakes**

Thoughts fly silently like snowflakes
from the other side of the earth
along a straight line
through long mountains and rivers
back and forth
lead me to look forward to
and welcome them into my door and window

I am a tiny drop of water
self-indulged
in a vast sky
when I shake slowly
In the snowy night
ah I want to cheer
there is nothing like your strong soul
and that radiant light

**I pensieri volano silenti come fiocchi di neve**

Come fiocchi di neve, i pensieri volano silenti
dall'altra parte della terra,
lungo una linea retta,
attraversando lunghe montagne e fiumi,
avanti e indietro.
Portami a guardare avanti
per accoglierli alla mia porta e alla mia finestra.

Sono una piccola goccia d'acqua,
auto-indulgente,
in un cielo vasto,
quando tremo lentamente
nella notte nevosa.
Ah! Come vorrei fare il tifo.
Non c'è niente come la tua anima forte,
e quella luce radiosa.

# 3. Love is incomparable

◎Lin Mingli

Love is incomparable
It is difficult to describe in any language
bitter melancholy
tears of embarrassment
Or pretend to have escaped from shackles
A lie that doesn't matter anymore

There is nothing purer than love in the world
But let the world read its chapters again and again
A smile or a kiss
Will arouse people to sing loudly
But when it faces challenges
It inevitably will throb with panic

That's love, it's like
The fallen angel returned to the sky
Under the bright moonlight
The star in everyone's heart
That is what you can remember forever
Always feel so light and elegant

**Love Is Incomparable**

Love is incomparable
It is difficult to describe in any language
bitter melancholy
tears of embarrassment
Or pretend to have escaped from shackles
A lie that doesn't matter anymore

There is nothing purer than love in the world
But let the world read its chapters again and again
A smile or a kiss
Will arouse people to sing loudly
But when it faces challenges
It inevitably will throb with panic

That's love, it's like
The fallen angel returned to the sky
Under the bright moonlight
The star in everyone's heart
That is what you can remember forever
Always feel so light and elegant

**L'amore è incomparabile**

L'amore è incomparabile,
è difficile da descrivere, in qualsiasi lingua:
malinconia, amarezza,
lacrime d'imbarazzo,
oppure fingi di essere sfuggita alle catene:
una bugia che non conta più.

Al mondo, non c'è niente di più puro dell'amore,
ma lasciamo che il mondo legga i suoi capitoli,
ancora e ancora.
Un sorriso o un bacio basta a svegliare
le persone intorno e a farli cantare ad alta voce,
ma quando deve affrontare delle sfide,
inevitabilmente sussulterà per paura.

Questo è amore! È così,
l'angelo caduto, ritorna in cielo
sotto la brillante luce della luna.
La stella è nel cuore di tutti.
Questo è ciò che puoi ricordare per sempre.
Così, ti senti sempre leggera ed elegante.

66

67

# 4. Love is like the deep starry sky

◎Lin Mingli

When love spreads its wings,
Everyone can see its happiness
Like the lively dance of a child!
In every moment of reunion,
The magic is there also.

But I envy even more,
When love is like the deep starry sky...
Or like spring full of flowers!
It has a strange eye,
Always full of sorrow.

# 5. To your future self

◎Lin Mingli

I often think
"Twenty years later,
Who will call me by my name?"
Suddenly a blue star appears in the sky
Looking through the dark night toward the east coast.

The past thus lifted its veil,
I said playfully:
"Is it you, my angel?
How are you? "Only God knows...
At this moment of close connection.

You finally spoke: "Forever and forever,
Cherish it, my dear friend..."
Even if the world changes,
I will still remember the happy days
When you and I sang poetry together.

**To Your Future Self**

I often think
"Twenty years later,
Who will call me by my name?"
Suddenly a blue star appears in the sky
Looking through the dark night toward the east coast.

The past thus lifted its veil,
I said playfully:
"Is it you, my angel?
How are you? "Only God knows...
At this moment of close connection.

You finally spoke: "Forever and forever,
Cherish it, my dear friend..."
Even if the world changes,
I will still remember the happy days
When you and I sang poetry together.

**Al tuo futuro**

Penso spesso a quando:
"Vent'anni dopo,
chi mi chiamerà per nome?"
All'improvviso apparve nel cielo una stella blu
che si affaccia durante la notte oscura
verso la costa orientale.

Il passato sollevò così il suo velo,
dissi scherzosamente:
"Sei tu, angelo mio?
Come stai?" Dio solo lo sa...
in questo momento di stretta connessione.

Alla fine hai parlato: "Sempre e sempre,
tienilo caro, mio caro amico..."
Anche se il mondo cambia,
ricorderò ancora i giorni felici,
quando tu ed io cantavamo poesie insieme.

# 6.　Ode to love

◎Lin Mingli

True love is like an explorer
The joy of finding the ark,
like walking in the jungle
Looking for a lost city;
It's also like walking towards
the Porch of the Muses
A naughty child, full of innocence.

I love its unparalleled power,
Guarding my dreams day and night.
I love it,
The well-known miracle,
But what I love most is its sadness,
Hidden with inexplicable sophistication.

**Ode To Love**

True love is like an explorer
The joy of finding the ark,
like walking in the jungle
Looking for a lost city;
It's also like walking towards
the Porch of the Muses
A naughty child, full of innocence.

I love its unparalleled power,
Guarding my dreams day and night.
I love it,
The well-known miracle,
But what I love most is its sadness,
Hidden with inexplicable sophistication.

**Ode all'amore**

Il vero amore è come un esploratore.
La gioia di trovare l'arca,
è come camminare nella giungla,
alla ricerca di una città perduta,
o come camminare verso l'ingresso delle Muse:
un bambino cattivo, pieno di innocenza.

Adoro il suo ineguagliabile potere,
che custodisce i miei sogni, giorno e notte.
Adoro,
il ben noto miracolo,
ma ciò che amo di più è la sua tristezza,
nascosta con inspiegabile sofisticatezza.

# 7. Before love comes

◎Lin Mingli

Before love comes,
I want to fly with a speed
            of a thousand miles per second,
Looking forward to that day,
                I eulogized the encounter.
For this moment, I want to fly,
To see what poetry is engraved in the sky.

Before love comes,
I can't just dream and forget to read
its poetry. It will never change,
Only lovers change their appearance,
And let love be full of thorns and more obvious.

Ah, who can predict its beginning and its end?
Who can resist its beautiful silhouette
And let it occupy the first place in your heart?
Before love comes,
I will listen to its sublime secrets.

Though I will never know where love comes from
Still, I'll carefully hold it in my arms,
Though it is incurable,
Still I want to say：
I'm glad to have you.

# 8. How can I...

◎Lin Mingli

The layers of dancing waves with chill,
Flash memories between the tides
And the stirred-up ripples——
In the aging of time,
They remain lucky.

Oh, how could I forget you...
Just like the vast white waves,
Continuously surging towards the other shore——
Only the bright moon
  Gallops past the azure blue,
And the admired starlight.

**How Can I...**

The layers of dancing waves with chill,
Flash memories between the tides
And the stirred-up ripples –
In the aging of time,
They remain lucky.

Oh, how could I forget you...
Just like the vast white waves,
Continuously surging towards the other shore –
Only the bright moon
 Gallops past the azure blue,
And the admired starlight.

**Come posso io...**

Gli spessori delle gelide onde danzanti,
sono ricordi lampo tra le maree,
e i segni scaturiti
dall'invecchiamento del tempo,
accrescono la bellezza.

Oh! Come potrei dimenticarti...
Proprio come le vaste onde bianche,
in continua ascesa verso l'altra sponda.
Solo la luna splendente,
galoppa oltre l'azzurro,
ammirando la luce delle stelle.

# 9.　In a quick glance

◎Lin Mingli

The seabirds at dusk beat the chill...
The sound of our footsteps
Rises over the tides and peaks,
From the tree shadows in the red-walled cloister,
To the setting sun that is squinting its silver-blue eye.

I really want to stay on the top of the mountain,
like a horse pricking up its ears—
Listen to the sky stretching toward the coast beyond,
Then easily...
...stay close to you, this is me.

**In A Quick Glance**

The seabirds at dusk beat the chill...
The sound of our footsteps
Rises over the tides and peaks,
From the tree shadows in the red-walled cloister,
To the setting sun that is squinting its silver-blue eye.

I really want to stay on the top of the mountain,
like a horse pricking up its ears—
Listen to the sky stretching toward the coast beyond,
Then easily...
...stay close to you, this is me.

**In una rapida occhiata**

Al crepuscolo, gli uccelli marini scacciano il freddo...
Il suono dei nostri passi
sovrasta le maree e le vette,
andando oltre le ombre degli alberi,
dal chiostro alle pareti rosse,
al tramonto, strizzando gli occhi azzurro-argenteo.

Voglio davvero restare in cima alla montagna,
come un cavallo che drizza le orecchie,
per ascoltare il cielo che si estende
verso la costa ed oltre,
Poi semplicemente...
...starti vicino: questa sono io.

# 10. Cold Night Fantasy

◎Lin Mingli

When the midnight snow flies far away,
Covered is the sheen of the maple trees
And the sweet dream; the wind howls no more,
And only memories take me in the continuous flight,
Leading me into some expectation.

When love taps on the window sills,
It is like a blessing from heaven,
Sublime and beautiful,
Like a sudden kiss,
Surprising and unpretentious.

I don't want to understand it,
Why does it always come and go without a trace?
For, when love returns,
It is like a babbling river.
You can choose to follow it ——

But its original channel cannot be changed,
And I know it very well.
Love, sometimes like a dove,
Coos with joy,
From a dim and distant window.

### Cold Night Fantasy

When the midnight snow flies far away,
Covered is the sheen of the maple trees
And the sweet dream; the wind howls no more,
And only memories take me in the continuous flight,
Leading me into some expectation.

When love taps on the window sills,
It is like a blessing from heaven,
Sublime and beautiful,
Like a sudden kiss,
Surprising and unpretentious.

I don't want to understand it,
Why does it always come and go without a trace?
For, when love returns,
It is like a babbling river.
You can choose to follow it –

But its original channel cannot be changed,
And I know it very well.
Love, sometimes like a dove,
coos with joy,
From a dim and distant window.

### Le fantasie d'una fredda notte

Quando la neve di mezzanotte vola lontano,
coperto è lo splendore degli aceri
e del dolce sogno; il vento non ulula più,
e solo i ricordi mi portano in un volo continuo,
facendomi planare in qualche aspettativa.

Quando l'amore bussa ai davanzali delle finestre,
è come una benedizione dal cielo,
sublime e bella,
come un bacio improvviso,
che sorprende e non ha pretese.

Non riesco a capire,
perché va e viene sempre senza lasciare traccia?
Perché, quando l'amore ritorna,
è come un fiume gorgogliante.
Puoi scegliere di seguirlo,

ma il suo letto originale non può mutare;
lo so molto bene.
A volte, l'amore è come una colomba:
tuba di gioia,
da una lontana finestra buia.

80　　　　　81

　　原譯美國詩人非馬 Dr. William Marr 及天津師範大學張智中教授，義大利 Prof. Althea Romeo-Mark 修改數字。


# 4.　2024.01.10 義大利，《國際詩新聞》刊出 2023.11.義大利出版

《和平》英義雙語三部曲詩集合著，及 PROF.ERNESTO KAHAN 寫給林明理的文評，Giovanni Campisi 喬凡尼翻譯成義大利文。

Renza Agnelli - Scrittrice

My life, your life
everyone's life
is God's temple
G. Campisi

# EDIZIONI UNIVERSUM
# INTERNATIONAL POETRY
## NEWS

Giovanni Campisi
Poeta, Scrittore, Traduttore.
Critico letterario, Editore

New life is coming to
our wonderful Earth
to bring Peace.
G. Campisi

## Salam, Shalom, Peace, Pace - Lin Mingli - Taiwn

La trilogía de autores con los poemas de la conocida poeta y escritora taiwanés.
La trilogia di autori con le poesie della nota poetessa e scrittrice taiwanese.
The trilogy of authors with the poems of the well-known Taiwanese poet and writer.

**LIN MINGLI**

### Escritora Doctora Lin Mingli

La Escritora Doctora Lin Mingli, es una poeta de gran envergadura que tiene una producción literaria muy reconocida en el mundo. Sus pinturas son de una originalidad especial e impactante.

Yo, como admirador de sus obras y siendo del comité ejecutivo de la prestigiosa e histórica asociación Congreso Mundial de Poetas, la presenté allí para recibir el Doctorado Honorario de Literatura de la Academia Mundial de Artes y Cultura y esa nominación fue aceptada unánimemente e implementada en Malasia en el año 2013.

Quiero destacar su trabajo universitario como docente e investigadora en Taiwán y su profusa publicación de más de dos mil poemas que se pueden encontrar en libros, revistas y diarios, en los idiomas inglés, francés, ruso, chino e italiano.

Últimamente, tuve el honor de publicar con ella y con la excelente poeta italiana Sara Ciampi, el libro de poemas titulado SALAM SHALOM PEACE PACE, Editado por la Edizioni Universum. De ese libro extraigo la primera estrofa del poema "los pensamiento vuelan silenciosamente como copos de nieve"

*"Los pensamientos vuelan silenciosamente*
*como copos de nieve.*
*desde el otro lado de la tierra*
*a lo largo de una línea recta*
*a través de largas montañas y ríos*
*de ida y vuelta;*
*guíame a esperar con ansias*
*y darles la bienvenida a mi puerta y ventana [...]*

Este es una muestra de su poesía que seduce a los más exigentes lectores de literatura poética, y a los que buscan encontrarse, tal vez en secreto y en silencio, en los secretos líricos de los poemas de esta escritora admirable.

10 enero 2024

Acad. Prof. Dr. **Ernesto Kahan**
Tel Aviv University
Royal European Academy of Doctors
First Vice president de World Congress of Poets Inc.

### SALAM, SHALOM, PEACE, PACE

#### Scrittrice Dottoressa Lin Mingli

La scrittrice e dottoressa Lin Mingli, è una poetessa di notevole levatura che possiede una produzione letteraria ben riconosciuta nel mondo. I suoi dipinti sono di particolare e d'impattante originalità.

Io, inquanto estimatore delle sue opere ed essendo membro del comitato esecutivo della prestigiosa e storica associazione Congresso Mondiale di Poeti, l'ho proposta per ricevere il Dottorato Honoris Causa in Letteratura dall'Accademia Mondiale delle Arti e della Cultura e tale nomina è stata accettata all'unanimità e implementata in Malesia nel 2013.

Voglio evidenziare il suo lavoro universitario come insegnante e ricercatrice a Taiwan e la sua profusa pubblicazione di oltre duemila poesie che si possono trovare su libri, riviste e giornali, in inglese, francese, russo, cinese e italiano.

Ultimamente ho avuto l'onore di pubblicare insieme a lei e alla bravissima poetessa italiana Sara Ciampi, il libro di poesie dal titolo SALAM, SHALOM, PEACE, PACE, edito da Edizioni Universum. Da quel libro estraggo la prima strofa della poesia "I pensieri volano silenziosi come fiocchi di neve"

*"I pensieri volano silenziosi come fiocchi di neve.*
*dall'altra parte della terra*
*lungo una linea retta*
*attraverso lunghe montagne e fiumi*
*avanti e indietro;*
*guidami a esaspettare avanti*
*per darti il benvenuto alla mia porta*
*e alla mia finestra [...]*

Questo è un esempio della sua poesia che seduce i lettori più esigenti di letteratura poetica e coloro che cercano di ritrovarsi, magari segretamente e silenziosamente, nei segreti lirici delle poesie di questa ammirevole scrittrice.

10 gennaio 2024

Accademico Prof. Dott. **Ernesto Kahan**
Università di Tel Aviv
Accademia reale europea dei medici
Primo Vicepresidente del Congresso Mondiale dei Poeti Inc.

Traduzione di **Giovanni Campisi**

**ERNESTO KAHAN**

### Writer Doctor Lin Mingli

The Writer, Dr. Lin Mingli, is a poet of considerable cultural standing who has a literary production that is well recognized in the world. Her paintings are of special and impressive originality.

I, as an admirer of her works and being an executive member of the committee of the prestigious and historic World Congress of Poets association, proposed her to receive the Honorary Doctorate of Literature from the World Academy of Arts and Culture and that nomination was unanimously accepted and implemented in Malaysia in 2013.

I want to highlight her university work as a teacher and researcher in Taiwan and her extensive publication of more than two thousand poems that can be found in books, magazines and newspapers, in English, French, Russian, Chinese and Italian.

Lately, I had the honor of publishing with her and the excellent Italian poet Sara Ciampi, her book of poems entitled SALAM SHALOM PEACE PACE, edited by Edizioni Universum. From that book I extract the first stanza of the poem "Thoughts fly silently like snowflakes"

*"Thoughts fly silently like snowflakes.*
*from the other side of the earth*
*along a straight line*
*through long mountains and rivers*
*back and forth;*
*guide me to look forward*
*and welcome you to my door and window [...]*

This is a sample of her poetry that seduces the most demanding readers of poetic literature, and those who seek to find themselves, perhaps secretly and silently, in the lyrical secrets of the poems of this admirable writer.

January 10, 2024

Academic Prof. Dr. **Ernesto Kahan**
Tel Aviv University
Royal European Academy of Doctors
First Vice president of World Congress of Poets Inc.

(Translation by **Giovanni Campisi**)

Notiziario d'informazione culturale non periodico a cura di Giovanni Campisi – Tiratura: 15.000 esemplari – Data di pubblicazione, 10 gennaio 2024
Edizioni Universum | Via Italia 6 | 98070 Capri Leone (ME) | E-mail: edizioni.universum@hotmail.it | Sito:eduniversum.altervista.org

# 5. 義大利女詩人倫札·阿涅利（Renza Agnelli）寄贈林明理的詩

| ALLA MIA AMICA MINGLI | TO MY FRIEND MINGLI |
|---|---|
| Lin Mingli,<br>non ti ho mai conosciuta,<br>eppure mi sembra<br>di averti conosciuta da sempre. | Lin Mingli,<br>I've never met you,<br>yet it feels like<br>I've known you forever. |
| Leggera come una farfalla,<br>mi par di vederti volare<br>ad ali spiegate<br>sopra le onde del mare. | Light as a butterfly,<br>I seem to see you flying<br>with outstretched wings<br>above the waves of the sea. |
| Amica mia del cuore,<br>ogni tua poesia è canto,<br>che mi rallegra l'ore | My dear friend,<br>each of your poems is a song,<br>which cheers up the hours |

dei miei giorni di pianto.

Avrò di te l'onore,
di stringerti al petto,
da questo mio letto
prima che il dì muore.

Ti porterò nel cuore,
Mingli e sarai per me
la sorella migliore che c'è
oh amica dei giorni migliori.

Rocca di Capri Leone, 8 marzo 2024
Festa della Donna

**Renza Agnelli**

of my crying days.

Will I have the honor
of holding you to my chest
from my bed
before the day dies?

I will carry you in my heart,
Mingli and you will be for me
the best sister there is
oh, friend of the best days.

Rocca di Capri Leone, 8 March 2024
**Women's Day**

**Renza Agnelli**

## 獻給我的朋友──明理

林明理，
我從未見過妳，
但感覺就像
我已經認識妳一輩子。

輕盈如蝴蝶，
我彷彿看見妳飛翔…
張開翅膀
在海浪之上。

我親愛的朋友，
妳的每一首詩都是一首歌，
這讓我一時振奮起來，
在我流淚的日子。

我可以有幸
把妳抱在我的胸前，
從我的床上
在這天死去之前？

我會把妳裝在心裡，
妳都會為了我，明理
我最好的姐妹，
哦，最美好的時光的朋友。

卡普里萊奧內，2024 年 3 月 8 日
　　婦女節
　　倫薩·阿涅利
（林明理　譯）

*2024 年 3 月 9 日　週六　於　上午 12:22　收到 MAIL
Ciao Mingli,

mia moglie ti ringrazia di cuore per aver pensato a lei in questo giorno di Festa della Donna.

Ti manda questa poesia dettata dal suo cuore per te che io ho tradotto in inglese per facilitarti il compito di capire cosa ti vuole dire.

Ti ringrazia per il tuo dono, così prezioso e raro allo stesso tempo.

Ti vuole tanto bene e si augura che questa amicizia possa durare nel tempo, secondo la volontà di Dio.

Un forte abbraccio da parte sua e un carissimo saluto da parte mia.

Giovanni

# 6. 2024 年 6 月 03 日 週一，友人 爾泰 寄贈小詩留存

### 〈有寄〉

愛情很短暫
陽光還沒熱吻
大地就走進了黃昏

友誼很長久
即便礁岩風化成沙
海浪還是每天親吻著它

我從心房嘔出的詩
像春蠶吐出的絲
比友誼還長
卻把自己給繭化了

而飄到天空的柳絮
有時也會綰住
短暫陽光之下的
一朵行雲

（小詩一首贈 M.L）

# 7.先父 林木河 及祖父 林本 的
# 家族珍貴照及資料留念

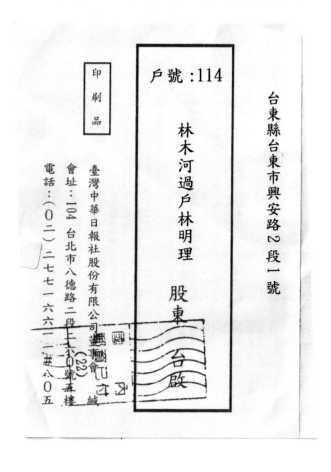

## ● 本文作者林明理的祖父 林本 簡介

### 原始資料來源摘自：維基百科

https://zh.m.wikipedia.org/zh-tw/%E8%8E%BF%E6%A1%90%E6%9E%97%E5%AE%B6

## 莿桐林家：

日據時期南臺灣望族，家族以經營糖業出身，成為鉅富。家族中，以鷹取田一郎所著《臺灣列紳傳》所載之林本，為林家三房子孫，人稱「莿桐一隻虎」、「莿桐恩主公」，開發雲林縣莿桐鄉、東勢鄉全境最有名。

## 歷史淵源：

莿桐林家祖籍為今日的福建省詔安縣四都鎮西張村。乾隆年間，西張林家第 14 代的林坪（有些版本又作「林平」，大房）、林堂（二房）與林串（三房）兄弟三人渡海來台。

依據黃怡菁（2013 年）研究顯示，兄弟三人在落腳於雲林縣莿桐鄉甘厝庄以後，三房之林串為了靠近拓墾的土地而遷移至莿桐巷、後又於道光年間搬到埔仔庄，當時所開拓的田園，便是以種植甘蔗為主。

到了林串之孫第 16 世的林良時，便善用自耕蔗園的優勢在埔仔庄創立舊式糖廍，獲利甚豐，而漸成巨富，且成立「林漳盛」行號。

林本 簡介：為林良之子。生於光緒 3 年（1877）9 月 27 日，卒於 1931 年，享年 54 歲。1898 年（明治 31 年）：

擔任保正。1902 年：11 月擔任莿桐巷區長。1912 年（大正元年）：八月獲授佩紳章。1920 年：雲林縣斗六郡莿桐莊協議會員。1925 年：獲授大禮紀念章。1926 年：逐漸賣掉莿桐街（今中山路街區）約五百甲土地。1926 年自臺灣拓殖會社購得東勢厝農場一千四百甲。

　　*作者林明理補述：林本河為林本之子，日本早稻田法律系肄業三年，曾任莿桐鄉農會總幹事、土地代書四十多年，獲頒任職代書四十年證書；生前膝下共有六子以及一位女兒，卒於雲林縣莿桐鄉莿桐村，享年 79 歲。

照片 1. 作者先父林木河（右）

照片 2：先父林木河(左)、祖母林廖月而（西螺人）、大哥林重信(右)（美國史丹福大學電腦博士，大學教職退休，定居美國加州）

照片 3. 先父林木河（前排左 5），曾任雲林縣莿桐鄉農會
總幹事時與同仁合照

照片 4. 作者先祖父林　本照片

# 8. 詩作〈獻給花蓮強震的受災者〉

林明理

**1.**

一隻燕子飛向
洄瀾哀傷的天空，藍色的海波不興，
並以雙手連接我的祝禱。

**2.**

別哭，受難的人兒，
重建的時辰已在路上。
主啊，請賜花蓮人更多堅韌吧！

**3.**

此刻，強震不只造成花蓮人的傷口，
更情繫福爾摩沙全民的情感，
猶如一葉方舟勇邁不可知的未來。

**註.**花蓮的舊地名是由「洄瀾」轉換而來。今年四月三日當天上午近八點鐘，我和家人正驅車前往宜蘭旅遊五日的途中，適巧發生大地震了；驚愕之餘，臨時改在萬榮鄉、吉安鄉及瑞穗鄉行旅。之後，從陸續播放的新聞中，得知花蓮災情嚴重；但全民獻愛，投入的重建工作已然開始，因而感慨良深。

－2024.05.05 作

# 9.　好友 Prof. Ernesto Kahan 的電郵並祝賀生日快樂

*來自以色列 Prof Ernesto Kahan 在明理生日 4 月 15 日當天以電郵寄來音樂生日卡片祝賀後，我立即以英語回覆，電郵如下：

## Thank you, Ernesto

I love this special gift of music,
By it,
I can imagine walking to your hometown,
Follow you, walk a short distance or
Sing the song in my heart.

Oh, my dear friend.
While the war is still in the dark, I pray
Stars and your sky.
day after day,
I will keep it in my heart.

Mingli　2024.04.15

## 謝謝你，Ernesto

我喜愛這特別的音樂禮物，
由著它，
我可以想像走向你的家鄉，
跟著你，走一小段路或著
唱出我心中的歌。

噢，我的摯友。
當戰事仍在陰霾中，我祈禱
星星和你的天空。
日復一日的，
我將在心中記牢。

*2024 年 4 月 15 日 週一 於 下午 11:40 Prof. Ernesto Kahan Mail 給明理

You are a superb rose perfumed by poetry, in the best garden in the world

Ernesto

妳是世界上最好的花園裡一朵散發著詩意的玫瑰

埃內斯托

# 10. 林明理詩作〈美奈田之森　延平林道的美麗與哀愁〉讀後感思

林明理畫作存藏於臺灣的「國圖」當代名人
手稿典藏系統，臺北市

# 〈美奈田之森 延平林道的美麗與哀愁〉讀後感思

文／圖 林明理

美麗的美奈田
在溪流上
縱橫向上伸展
在蒼穹下，長成族民的心事
在心靈深處
永不遺忘

春天的眼睛，斟滿
高山杜鵑的殷紅
數十棵苔蘚蔓延的巨木群
還有無數動物的腳印
默默走過歲月
走過前人留下的淚水和歡笑

是陽光，是雨露
把它塑成風骨峭峻的巨人
挺立在高低起伏的山脊
古道　鐫刻下它吟唱的足跡
心頭閃亮起伐木跡地的回憶
那望穿大海的身軀——

透過星辰

就看得見
卑南大溪出海口相映在老城
推開心窗
就聽得見
昔日林班人唱出思鄉的歌曲

美麗的美奈田
風采依舊
永遠懷有夢想
只要用心凝視它的目光
它就永遠年輕
在我眼前綻放光芒

　　註.位於延平鄉有座美奈田主山，是臺東縣最高的中級山，步道起點在紅葉村紅谷路岔口，沿途有數十棵千年紅檜巨木，蔚為壯觀。因莫蘭蒂颱風來襲，引發紅葉村部落上方土石坍方，致林道上多處毀損，暫以產業道路替代銜接。出版此書的深層內蘊，是對延平林道觀察與紀事的體味，也是對森林的珍愛，對森林生命力的弘揚。書名《美奈田之森　延平林道的美麗與哀愁》，顧名思義，不僅寫了百年來開闢林道的滄桑變化，也反映了所有訪談人物生活變遷中的種種感悟，皆寫得情趣盎然。日前友人林務局吳昌祐博士攜同其妻及田坤正理事長來訪，並以此書相贈，十分驚喜。吳處長特為此書寫序，讀來很有滋味，也為森林保育的未來，提供了寶貴的啟示。

－2023.08.01 寫於臺東

一字見心
■潘五毅
黃仲則

《美奈田之森　延平林道的美麗與哀愁》讀後感思

文/圖　林明理

糖炒栗子
■元韻夫

猢猻木傳奇
■宋玉澄

─刊臺灣《中華日報》副刊，2024.6.29，及畫作1幅。

# 11. 林明理書評〈細讀喬治桑的《芳希雅》〉

林明理畫作
「巴黎黃昏」

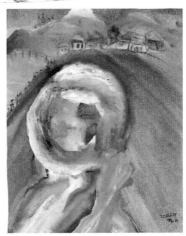

林明理畫作（左）:「芳希雅」/（右）:「法國作家芳希雅」

林明理畫作：「靜
夜遐思」，文中畫作四幅均
存藏於臺灣的「國圖」，臺
北市。

《喬治桑》原著（George Sand），
杜立中譯註

## 細讀喬治桑的《芳希雅》

◎文／圖：林明理

　　當創作主體是為了隱於小說，以寄意於自我思想情感與
生命體驗的同構關係，而臻於「想像與情境」的描摹效果，
那麼在法國小說家喬治桑（1804-1876）諸多抒情傾向較為明
顯的小說中所流露的過人膽識和恬淡而悱惻的情趣，這或許
是因為其娓娓道來的筆法和雋永的敍述，以及文中隨處盪漾

著無限溫柔的山野秀色，確實使人神思馳騁。

　　儘管喬治桑生前是一個被學界評論為具有爭議性的作家，但也有後繼的研究者摒除從道德與「生命中的正直」之間的衝突切入，認為還是從喬治桑小說裡的內涵作為參照，從人性的醜惡與昇華的展現，去理解她文本的獨特性，才不會忽略了其小說創作對後世發展的推動作用。

　　由好友杜立中譯註的這本喬治桑作品《芳希雅》，穿插一些法國古典圖像、建築，圖文並茂。在字裡行間總好像含有另一層深意，直到這部小說以傷感的方式結束，女主角芳希雅報以一個微笑，以彷彿新生的心態在修女的懷中死去……但直到她嚥下一口氣，作者始終沒有明示，她的靈魂是否真的從壓抑中掙扎而出。

　　事實上，喬治桑在文本的最後一頁，使用傅赫醫師向他的朋友講述芳希雅的故事中，已表達了某種深沉的思索。筆者把它解讀為，這是喬治桑把這篇小說最重要的人物「芳希雅」，看做是一個與自己勇於追求「自由意志」與內在單純又複雜的意象。在象徵層面，「芳希雅」則承擔著喚起愛情的慾望、淨化靈魂與昇華人性的多重角色；文中，有不少爾虞我詐、撲朔迷離的深層結構，卻更能彰顯出愛情在現實中的變異、喬治桑的思維方式與對人性的價值觀念。

　　這部小說，或許是描述一個底層社會的女孩一生的際遇與命運。在精彩的結尾中，我彷彿也看到了一絲光明的缺口，

看到了天使已伸出了手迎向她，而

「芳希雅」，這一個經典人物形象卻長留我心中。

　　正如德國詩人里爾克（1875-1926）所說：「豁然開朗總來得如此奇特，永遠出乎意料之外。」對於一個十九世紀的小說作家來說，社會底層面、戰爭與作家之間的關係是互相影響的。戰爭的發展造就了一些傑出的詩人或作家書寫的內容，也藉由文字的力量傳達著對戰爭生活面的理解與省思。

　　也因此，讓我更能理解喬治桑在這部小說中添加了其超越世俗、理性思索的內涵；從而，我在作者的身上發現她擁有的這些樸實的天性，也是一個卓越而純真的孩子的天性。這可能源自於她一生都與其家鄉有著難以言喻的情感，讓她得以徜徉在大自然中，描寫出最為幽微、也最有張力的小說細節，而這些以一種想像追述者的口吻，就好像來自她記憶深處與大自然有著某種聯繫的聲音。因而，喬治桑，成為了一位敢於大膽表達自我生命的傳奇作家。

－2024.03.12 作

－刊 2024.07.05 日《更生日報》副刊，林明理書評（細讀喬
　治桑的《芳希雅》），及畫作 4 幅（法國作家芳希雅）（芳
　希雅）（巴黎黃昏）（靜夜遐思），書封面。